麦迪逊大道之王

大卫·奥格威传

[美]肯尼思·罗曼
(Kenneth Roman)
/
著

张小琴/译
阿纪/校译
蒋宗强/审校

中信出版集团|北京

图书在版编目（CIP）数据

麦迪逊大道之王：大卫·奥格威传 /（美）肯尼思·罗曼著；张小琴译. -- 北京：中信出版社，2020.1

书名原文：The King of Madison Avenue

ISBN 978-7-5086-9962-2

I. ①麦… II. ①肯… ②张… III. ①奥格尔维（Ogilvy, David 1911-1999）—传记 IV. ① K835.615.38

中国版本图书馆 CIP 数据核字（2019）第 015976 号

麦迪逊大道之王——大卫·奥格威传

著　　者：[美] 肯尼思·罗曼
译　　者：张小琴
出版发行：中信出版集团股份有限公司
（北京市朝阳区惠新东街甲 4 号富盛大厦 2 座　邮编　100029）
承 印 者：中国电影出版社印刷厂

开　　本：880mm × 1230mm　1/32　　印　　张：13　　字　　数：235 千字
版　　次：2020 年 1 月第 1 版　　印　　次：2020 年 1 月第 1 次印刷
京权图字：01–2009–0358　　广告经营许可证：京朝工商广字第 8087 号
书　　号：ISBN 978–7–5086–9962–2
定　　价：58.00 元

服务热线：400-600-8099
投稿邮箱：author@citicpub.com

献给艾伦，

她同时嫁给了这家机构和作者。

目录

序

我和奥格威

在我 1963 年加入奥美这家中等规模、声誉极高的公司时，大卫·奥格威正如日中天。他那时 52 岁，非常有名。我当时 33 岁，是一个初级客户经理。早先，他写信给我的一位客户，列出 8 条理由，以说明为什么对方公司设计部门做出来的一些广告将不会收到什么好的效果，并毫不留情地给出了自己的终极评判：

> 对于这些设计，我唯一能想到的褒奖就是，它们看起来“与众不同”。如果想让一头奶牛看起来与众不同，你可以把它的乳房去掉，但这样一来，它就无法再产奶了。

这就是我保留“奥格威亲笔档案”的开始，几乎所有在这家公司工作的人都留有一份。

我到公司的第一个圣诞节，全公司 600 人一起去第五大道上的纽约现代艺术博物馆参加年会。我觉得太有范儿了！这不由得让人感觉到自己是从低调简朴的公司办公区域走过红毯，一路升到了艺术殿堂。“看看我这身刚从西尔斯买来的套装。”奥格威非常开心，在舞台上打了个转。他用这非常戏剧化的一幕来展示他对所有客户品牌的忠诚，并希望我们每个人也使用客户品牌的产品。

在接下来的26年里，他给我上了很多次类似的课，让我随他参加了世界各地数不清的会议，写了更多的备忘录和信件。最终，当我成为奥美历史上的第三位主席时，我不再需要向他汇报技术层面的工作，但他的影响依然无处不在，我们都认为奥美始终是他的公司。

三本书、几百次访谈，奥格威在其中揭开了自己人生的大半面纱，但他无法评估自己给后人留下的遗产及其重要性。这本传记的初衷就是从这个角度展开，让世人知道他过人的聪明才智。他的智慧与洞察并不局限于广告领域，还体现在领导力上，可以供一切专业服务机构参考。同时，我还试图为读者们重现他独特而生动的人格魅力。

我首先依赖的是回忆片段以及我收藏的文件和录音带，又参考了有关他的100多次访谈、3万多份来自美国国会图书馆（还包括其他图书馆）的文件，以及各类书籍和文章，走访了他在苏格兰和英格兰就读的学校，以及他位于纽约、宾夕法尼亚州兰开斯特县和法国的家。这些前所未有的发现，使本书更为多元化，也更加丰富多彩。可以说，几乎每个与奥格威打过交道的人都有一个关于他的故事。

在这本书里，每当提到我参与过的事情时，我都会放弃传记写作中惯用的那种客观描述的手法，以使读者能以当事人的视角去直观地感知它。

肯尼思·罗曼

2008年于纽约

前　言

麦迪逊大道之王

麦迪逊大道对于广告业的意义犹如好莱坞之于电影业，或舰队街之于伦敦报业——它不仅是一个地址，更是一种标志。很多年来，这里大量机构星罗棋布，尽管它们中的一些搬到了办公室租金更便宜的地方，但这里仍然是美国广告业的代名词。

1948 年，二战结束才三年，39 岁的大卫·奥格威这个几乎没有任何广告业经验的英国移民，出人意料地开了一家广告公司。尽管他的办公室真的在麦迪逊大道上，这里的“执牛耳者”也没有关注到他；不过，短短几年之后，他就成了他们当中的一员。

1953 年，《油墨》（*Printer's Ink*）杂志欣然宣布“奥格威成了时下麦迪逊大道的良心和催化剂”。1958 年，有媒体用这般令人屏息的语句形容他：“英国人大卫·奥格威，40 来岁，爱开玩笑。在过去的 50 年里，美国广告业从没出现过他这般杰出的人物。虽然入行才 9 年，但他更像是狄更斯笔下的人物，成了这一代广告人里面最引人热议和最令人关注的一位。”

1965 年，《财富》杂志刊出一篇文章，题为《奥格威是个天才吗？》。其结论为：是。他也许真的就是个天才。（当时，奥格威考虑，要不要因为这句话的问号而起诉该杂志。）《时代》杂志称他为“广告业最抢手的鬼才”，并建议奥格威组建他个人的 24 小时代理小组，文章作者还声称：“我会和大卫·奥格威一起创业，他相当睿智。伯恩巴克也不错，但大卫是最好的一群人中最好的那一个。”（大卫一直就是这样。早先，一份机构通讯的表达更具体些：“用大卫这个称呼就可以知道说话者从来没有见过奥格威先生，同样可以确定的是，他从不署自己的教名。”）

奥格威最畅销的一本书《一个广告人的自白》（*Confessions of an Advertising Man*）出版于 1962 年。有评论说，这本书是唯一一本内容翔实、启迪心智、读之乐在其中的广告书籍，神奇地提炼了知识与智慧。

在奥格威职业生涯的巅峰，他曾受邀前往白宫，还收到过一份主演百老汇戏剧的邀约。汤姆·沃尔夫（Tom Wolfe）[①] 在他 1964 年发表的文章《大西洋中部的人》（Mid-Atlantic Man）中，也把他塑造成一个名利场的标杆人物。

他很想告诉每一个人，他在等一个从纽约打来的电话，

① 汤姆·沃尔夫，美国当代著名作家，著有《合适人选》（*The Right Stuff*）等。——编者注

从大卫那里打来的电话，人人都知道大卫是纽约的广告巨人——大卫！大卫！纽约！纽约！大卫是热线电话的源头！纽约又是群雄逐鹿和规则并存之地！

迄今为止，在亚洲、欧洲、加拿大和南非，他是最知名的广告人。在印度，他被人们当作电影大亨一样对待，一家杂志将他与教皇约翰·保罗二世和戴安娜王妃一起选为1982年度的本国新闻人物。在那一年举行的第十三届亚洲广告大会上，《广告时代》（*Advertising Age*）称“凡人注定一死，而奥格威注定成为广告界之王”。

同年，在向董事会成员发出的一份备忘录中，奥格威列出了由法国《拓展》（*Expansion*）杂志选出的30位对工业革命最具贡献的人的名单，其中包括托马斯·爱迪生、阿尔伯特·爱因斯坦、约翰·梅纳德·凯恩斯、阿尔弗雷德·克虏伯、列宁、卡尔·马克思等，大卫·奥格威位列第七。他是——“现代广告业的教皇”。在备忘录中，奥格威还诙谐了一句：枢机主教团会来颁布这个教皇任命吗？

在早期的广告代理人生涯中，奥格威留给人们的印象是，他总穿一件有深红衬里的全黑长斗篷，年轻同事觉得他看起来就像是从荒野中走来的希斯克利夫[1]，脱下斗篷，他又是一位穿着粗花呢夹克套装（背心上有翻领）、戴着蝴蝶领结、脚穿厚橡胶底皮鞋的英国乡绅。几年之后，他就改穿深红色衬里的深蓝色双排扣夹克，用斗牛犬回形别针别着传统样式的条纹领带。我们几乎没见他穿过标准商务套装。在一些正式场合，他会穿教会的那种传统品蓝色天鹅绒背心。有段时间，他穿一件灰色的法兰绒外套和领尖有纽扣的衬衫，这一身搭配让他看起来鹤立鸡群。

他波浪般的头发，据说早先是"火焰般的红"，随时间流逝变成了暗金色，后来又变成铁锈色和胡椒色。他的蓝眼睛闪闪发光，脸色红润，一派贵族气息，操牛津口音。一位名叫布莱蒂·墨菲的女佣会在每天下午去他的办公室送上一杯茶。（你如果）看他的照片，会发现他嘴巴里几乎总是叼着个烟斗，但他也抽雪茄和香烟（只是很少买）。

随年龄增长，他从刚到美国时的"超细铅笔"身材变成了一个身高 5 英尺 10 英寸（约 178 厘米）、头大肩宽、身材魁梧的人。一位以前的同事还戏称奥格威拥有一双"农民的大手"，并认为他年轻时肯定很健壮，60 多岁还举起一块大石头扔过了篱笆，就连奥格威自己一开始都觉得自己应该搬不起来这块大石头。

奥格威本人相当英俊。一位在牛津读书时就认识奥格威的女性朋友回忆道："他看起来有点儿像鲁伯特·布鲁克（Rupert

---

① 希斯克利夫，英国女作家艾米莉·勃朗特的名作《呼啸山庄》中的主人公。——译者注

Brooke）[1]。所以他常常用手拂过额头，以突显自己的这一优点，还喜欢转过头让我们都看到他那英俊的面庞。”他喜欢美丽聪慧的女性，亦懂得如何让她们发现自己的特别。“他非常非常性感迷人，令人惊叹！”一位以前的广告文案撰稿人说道。另一个人也认同地表示：“我入职第二天，大卫突然走进办公室，我吃了一惊，他俨然是一位电影明星，高大英俊，我差点想跟他要签名了。那一刻，似乎一切都黯然失色，唯有他光彩照人。”

奥格威喜欢不打招呼就进办公室，坐下便开始询问。这时，你就成了他关注的焦点，他会盯着你的眼睛，直截了当地问。一旦问完了（或者觉得无聊了），他就突然起身离开，就像进来的时候那样。新人们往往担心自己是不是惹恼了他，并为此苦恼不已，直到他们发现奥格威对待大人物也是这样。一位同事回忆说，他总是精神抖擞，他不是一个需要别人鼓励的人，相反，他时常鼓励别人。

要想理解这个人，你必须首先知道他是个演员。他彬彬有礼的英国口音里带有一种戏剧式的夸张。他知道如何成为舞台的中心，如何在一瞬间令人印象深刻。当他看到自己 80 多岁的客户海伦娜·鲁宾斯坦从车中走下，而前方恰恰有片污水坑时，他毫不犹豫地飞身跑向街对面，脱下外套铺在她的脚下为她垫路。他会用华丽的词藻阐述自己的观点，也会根据自己的需要而选择着装

① 鲁伯特·布鲁克，英国诗人，曾被称为英国最英俊的年轻人。——译者注

风格。在出席重大晚宴时，别人可能都打黑色领结，而他可能会穿一条苏格兰短裙。“可能有点儿自我宣传的意思了。”他解释道，“不过，如果你都不能为自己做广告，那还有什么指望去为别的东西做广告呢？”

他有演员进场和退场的天赋。他不会在其他公司的总裁讲话时进入会议厅，而是等到台上的人讲完再进去，这样，所有人的目光就都集中在他身上了。一位演讲顾问觉得奥格威的技巧已经不需要再做什么改进了，如果奥格威请求她的帮助，她会奉告他：回家去！在纽约少有劳斯莱斯的时候，他已经开着它满城转了。这个秀做得真好！

他一点儿也不美化自己从前的潦倒生活。他告诉英美烟草公司的总裁，他的第一份工作就是在那儿。几个月之后，他告诉另一家公司的首席执行官，他的第一份工作是在这家公司。这都是他推销自己的一部分。《油墨》杂志写道：“奥格威的问题在于，他被一种无法抗拒的力量控制。这种力量使他明白说些什么才能获得有效的聆听和阅读，还使他能不断增添新的东西。所以，他从来不将同样的故事说两次，虽然几乎差不多，但已经被美化了一些。”就像演员一样，他希望将台词说得更好。

爱因斯坦曾说过：天才的特质之一就是拥有强烈的好奇心。而奥格威的秘诀在于拥有一颗不断探索的大脑。在谈话时，他从不武断地表达自己的意见，而是仔细询问。在与一位文案人员和她在石油行业工作的丈夫吃饭时，他会向对方询问位于中东的油田的细节。他向一位经理15岁的女儿询问在学校乐队演奏长笛的事："乐队里有多少长笛，多少短笛？为什么长笛总是比短笛多？"一位坐在他旁边的陌生女士在就餐即将结束，开始吃甜点时说，他比她母亲更了解她。从某种程度上来说，他真是一位积习难改的"八卦人士"。他喜欢通过谈话刺探人们的信息："跟我讲一些秘密吧。""你认为弗兰克怎么样？他胜任他的工作吗？"

奥格威堪称商业领域里一个如饥似渴的学生，他宣称自己读过所有有关广告的书，并且鄙视那些认为自己不需要这些知识的人。他家里放着大堆的书籍，大多数是关于政商两界成功领导者的。他对如何运用领导力、如何赚钱很感兴趣，特别是对那些有钱人如何使用他们的财富的内容。

他学识渊博，并运用这些学识与大量不同的人达成共识。在与伦敦的客户——英国集邮局官员谈话时，他问道："跟我讲讲，乔治五世邮票的收藏情况怎么样了？"他十分喜爱莫扎特、勃拉姆斯以及擅长巴洛克风格音乐的作曲家亨利·浦赛尔，还时常出席纽约爱乐乐团的交响音乐会。他不仅更正了公司创意团队在引用吉尔伯特与沙利文歌剧时被弄错的一行台词，还轻松发表了一些关于抽象绘画和捷克斯洛伐克政治的极有见地的看法。但是，"文化"让他感到厌倦，他对一部长篇法国纪录片发表评论道："我的屁股都睡着了。"

像大多数势利的人一样，奥格威也喜欢提及名人以自抬身价。据他说，他的一位芝加哥朋友曾经是南斯拉夫的一个国王。

他喜欢对同事们说他正要去和国王吃饭。“如果说大卫喜欢什么，那就是王室，”一位朋友说道，“而且最好是国王。”但在商场上，他很民主。当进入纽约广告圈时，他很震惊地发现，犹太人团体和非犹太人团体之间竟然处于严重隔离的状态。他说：“我对我的小团队讲，我们不打算这样做。我们的许多客户都是犹太人，比如鲁宾斯坦和后来的西格拉姆，我们的许多高级管理人员也是来自不同种族，这在智威汤逊或其他大公司都是不可能的。”在他看来，他只聘请最优秀的人才，种族或宗教都不应该成为问题。

他很看重对人的关怀，以及自己的举止是否合乎礼仪：“我们不能让人们提心吊胆，而要让他们安心。”当听说一位青年作家在一次空难事故中失去了双亲时，他邀请这位作家（他并不认识）及其妻子到家中做客。一位丈夫死于癌症的雇员被奥格威简短的一句话深深触动了：“你这可怜的小羊羔。”

他有一些怪癖，并且乐于表现它们，尽管其中一些并不受欢迎。最糟的就是他在餐厅的骇人行为，他常常横冲直撞来制造一些热闹场面。他喜欢听表演者的朗诵，喜欢点葡萄果仁谷物脆片，或者一碟调味番茄酱，或者一罐浓果汁，作为他的一餐。若是在圣诞节前与英国客户吃饭，他就不要菜单，只点两小份肉馅饼作为开胃菜，主菜也是两份肉馅饼，代替甜点的，还是两份肉馅饼。

但他不喜欢坐飞机，这不是怪癖，而是真正的恐惧，宁愿绕很远的路以避免搭乘飞机。因此，不管去多远的地方，他都偏爱乘坐火车，即使长途旅行也是如此。他善于在火车上找乐子，发表说不完的趣事和新鲜见闻。人们都很喜欢他，和他在一起，时间似乎变短了。

几乎每个人都觉得奥格威的智慧和魅力远远超越了他偶尔的粗鲁。“他的怪癖十分出名，”奥格威的继任者之一、文案总监戴维·麦考尔（David McCall）说，“他那正统的工作头脑使他成为商业领域不可替代的先锋人物，而这个领域迫切需要他。”

奥格威的成功大部分源于努力争取他想要得到的东西。他开始时会有些随意地提出一个创意，然后写成备忘录、信、文章片段等，但多数时候是通过备忘录这种方便快捷的交流方式。一个普通的有心人也许会在第二次想到这个创意时才采取行动，大多数人都是在许多次以后才行动，而奥格威从不放弃每一次灵感。

在交谈时，如果他同意，就点头，如果不同意，则什么也不做。但回到办公室后，他会写一份备忘录——措辞常常很尖刻，有时还带有强烈的敌意。人们觉得，奥格威的文风气势凶猛，为人则有些“懦弱”。公司有位会计认为，只要用三个气势汹汹的步骤就可以赢得几乎所有与奥格威的争论。简洁而紧凑的写作风格使奥格威的想法更加有力。“我相信简洁更有效。”他解释道。他把备忘录、信件中的关键点用笔标出来，谈话、讲话中的关键词则会重读。他的演讲引人入胜，听众们都被牢牢地吸引过去，不再说悄悄话。他讲话十分顺畅，就像专业演员可以一次拍摄就过关那样。

他搜集并利用各式言语来表述自己的观点。谈到薪酬时，他会说："微薪养蠢材。"检查开支账目时，他说："教皇也有忏悔的时候。"谈到领导力时，他又会说："在所有城市的公园里，都不会有任何委员会的雕像。"

一些观点经他用生动的隐喻表达出来之后，非常容易被人记住。在讨论哪两种业务应当最先面向客户推出时，他说："当我还是个小男孩的时候，吃布丁时总是把樱桃留在最后。有一天，我姐姐偷着把樱桃先吃掉了。从那以后，我就先把樱桃吃掉。我们让最好的业务最先面市吧。"事实证明，客户们很喜欢这些业务。

"他几乎病态地仇视一切形式的懒惰，"一位前广告文案撰稿人说道，"他是我所遇到的人中最勤奋的。他的广告哲学充斥着对懒惰的无法容忍。懒惰的人接受平庸，而他讨厌这样。"无论已经有多优秀，他还要更优秀。

沃尔特·克朗凯特（Walter Cronkite）是奥格威在纽约的邻居，他说可以看到奥格威一晚又一晚地在窗前伏案工作。而到了早上，信件已经回复了，计划的大纲已经写好了，给雇员的备忘录也写好了。他不知疲倦地每天从早上工作到晚上7点，然后把还没有完成的工作装进两个公文包里，带回家继续完成（这对他的第二次婚姻没什么好处）。周末是用来继续工作的，而不是玩乐的。“这个周末我处理了 375 个文件。”他写信给他的董事们说，“威灵顿公爵[①] 不处理完桌上的工作绝不回家。”

当美国全国广告商协会邀请他为 1991 年的大会演讲时，这位 80 岁的广告大亨走上讲台，坐在一张专门为他放置的咖啡桌后面。在主持人介绍完以后，他站起身来，脱掉上衣，露出了红色背带，并把上衣就近扔在了一张椅子上。然后再次坐下，看着听众：

> 我上一次在全国广告商协会的演讲就像在昨天一样，那是在 37 年前，1954 年。你们已经 37 年没有邀请我了！

这是一个很好的开头。在场倾听的营销精英们爱极了这样的开场白。

> 我要跟你们讲的是一场“圣战”，我已经踏上了它的征途，我还要跟你们讲一讲我的奇思怪想。我的征途旨在为那些等待出售的商品做广告。我的口号是：广告就是为了销售！

① 威灵顿公爵（Duke of Wellington），英国将军及政治家，在滑铁卢战役中击败了拿破仑，并于 1828—1830 年担任英国首相。——编者注

他描述了一大批已经获奖的电视广告，但在他看来这些广告不过是“狂妄和难以理解的废话”，并用了一系列尖锐的词语来形容：“含糊不清”“自我膨胀”“自以为是”“无知”……

> 当我在做一则广告时，我不希望你告诉我它多么有创意。我想让你告诉我的是：它是如此具有说服力，以至于你不得不买这个产品，或者会买更多。
>
> 这是我50年来的广告哲学，尽管那些干扰着广告业的诱惑已成为时尚潮流，但我从来都没有动摇过。

演讲的最后，他说起了另一个场合里的观众为他喝彩的故事。他说观众的掌声让他觉得意犹未尽，随后他做出了手掌向上微微抬起的动作，当时观众们纷纷起身表达更多的热情。此刻，他又做了一个同样的动作。据《广告时代》后来的报道说，当时现场全场起立，向这位“广告界最伟大的传奇人物”致以最热烈的掌声。

奥格威大多数令人瞩目的广告都是在他职业生涯早期的10年创作出来的。他称之为“超级创意”（“Big Ideas”，一直是大写），“只有你的广告是建立在超级创意之上，它才会像夜晚的航船那样畅通无阻”。他的超级创意很多，不仅仅局限于那些让人牢牢记住的广告。（他不喜欢“创造力”这个词，称自己不理解它。）他的目标野心勃勃，那就是要改变广告业，使之更为专业。

他的超级创意之一就是建立品牌。现在这种理念已经变得非常普遍了。但他是最早认识到品牌重要性的人之一，并意识到了广告对于创立品牌的重要性。在实现宏伟目标之前，这个英国移民很可能会改写纽约麦迪逊大道的许多规则，并将他自身变成一个品牌。

第一章

一个古怪的凯尔特混合体

我们的总裁“血统肯定源自法兰克王国、西方世界皇帝查理大帝，经过了五个不同血统世系”——这是20世纪70年代公司的内部刊物《旗手》（*Flagbearer*）对奥格威出身所做的一篇吹捧式介绍。这个发现来源于一位调查其家族渊源的亲戚。为了证明两者之间的联系，这篇调查文章同时还刊出了奥格威与查理大帝的大量照片，“以证实他们面部特征的相似性”。

大卫·麦肯锡·奥格威（David Mackenzie Ogilvy）在家里五个孩子中排行第四，于1911年出生在西霍斯利。这是英国萨里郡的一个农村，位于伦敦西南部30英里（约48千米）处。他的生日是6月23日，与他父亲、祖父的生日是同一天。这同时也是乔治五世加冕的日子，他和罗纳德·里根出生在同一年，这些巧合令人觉得不可思议。

西霍斯利的人口曾一度增加到了750人，但那儿的马车仍然比汽车多，村庄铁匠铺直到 1920 年才关闭。该地区的历史可以追溯到罗马时代，该地于公元 410 年被撒克逊军队入侵，后又被丹麦人和诺曼人统治。“霍斯利”（Horsly）在撒克逊语里就是“牧马的空地”。西霍斯利当时尚未经历工业革命的洗礼，所以自然景观没有被工厂或一排排的房屋所破坏。

奥格威家住在威克斯山地区一座木结构的庄园式住宅，其历史可以追溯到 14 世纪，在 18 世纪的时候曾用砖头修葺以使它更为现代。这家人是从东霍斯利搬过去的。威克斯（wix）一词来自 wick ，起源于拉丁文“vicus”，意为可以得到食物的居住地。对一个经历漫长旅途的人来说，一个人烟稀少的乡村，是求之不得的。

奥格威这样回忆他小时候住在萨里的日子：“那是一个有着鸟蛋、西洋樱草、烧炭翁、开大篷车的吉卜赛人、茅草垛和二轮马车的乐园。”那里还有一个叫黛米 · 费瑟斯（Dame Feathers）的巫婆。当奥格威的公司为英国旅游局做“到英国来”的广告时，他选择了色彩鲜艳的英国乡村照片，从中挑出了那些与他长大的地方相像的照片。“我猜我不该向别人传达这些信息，我应该装作是做了研究之后客观地在选择照片。”那里是一些拥有仆人的富裕家庭的居住之地，就像电影《玛丽 · 波平斯》（*Mary Poppins*）中所呈现的场景。有司机、奶妈、保姆，再加上两个别的仆人——这足以说明奥格威从一开始就是从中产阶层的上层稳步向上流社会迈进的。

他于1978年出版的自传《血液、大脑与啤酒》(*Blood, Brains and Beer*)中几乎没有透露他的家谱。书名取自他6岁那年父亲的一项奇怪指令：每天喝一杯鲜血（让身体强壮），一星期吃3次牛犊的大脑（促进大脑发育），同时喝大量啤酒。西霍斯利的一些居民仍然记得这位来自威克斯山的奇怪父亲。

读这本小传就如同与一位迷人又健谈的绅士共进晚餐。它描写家庭的部分很少，也没有告诉读者他父母的名字。他说他的父亲很热心、亲切，但在事业上比较失败。他的祖父是苏格兰人，在他笔下是一个冷酷、可怕但成功的人，也是他心目中的英雄。他有三个姐妹和一个哥哥，但书中只提到了姐姐玛丽和哥哥弗朗西斯。他的妹妹克里斯蒂娜因为不满他对父亲的描述，15年没有和他说话。

奥格威从小体弱，一直患有哮喘病（直到他去世也没有痊愈）。他回忆说他的护士对他很轻蔑："因为我娇气、没男子气、娘娘腔，也因为我的姐姐玛丽在摔跤甚至爬树等一切你可以想象到的活动中赢我。长大后，我觉得自己是个笨蛋，到中年时还这么想。"这一度令他在45岁的年纪不得不求助于心理医生，医生告诉他，他并不是自己想象中的那个笨蛋。

书中回忆并描写了一个在学校里与"懒骨头们"截然不同的青年。他见到了许多他敬仰的人，这些人为他提供了各种各样的工作，也无意中为他日后在广告业的成功打下了基础。书中提到很多名人：萧伯纳、哈波·马克斯、阿尔伯特·爱因斯坦、罗纳德·伯恩斯坦、阿斯特夫人、亨利·卢斯、爱德华·R. 默罗、亚历山大·沃尔科特、乔治·考夫曼、埃塞尔·巴利摩尔、罗伯特·摩西、大卫·塞尔兹尼克、查尔斯·劳顿、洛丽塔·扬、阿尔弗雷德·希区柯克、桑顿·怀尔德、塞缪尔·戈尔德温、沃尔特·迪士尼、奥尔德斯·赫胥黎。他们都与奥格威或多或少地有过交往。奥格威很乐意让读者知道这些。

正如他的其他著作一样，这本书也很成功。而奥格威却称它为“一部失败作品”，“当写一本关于广告的书时，我是在与侏儒竞争；而写一本自传，却是与巨人竞争”。他还认为书名很丑恶，“就像我的自我中心主义一样”。

奥格威时常把自己称为一个苏格兰人，而他其实出生、成长在英格兰，他母亲是爱尔兰人，他父亲是苏格兰人。“因为我父亲，所以我是苏格兰人。”他说。他的一个英国同事戏称他是“古怪的凯尔特混合体”，而他的苏格兰和爱尔兰血统其实是三个家庭组合的结果，像工业巨头合并一样：奥格威家族和麦肯锡家族来自苏格兰，费尔菲尔德家族来自爱尔兰。他父亲是苏格兰人，苏格兰人认为“这就足以说明了”。奥格威坚信：“我是凯尔特人，不是盎格鲁-撒克逊人。”

他的这些声明后来在一个酒会上成了祝酒词，并被苏格兰商会所闻，由此他被选为该商会美国分会最年轻的成员。“我很不幸地在英格兰南部度过了人生最初的12年，但有父亲在身边教导，使我没有偏离苏格兰人的性格。”他以苏格兰北部高地的亲戚们为傲，并且给他的朋友乔治·林赛（George Lindsay）发去一封取笑的电报：“你们这些可怜的魔鬼都是从低地乡村来的。”

1962年，在纽约的一次圣安德鲁斯协会的聚会上，他这种苏格兰情结在演讲中表露无遗。奥格威被主持人介绍为爱丁堡费蒂斯学校的一名毕业生（台下满是欢呼和喝彩声）。在说明了这个聚会的目的是为那些生活困窘的苏格兰人（他观察到有许多这样的人）募捐之后，奥格威开了些玩笑，消除了苏格兰人的刻板印象，然后讲了个故事：

> 有一天，拉尔夫·瓦尔多·爱默生与托马斯·卡莱尔一起走在苏格兰乡村的小路上。看着这片贫瘠的土地，爱默生问：“你们能用这片土地生长出什么？”卡莱尔回答：“我们能生长人。”（掌声）

奥格威讲到他的公司所做的鼓励美国人到英国旅游的广告，“我熟悉苏格兰，”他引用了本杰明·富兰克林的名言，“我在苏格兰所度过的六个星期充满了欢乐，这是我生命中的任何时候都不曾有过的。”

他给芝加哥库克县的一位治安官理查德·奥格尔维（Richard Ogilvie）写过信，说他们有可能是亲戚，因为这个姓氏的两种拼写形式直到1800年都未明确下来。奥格威在信中还写了关于另一个苏格兰人——阿兰·平克顿（Alan Pinkerton）的事，这个人早就发现了在巴尔的摩枪杀亚伯拉罕·林肯的阴谋。竞选总统失败的人就是平克顿的继任者："我一直坚信，如果林肯留住平克顿的话，就能避免发生在福特剧院的悲剧了。"他还指出这个苏格兰人是"联邦调查局、战略情报局[①]、中央情报局之父"。

奥格威家族的一个重要分支生活在科特奇城堡，位于苏格兰的东北部海岸。20世纪60年代这个家族的族长大卫·乔治·科克·帕特里克·奥格威（第13位艾尔丽伯爵），在麦迪孙大道上遇到这个与他同姓的后辈时说："我有必要自我介绍一下，我是大卫·奥格威。"对方很快回答道："你好，被人错以为是我是一种怎样的感觉？"

他的名字承自叔叔大卫·奥格威。大卫叔叔在普法战争中参加了法国军队，并在一场前哨战中阵亡。他的曾曾祖父是个商人，也叫大卫·奥格威。他与另一家也姓奥格威的宗亲们有些尚不太清楚的联系——艾尔丽伯爵、亚历山德拉公主等。他的朋友路易斯·奥金克罗斯（Louis Auchincloss）说："除非重新回到亚

① 战略情报局（O. S. S.），美国中央情报局的前身。——编者注

当夏娃时代，奥格威才会认他们。他为自己与他们是亲戚而非常愤怒，尽管他们很有名。”

即使曾祖父托马斯·奥格威（Thomas Ogilvy）算不上奥格威家族的第一流成员，但也十分富有。他是一位“地主”，也是个有地位的人（治安官），出生在高地地区的因弗内斯，搬去伦敦之前曾在利物浦做过一段时间的商人。据记载，他有 6 个仆人——房间清洁工、护士、侍女、奶妈、厨子和内侍女。

奥格威令人敬仰的祖父弗朗西斯（弗兰克）· 麦肯锡 · 奥格威［Francis（Frank）Mackenzie Ogilvy］的职业是一个绵羊农场主，内心里是一个探险家。他出生在苏格兰，随后搬去伦敦居住，24 岁的时候移民去了南美。他在南美度过了一段具有传奇色彩的岁月，曾在阿根廷战争中随军队攻打巴拉圭。他还为一群苏格兰投资者管理一个大农场。农场生意败落以后，为了一大家子人的生计，他尝试过去新西兰淘金。淘金失败后，他回到了伦敦，在里约热内卢银行英国分行谋得了一份秘书工作。“四年后，”奥格威写道，“这个没受过教育的牧羊人成为布朗 · 施普莱（Brown Shipley）公司的管理人员，他带过的下属中有人日后成了英格兰银行的高管。他用一己之力把自己的 7 名子女悉数送进私立学校和大学就读”，并且“活得像个福尔赛世家中人”[①]。缘于在银行就

① 约翰 · 高尔斯华绥（John Galsworthy）的长篇小说三部曲《福尔赛世家》，以编年体的形式记述了一个上层社会家庭如何小心谨慎地避免其身份和地位被“新金钱”所沾染的故事。

职的这段经历，他建议孙子多研究 J.P. 摩根公司有关合伙人（绅士善用头脑）和客户（用一流的方式做一流的业务）的准则。后来，这些都成为奥美公司信条的一部分。

奥格威的父亲，弗朗西斯·约翰·朗格里·奥格威（Francis John Longley Ogilvy），出生在阿根廷的一个牧羊场里，但还是继承了英国人的习性。这位父亲是一位自学了盖尔语并喜欢在卫生间里读希腊语著作的古典学者，还时常为儿子演奏风笛。有其他人在场时，大卫必须得称呼他为“先生”。奥格威后来告诉别人，父亲教给了自己两样东西：低俗的幽默感和抽烟斗的爱好。

他父亲是一个不可知论者，让奥格威在严格的维多利亚时代道德观的约束下长大。“亲爱的儿子，你不必像基督徒那样做一个绅士。”奥格威后来成为热切的无神论者，与一个同事就宗教问题进行争论。这位同事是前神学信奉者，他觉得奥格威是一个相当理性的人，不相信神能改变人类命运。“对奥格威来说，就算有上帝，也不值得去知道他是否能主宰瘟疫、战争、癌症和不平等。”奥格威承认他没有什么信仰：“对于吃耶稣的肉、喝耶稣的血的说法，我觉得很平淡。我不相信创世说、圣母马利亚、耶稣升天、天堂、地狱或是圣灵。”

他父亲投资股票，曾经小有成就。在大卫 3 岁的时候，英格兰对德国宣战，股票市场崩溃，老奥格威突然一无所有。遣散了 5 个仆人后，他全家不得不从威克斯山搬到伦敦和外祖母一起生活。一段时间之后，他们又搬去了吉尔福德，他的父母买下了刘易斯·卡罗尔在那里的房子。他认识爱丽丝·李德尔（《爱丽丝漫游仙境》的人物原型）、热爱宠物的碧翠克丝·波特（《彼得兔的故事》的作者），拜访过他隔壁的人家，还带着一只驯养的宠物猪，名叫“特威姬·温克夫人”。波特笔下有名的园丁——麦格雷戈先生，被认为原型是来自当地伍德科特农场坏脾气的园丁。奥格威回忆说：“她的英格兰就是我记忆中的英格兰”。[就像在电影《玛丽阿姨》中展现的画面一样，一个有仆人的小康家庭。他有司机、保姆、仆人，无疑是中产阶层的中上层。]

然而从那时起，他们的生活捉襟见肘。“我们家特别穷。”奥格威说，“我父亲的总收入一年还不到 1 000 美元。”由于奥格威的祖父拒绝了儿子提出的借款请求，奥格威的父亲差点儿割喉自杀。然而，奥格威崇拜他的父亲，认为他是一个真正的绅士、学者，而不是一个生意人。他觉得祖父在这方面则正好相反：“他像钉子那样顽固，但的确是个成功的生意人。我也说不清自己到底像他们哪一个。”

往往当父亲失败后，孩子们就更有动力实现成功。作为儿子的他总是驱使着自己达到目的，并且痴迷于金钱。

大卫·麦肯锡·奥格威名字中的另一个苏格兰宗亲是麦肯锡家族，这起源于他祖父弗兰克·奥格威和凯瑟·卡罗琳·麦肯锡始于 1865 年的婚姻。麦肯锡家族的历史可以追溯到 1494 年，当时的国王詹姆士四世赐给埃克特·罗伊·麦肯锡一纸令状——170 000 英亩（约 68 797 公顷）的土地，绵延 90 英里（约 145 千米）的海岸线、山川、湖泊和河流，条件是要为当地人提供工作机会；同时被赐予的还有一幢在偏远的高地罗斯郡西海岸的房屋。从 1494 年到 1958 年，464 年，15 代人，共同守护着这份祖业。埃克特先生是位无惧无畏（不知停歇）的武士，但还是比不上他同父异母的兄弟肯尼斯。肯尼斯有一次觉得自己受到了妻子外甥的冒犯，决定以牙还牙，把他的妻子（只有一只眼睛）给休了。他还用只有一只眼睛的小马送妻子回家，随行的是只有一只眼睛的仆人，后面跟着只有一只眼睛的狗……最后，自然挑起了两个家族的争端。

奥格威说自己是“极其热情的”麦肯锡家人，鼓动他同样热心的妹妹克里斯蒂娜出版他们另一位苏格兰祖父的回忆录。约翰·麦肯锡是一个改革家，在爱丁堡大学拿到了医科学位——那里的期末考试要求用拉丁文完成。作为一个年轻的医生，他在爱丁堡的贫民窟工作。因为大多数穷人都找一位药剂师看病，他是“穷人们的医生”，所以约翰医生放弃了医疗事业，回到了他至爱的高地。这个时期社会状况发生了变化，为了给牧羊业让路，一户户人家被赶出了高地。约翰医生试图说服小农场主们用现代方法放牧，并向人们宣传孩子上学的重要性、青年的自我完善、改善脏乱的环境、公共卫生，还有戒酒等理念。

奥格威的园艺天分可能来自他的另一位麦肯锡家族亲戚——奥斯古德·麦肯锡。他是苏格兰最有名的园丁，建立了苏格兰西北部著名的因弗鲁花园，现在这座花园成了英国国家信托基金的一部分。

他母亲那边的亲人，费尔菲尔德家族，有英格兰与爱尔兰血统，住在克里郡有 400 多年了。数百年前，很多拥有土地的英格兰人和苏格兰人被政府鼓励去爱尔兰购买土地，以遏制爱尔兰地区的反叛活动。奥格威的外祖父与萧伯纳是朋友，曾就亚美尼亚暴行和自由党领袖威廉·格拉德斯通做的坏事给他上过生动的一课（他 4 岁的时候），“他是我们家的一个远房表兄弟”。

他的母亲，多罗茜·布卢·费尔菲尔德，人们叫她多莉，身材娇小，外号叫“口袋里的公主”。她是一个有着棕色眼睛、长着雀斑的女孩，聪明、敏感且雄心勃勃。与 33 岁的丈夫结婚时，她只是一名 18 岁的医科学生。她曾经打算当医生，但后来没做成医生，而且作为妻子和母亲的生活也令她感到非常沮丧。没有了医生的工作，丈夫也渐渐厌倦了她，多莉只好将抱负寄托在孩子们身上。她希望他们能名留青史，因此驱使他们绞尽脑汁地力争上游。如果问到奥格威，他是否被他母亲咄咄逼人的雄心所毁时，他会回答道：“废话。”

她生了两个儿子——弗朗西斯·费尔菲尔德·奥格威和大卫·麦肯锡·奥格威，还有三个女儿——凯瑟、玛丽和克里斯蒂娜。

大卫说他的母亲来自一个疯狂的爱尔兰家庭，因此是一位非常难以相处的爱尔兰妇女，而且性情古怪。“那时他们非常不喜欢我，认为我金钱至上。”

奥格威与他很有成就的哥哥（比他大 8 岁）一直在竞争。无论是在家庭中还是在事业上，弗朗西斯可能是他兄弟姐妹中最重要的一个人了。哥哥在学校是风云人物，当弟弟还在找寻自己的出路时，他就已经在伦敦借助一份广告公司客户经理的工作开始事业生涯了。而弗朗西斯觉得弟弟是个天才，总会在人生的关键时刻为弟弟开启一扇门，但奥格威在自传里很少提及哥哥的这些帮助。

奥格威认为克里斯蒂娜是三个姐妹中最聪明的。她二战期间在 BBC（英国广播公司）从事翻译和广播工作。奥格威与大姐凯瑟很亲密，她个子高、有趣而且很奢侈。他喜欢姐姐的丈夫菲利浦·亨迪爵士，后者在伦敦国家美术馆馆长的位子上坐了很久。二姐玛丽后来成为一名社会工作者，继而又在一所著名的进步学校做了舍监。

多莉把自己继承来的一些遗产留给了女儿们，因为她觉得女人总是太依赖丈夫了。她常在家里主动发起富有智慧的辩论，鼓励每个人都要有不同的观点，这一点为人所知。受此影响，她的孩子们后来都长成了非常有竞争力的人，无论是他们几个之间还是在社会上。一位朋友说："他们几个总是不达目的决不罢休。"

费尔菲尔德家族的表亲丽贝卡·威斯特是20世纪中叶英国最有影响力的学者和作家之一，原名叫茜茜里·伊莎贝尔·费尔菲尔德。她觉得叫这么一个娇滴滴的名字，没人会认真地把她当回事，所以改了名字。虽然她和已婚男子H. G. 威尔斯的那段风流韵事已经公开并获得谅解，但奥格威的父母还是不允许儿子与威尔斯有来往，因为在他们的印象中，是威尔斯引诱了丽贝卡。后来，奥格威与威斯特成了好朋友。她告诉他，祖母的家族这边具有犹太血统。"这太……太令人震惊了！"奥格威感叹道，"但是丽贝卡是个说谎精，所以我猜她告诉我的不是真的。"

奥格威很为自己的血统骄傲，但并没有一直坚持在公开场合秀这方面。当伊丽莎白女王访问纽约时，他给自己公司的员工放了一下午的假，让他们站在女王下榻的华尔道夫饭店外，这样女王出现时就能有一众比较体面的欢迎人群。但又一次，公司的芝加哥办公室雇用的一群风笛手，想在一次会议上给他撑场面，却引起了他的反对："停止那可怕的声音，那就是我离开苏格兰的原因！"

奥格威结过三次婚。他的第一次婚姻是和梅林达·斯特雷特（Melinda Street），一位来自弗吉尼亚州的显赫家庭的女孩，这位原配生下了他唯一的孩子；然后是安妮·卡伯特，她之前曾与一位名叫波士顿·卡伯斯的贵族结过婚；最后是赫塔·兰斯·德拉·窦奇，出生于墨西哥，是瑞士人和英国人的后裔，与奥格威在法国相识，并一起生活到奥格威去世。

哥哥弗朗西斯喜欢炫耀自己与别的女人私通。奥格威则不同，他把三段婚姻以外的风流逸事都处理得很谨慎。他喜欢女人，常与她们互相吸引。在聚会上，他会与房间里最漂亮的女孩攀谈，施展他的魅力。他的朋友约克·埃利奥特说他“好色”，但这方面的证据却很少。奥格威与他后两任妻子带来的子女都相处得很愉快。他鼓励孩子们淘气，以观察他们的天性和潜力。80 岁的时候，他特别钟爱金发碧眼的孙子弗朗索瓦（继子的儿子）。“这是最后一个进入他生命的挚爱。”赫塔说。但是他最爱、最在意的，是他与梅林达的儿子，大卫·费尔菲尔德·奥格威——小时候叫楚奇，成人之后叫费尔菲尔德。如今，他在康涅狄格州格林尼治拥有经营得很成功的房地产公司，朋友和顾客们都叫他“大卫”或“小大卫”。

奥格威从儿子出生就很溺爱他，但到孩子长大后，慢慢地变得有些不上心，或者说变得习惯对儿子发命令了，当时奥格威刚刚开始创业。双亲离婚的时候，小大卫 16 岁，他母亲在姐夫——奥美公司经理罗瑟·里夫斯的帮助下养大了他。小大卫在康涅狄格州翠湖的一所男校——霍奇基斯就读。与父亲及戴维·马可一起午餐时，小大卫表现得比较沉默，后者是霍奇基斯校友，也是奥美公司的文案总监。小大卫的性格比较沉默，当父亲向他描述他将要就读的学校时，这个男孩报以冷冰冰的眼神："那是个可怕的学校，我永远也不会去的。那儿非常残酷、可恨。"他父亲劝他在说这些话的时候考虑一下会涉及的人："马可先生就去这个学校了。"

作为一个少年，他被要求在舞会上穿苏格兰短裙。他整晚都在愤愤地发泄着自己有多么讨厌穿苏格兰短裙，讨厌广告，讨厌一切事物。不管怎么说，费尔菲尔德是一个出色的孩子，他觉得奥格威是同事眼中的好人，但作为父亲却是一个"极度残忍的混合体"。在费尔菲尔德读完霍奇基斯男校和弗吉尼亚大学后，奥格威又面临着新的问题。"我儿子接下来该怎么办？"他担心着，"他太狂妄了，应该找份工作。"对费尔菲尔德来说，跟着爸爸进入广告业绝对不是他的选择。他想得很清楚，那根本不是他想做的事。

在费尔菲尔德 21 岁生日那一天，奥格威把自己的书《一个广告人的自白》的版权送给了他。当时还以为这本书不会卖很多，可是当它成为畅销书，并使儿子得以用版税的钱去欧洲度了一个"滑雪假期"后，奥格威后悔了，但他很骄傲儿子后来成为成功的房地产经纪人。有一次在格林尼治，奥格威在当地五金店结账时出示自己的美国运通卡，店主问道："你是大卫·奥格威？那个有名的房地产商？"他常常讲起这个故事，每次都很高兴。

不管费尔菲尔德与父亲有什么问题，在别人看来，他是那么成功、和蔼、正常。奥格威看出了儿子的一项特殊本领：“这太令人惊奇了，这个我以为非常狂妄的年轻人，每次当家里出现问题，或者家人之间意见不同的时候，他都能轻而易举地化解。他对任何事情都有解决之道。”

在奥格威与梅林达离婚后，父子俩有一段时间疏远了，但不久便重归于好并十分亲密。他们见面时互相亲吻，旁观者看了都希望自己和儿子也能这么亲密。奥格威退休去法国时，父子俩在火车站送别，他的眼眶都湿了。有一次，费尔菲尔德本来要去看望他，但因为一些不可抗拒的原因推迟了，他就在门口等了儿子一天。“他对其他任何人都不会这样，他对儿子的关注超过对任何一个人。”一个朋友说。奥格威骄傲地这样描述儿子：“他已经成为无敌的房地产中介和我不可或缺的顾问，大大小小的事情都要请教他。”

在奥格威不久于人世的时候，费尔菲尔德几乎每周都要从美国飞去法国看他。他去世后，费尔菲尔德离婚并再婚，还有了一个女儿——奥格威的第一个孙女，梅林达·费尔菲尔德·奥格威（被人称作“菲尔德”），梅林达家族的第九代。她是查理大帝的后裔吗？

第二章

“我每次考试都不及格”

当奥格威的父母收到这张写有老师意见的报告单时，文中的当事人才10岁：

> 他有一个十分具有独创性的头脑，并且很善于用英语表达自己。他有点喜欢与老师们争论，并试图说服他们，自己是对的，书本是错的。这也有可能只是他具有独创性的进一步表现。但无论如何，这是一种坏习惯，最好能劝阻他，我希望他以后能在这方面尽量控制自己。

他的数学老师表示同意：“他学这门课很认真努力，但总是喜欢探索一些超越老师教授范围的解题方法。”

一个有明显的独创性的大脑没能使他在学校获得好评。奥格威的学校生活开始得不是很尽如人意，毕业时也一样。他6岁时，他的苏格兰父亲送他去了伦敦的一家幼儿园。他穿着苏格兰裙子，觉得很不好意思，同学们戏弄、嘲笑他与他的裙子。他打了其中一个肇事者。后来，在母亲的建议下，他学会了用言语而不是拳头攻击他未来的敌人。

他学生时代最恐怖的经历来自 8 岁的时候，在位于英国的南部海岸，苏塞克斯的伊斯特本的臭名昭著的圣西普里安[①]学校。其他曾就读于圣西普里安的学生——包括作家乔治·奥威尔、西里尔·康诺利，以及时尚摄影师塞西尔·比顿证明，并不是只有奥格威拥有这段恐怖的经历。

圣西普里安是英国典型的寄宿学校，创建于 19 世纪 50 年代。当时，英国人被送往印度和其他遥远的地方，以充实大英帝国驻扎海外的军队和公务员队伍。父母被派去了国外，儿子（ 9~14 岁）则被送回英国接受教育。这些只招收男孩的寄宿学校，大多设在乡村别墅里，准备日后将学生输送到伊顿公学、哈罗公学等顶级公立（美国是私立）学校深造。除了提供良好的教育，学校还肩负着塑造学生性格的使命——责任、纪律、服务和对帝国的尊重。通常由校长，更经常的是由校长的妻子经营学校。这有点儿像狄更斯笔下所描写的情境。许多时候，如果校长的妻子更有主见，她常常能高效地经营这所学校。如果这位妻子是温和母亲型的，这些孤独的男孩就会觉得有母亲在照顾自己；反之，他们

① 现在已经不存在了。

就会过得很糟。

这就像抽签游戏一样，奥格威很不走运。圣西普里安以前由L. C. 沃恩·威尔克斯先生——学生起绰号叫他“三宝”（Sambo，不知道为什么），以及他的妻子西塞莉·埃伦·弗拉迪尔菲亚·沃恩·威尔克斯两人共同经营。学生暗地里叫威尔克斯夫人“跳跳”（她胸部发育良好，在走廊走动时会有明显的起伏），在正式场合叫她“妈妈”。著名作家乔治·奥威尔的讲述心理操控的小说《1984》中的“老大哥”这一人物，据说一部分是以威尔克斯夫人为原型的。她残忍地羞辱这帮男孩，而她的丈夫只是劝告男孩们不要有情爱之念，以及不要用手淫来玷污自己的身体。

奥威尔将这个学校描写为“一个不可能让我感觉良好的世界”，并把他的怨恨发泄在一篇具有讽刺意味标题的文章《这，这就是所谓的快乐》中。由于有太多中伤的文字，这篇文章在他死后才得以发表。塞西尔·比顿回忆说：“教室里气味难闻而且尘土飞扬，游泳池的水污浊发臭，卫生间既寒冷又潮湿。”他也提到了威尔克斯太太：“最后离开‘跳跳’，离开圣西普里安，是我早期职业生涯的一座里程碑。”

就读圣西普里安对于刚刚陷入贫困的奥格威一家来说费用额外昂贵，但是学校同意减免学费的一半，希望奥格威入校后可以续写父亲在剑桥的荣誉。但奥格威对学校的看法很快就与奥威尔达成了一致。

> 最恐怖的是威尔克斯太太，也就是校长的老婆。这个恶魔一样的女人将去势的艺术演绎到完美。像一个国际象棋大师同时与几个对手比赛一样，威尔克斯太太饶有兴致地与学校里的每个男孩玩“猫捉老鼠”的游戏。每个人都轮流受宠或被厌弃，就像凡尔赛的侍臣。像我这样父亲既不是艺术家，也不富有的学生总是被厌恶，4 年来我一直生活在被排斥的阴影之下。

奥格威记得有一天威尔克斯太太不让他买桃子吃，并提醒说他很穷，靠奖学金才得以上学。

> “你怎么敢！”她喊道，声音大得足以让全校都听见，“你父亲穷得叮当响，你到这儿来上学几乎什么都不用交，一个乞丐的儿子有什么权利买桃子这么奢侈的东西！”

他的父母没有钱给他买生日蛋糕，也负担不起 4 年来哪怕看望他一次的路费。虽然家离学校只有 50 英里（约 80 千米）不到，奥格威只能“可怜巴巴地想家”，期盼着家人的来信，期盼着能与同学和他们的家人一起过周末。他最好的朋友约翰尼·罗瑟拉姆，后来成了皇家空军少将。约翰尼的姐姐简是奥格威 12 到 15 岁时的最爱。

在圣西普里安，学校安排了密集的学习课时让男孩们学习

《圣经》。学生们必须每天学习一篇并在早餐时背诵诗文，如果在背诵中出现超过两次的错误，就会在当天的吃饭时间被罚站。“因此在这 4 年中，我将《圣经》的大部分内容牢记于心。”奥格威说，虽然自己完全没有宗教信仰，但是他比身边熟识的大部分基督徒还熟悉《圣经》。

奥格威写道，威尔克斯太太为了多赚钱而克扣伙食费，使得全校 90 个男孩挨饿。她赚的钱是如此之多，足以令她能在夏季到来时去苏格兰禁猎的沼泽地打松鸡，并送儿子去伊顿公学。“她和她丈夫从来不吃我们的食物，但是那些有权坐在威尔克斯先生旁边吃饭的人，就可以从这个心不在焉又怕老婆的人的盘子里夹过些吃的来。”有一次，奥格威因为说拿破仑是一个荷兰人，被罚不许吃晚饭。有些晚上，他偷偷地从一个雀巢炼乳罐上的小漏洞里吸吮着炼乳（“味道就像妈妈的乳汁一样”），或者在炼乳被吸完之后，去吸吮那些牙膏免费样品。

一个独自离家的男孩，公然被羞辱为是靠救济上学，而且饿着肚子睡觉。这段可怜、孤独的经历，不仅使幼年的奥格威严重缺乏安全感，而且对他成年以后的信心也是很大的摧残。

奥格威就读的下一所学校有一位具有传奇色彩的学生，秘密特工詹姆斯·邦德。在《雷霆谷》中，伊恩·弗莱明透露，邦德小时候离开了令他不快的伊顿公学，邦德的姨妈试图让他进入费蒂斯中学（“邦德父亲曾就读的学校”）。她认为那里的加尔文主义氛围、严格的学术和运动纪律，会引导邦德走上正途。

费蒂斯中学紧邻爱丁堡，奥格威 13 岁开始在这里就读。那些既是英国绅士又在苏格兰接受了教育的人，似乎就是一个完美的结合体。因为在那时候，苏格兰的教育系统可能是世界上最好的，费蒂斯又是苏格兰顶尖的公立学校。费蒂斯恢宏壮观的哥特式主楼，及其错综复杂的石雕，被 J. K. 罗琳作为她笔下“哈利·波特”系列小说中霍格沃兹魔法学校建筑的原型。

费蒂斯的要求非常苛刻——“家庭作业，家庭作业，家庭作业”，一位曾就读于此的学生说道。这个学校也要求学生着装正式，在奥格威那个时候，十几岁的学生们戴着大礼帽、穿着燕尾服去小镇的教堂，他们还穿巧克力色与洋红色相间的条纹运动夹克上课，参加每日必修的礼拜。20 世纪 50 年代，费蒂斯还是一个有着严格的公立学校传统美德的地方——早上有冷水浴，下午做运动，还有体罚和“做苦工”（为高年级的学长做杂务），一位以前的学生说，这些都能锻造优良品格。

上过圣西普里安学校后，去任何学校几乎都称得上是改善。奥格威一直津津乐道费蒂斯的食物：“美味的苏格兰粥每天三次，还有苏格兰烤牛肉和苏格兰羊肉馅饼。这以后的五年我生活得就像一只斗鸡一样精神抖擞。”他喜欢宏伟教堂里传教士的布道和歌唱，觉得一切都是那么鼓舞人心。

在费蒂斯也要依靠奖学金，他的父亲没有别的选择。由于在伦敦股票市场的损失和在阿根廷共和国铁路投资上的失败，原本就不多的收入减少了近90%。费蒂斯学校在某种程度上是奥格威家族的地盘，这明显是奥格威能获得奖学金的原因。奥格威说：“这所学校已渗入我的血液中。”他是继祖父、父亲、哥哥之后进入费蒂斯的。他祖父是在费蒂斯自1870年建校之后的第一个十年里进校的。他了不起的叔叔——格兰克斯的英格利斯男爵是最早的学校理事会成员，并且担任了48年主席，后来由他的女婿接任。

在奥格威前面进入这个学校就读的人可以说是学校的“奠基人”，这意味着他们的学费可以由费蒂斯基金支付。“他们都是大人物。”奥格威说，“他们参加什么比赛都能赢，我记得第一学期的时候男孩们说‘你不可能是弗朗西斯·奥格威的弟弟’，这令我很沮丧。”他的父亲是学校的明星人物，曾担任校长和橄榄球队队长，并在板球和墙手球比赛中获得第一名（墙手球是壁球的前身，玩法类似），此外还曾赢得四个理事会奖项；他的哥哥弗朗西斯也是学校的风云人物，不仅是橄榄球队队长，同时还是校射击队队长，是射击比赛冠军和两次州长奖的获得者。

他们与奥格威形成了鲜明对比，大卫形容自己脾气古怪以至于不受欢迎，并因为哮喘不参加任何体育运动。他一度病得特别严重，以至于从校医院被送上了“亡车”。不过后来他康复了，并在体育方面有过一段短暂的光辉岁月，当时，校足球队（英式足球）队长将他放在球场上的重要位置时，他突然成了上帝的宠儿。其实，他一点儿也不擅长运动，但他和队长发现彼此之间在诗歌方面趣味相投。

音乐是他在费蒂斯的生活中心。他在乐队演奏低音大提琴，而他最好的朋友演奏小提琴。音乐大师亨利·海弗格尔是他的音乐老师，亨利夫妇都对年轻的奥格威很有兴趣，他们 60 多年来一直是朋友。奥格威喜欢历史，老师是耶特曼·塞勒（Yeatman Sellar）——《自 1066 谈开去》（*1066 and All That*）的作者，在当时的英国学校中以授课风格活泼著称。奥格威领导辩论社，后来被任命为老师的“首席小跟班”和协助老师管理年幼学生的级长，并声称自己是第一个不会打小男孩的级长。但是，他说自己太懒了，无法从事古典学科的学习，并跟上他父亲和哥哥的步伐，而且他憎恶费蒂斯的贵族特权。（尽管他自己一口上流社会的口音，承认自己瞧不起与他不同口音的人。直到去美国，离开了这种环境他才得以改观。）

费蒂斯灌输给奥格威两兄弟的一项生存技能就是：坚实的写作基础和清晰的谈吐。这样一个主流的“传统”学校，有着才华横溢的拉丁语和希腊语教师，并没有把英语作为一个单独课程，不论教授什么课的老师都可以去教英语。一位前校长解释道，费蒂斯没有用计划好的固定模式去教学生们写作，在写和说出每个字的时候，都要感受到“高兴和重要”的氛围。另一位任课老师曾说，在教会学生生活准则之外，每个学校的经典课程都应该是英语课、历史课、地理课和让学生学会为生活制定标准。费蒂斯的标准很高，对轻微的违规行为要处以“抄写”的惩罚——抄写《圣经》或古典著作，每一页抄 25、50 或 100 行。写出来的字必须得精确——小写字体，要碰到行的顶线和底线。一位数学老师曾罚学生写 12.5 行。

“如果你真的想成为英语文学的学者，”前校长卡梅伦·科克伦说，“你必须在学校学习古典文学，也许现在写作和口头表达中对英语的这种马虎凌乱的滥用是由于如今学习拉丁文的学生越来越少，而希腊语已几乎没人学了。”巧舌如簧的英国前首相托尼·布莱尔就是一个得益于费蒂斯教育的校友。

当奥格威 1968 年回到学校为庆祝建校日致辞的时候，他总结了在费蒂斯的五年。他利用这个机会苛责费蒂斯学校不收女生（现在招收了），并且提醒大家，他在学校的时候并不是个风云人物：

> 我不是学者，在做游戏时是个笨蛋。我憎恶那些做管理的人，我是个无可救药的反叛分子——跟这个环境格格不入。简而言之，我是个废物。和我一样的废物们，记住了！在学校里是否成功与你在生活中是否成功是毫无关系的。

1974 年，他接受邀请返校，提出了一系列对树立学校的独特形象有建设性的意见：雇用一名法国大厨；培养一流管道工、木工、电工、油漆工和园丁；聘请一名舞蹈老师，让男孩们以后能和老板的妻子跳舞；教打字和速记（他都不会）；让学生自己选择自己喜欢的教师，选定之后再付学费（“这样就会使教得好的老师拿钱多，而那些讨厌鬼被饿死”）；与爱丁堡大学建立“后备军”关系；在法国开设一家分校（他退休后居住的地方）。

他还建议改进整个教导方式的理论和实践。

> 老师们让你死记硬背所有知识，才能通过那些白痴考试。这就像硬从鹅的喉咙塞进玉米以期撑大它的肝脏一样，也许你能得到美味的鹅肝酱，但鹅肉再也不好吃了。
>
> 一所伟大学校的任务不是让学生死记硬背那些事实，好在几周后的考试中发挥得淋漓尽致，而是激发探求学识的爱好，这将会持续你的一生。波茨博士激发了我父亲的这种爱好——他直到临终的那一天还在洗手间读贺拉斯（Horace）[①]。

在进行这种带点挑衅意味的谈话时，奥格威很放松地就如何营销“费蒂斯产品”提出意见。后来，校长给这位“阔气的老顽童”大卫·奥格威写信：“我亲爱的大卫，你都富得发臭了。我们需要一辆小面包车，这将花费你 7 000 英镑。”奥格威寄出了支

① 贺拉斯，古罗马诗人、批评家，作品有《诗艺》《讽刺诗集》《长短句集》《歌集》《世纪之歌》《书札》等。——编者注

票，并附上一张便条：“你这浑蛋！给。”

1955 年，奥格威得为他 12 岁的儿子在美国选择一所学校，他说他怀疑没有哪位老师能以他的高标准教学生们读和写。“这就是大多数美国学校的问题所在，它们教出来的学生训练有素却是文盲，而费蒂斯刚好相反。”

1929 年，奥格威 18 岁，离开了费蒂斯。在重返校园之前，他在爱丁堡贫民窟的一家男孩俱乐部工作过很短一段时间。从费蒂斯毕业时，他的努力赢得了现代史研究课的优异成绩和“优秀品格”的评价。奥格威申请了牛津大学：“这样就可以避免与我父亲、哥哥弗朗西斯，还有家族里其他在剑桥上过学的人比较。”他的申请论文引起了牛津主考官的注意，他因为这篇文章被授予了牛津大学历来极少发放的历史奖学金。这项奖学金只给那些表现出极大发展潜力的人，而不是仅仅在考试中取得优秀成绩的人。

牛津大学基督教会学院是他的选择：“因为从这里走出去的首相、印度总督、坎特伯雷大主教比其他学院加起来还要多。”基督教会学院通常被称为牛津大学所有学院里最气派、最富贵族气和最有教会思想的学院，同时，它还是非常传统的。学院矗立在高街上的那一幢幢令人惊叹的建筑物沿着泰晤士河整齐排列，属于牛津大学里最好的建筑。在《哈利·波特》电影前两部中出现的大饭堂，陈列着13位曾在这所学院接受过教育的首相，以及学院的创立者——亨利八世国王的画像。

1929年，奥格威以奖学金获得者的身份进入基督教会学院，这意味着他必须接受考试以谋求资金支持。吃饭时，奖学金获得者们坐的位置要比为数更多的普通学生稍微高一点。这是一种学术等级制度，教师们坐得还要更高些。每个人都身着正规的学位服，深色西装礼服上套着长袍。晚餐、参加辅导和讲座时也必须正规着装。奥格威这样的奖学金获得者们穿长长的黑袍子，以便与穿短袍的普通学生区别开来。一周四次，学生们要穿晚礼服吃晚餐，在特殊场合要戴白领带。

英格兰那时的风气还是很势利的，基督教会学院更是如此。一个同学说奥格威问他的第一个问题是："你以前是在一个好学校读书吗？这样的人并不多。""他很温和、友善，还有一点古怪。"玛戈·威尔基说，这位曾在牛津上学的美国人，后来与奥格威成了一生的朋友，"他不是普通的牛津本科生，他爱好广泛，十分有意思。我记得有次和大卫还有其他几个年轻人坐在一个人的寓所里，他们有个仆人，负责把所有东西拿进来，这对美国女人来说是印象深刻的。他常常带我们去划船。那时候他很年轻，我17岁，他18岁，我也像其他人一样觉得他有点不牢靠，就一点点。"

他在第一位导师的辅导下有了一个良好的开端，这位导师发现他“是一个非常有趣且有能力的人”。但是，他在浓厚的学术氛围里总是觉得不自在，而且有时会反抗。他上课永远迟到。一次在一个大型露天剧场，他在教授正讲课的时候走了进去，教授停止发言以提醒他注意他的迟到，在一片寂静中奥格威打破了沉默：“如果你再羞辱我，我就再也不来上这门课了！”

但他在学习上没有方向。第二学期的时候，他从现代史转到医学，决定要像他祖父一样当个外科医生。“他总是自吹自擂。”玛戈·威尔基说道，他记得曾和奥格威一起靠在壁炉旁边闲聊，那时奥格威的梦想是当一名医生，这听起来似乎很罗曼蒂克。奥格威强调自己的苏格兰血统，认为成为一名苏格兰外科医生才是真正的职业。他的家族有那么多位医生，他也将成为他们的追随者。后来，当他在一家法国餐厅的厨房里工作时，他给威尔基写信说：“好吧，我曾以为能在人的身体上做点什么，但我现在却沦落到在一家法国餐厅切割着鸡和鸽子。”

奥格威的导师对于他在学习方向上的转换表示怀疑。“他完全是从头开始学理科，而且已经有了一个非常好的开端。如果他能勉励自己在这一领域变得更加专业，可能会有很好的成就。现在他却心不在焉。他给我留下的深刻印象是，他只是一名有趣的业余爱好者。”他的这个问题在接下来的几个学期更加严重，就像他的导师们所说的：“他觉得转型期非常困难和痛苦，而且对自己的财务困境非常担心。”另一位导师说：“他漫不经心地脱掉了自己的外套去打工，我猜这是为了抗拒他学识良好的先辈们，他在长假里就已经找到了一份工作。”第三位导师对他发出了警告：“我非常怀疑他能不能通过化学课考试。他学习很努力，但是我不认为自然科学是他的强项。他是一个非常不错的人。”

接着，到了期中的时候，又出现了新的问题。“虽然他非常渴望学习，但总被疾病困扰。”他的导师写道。哮喘使他晚上无法睡觉，只有用好几个枕头撑住才能呼吸。这还不够，他还遭受着风湿热和痛苦的双侧中耳乳突炎的折磨，这使他的学习和阅读都非常困难。在进牛津之前，他曾在剑桥寄宿了一年，做了两次乳突手术。他的房东阿佩·塞维尔是一个年轻的寡妇，后来和他成了朋友（也是他哥哥的第一任妻子）。在那些与抗生素为伴的日子里，医生常常使用一根小木棒刮去他耳朵后面那块乳突骨的感染物。用麻醉剂，也可能是用乙醚，以减少敲击对大脑的影响，但这肯定是一段非常可怕的经历。当切口里的感染物被清除后，奥格威就得缠一圈头巾一样的纱布在脑袋上。手术在他的左耳后面留下了一个大洞，终其余生，都被他长长的卷发遮住了。这还影响了他的听力，当有人在他左边说话时，他就得转过整个身子才能听清对方在说什么。

身体上的各种疾病极大地影响了他的学习，不过他很少因此而松懈。“我认为他这学期的现代史研究课肯定会通过。”他的导师写道，“当然他还有很长的一段路要走，我对他这学期的学习很满意。”

虽然牛津要求严格，学生们仍然可以找出时间娱乐。奥格威把这些时间用来撰写书评；到布莱尼姆参加马尔伯勒公爵的生日宴会；辅导一位美国百万富翁的儿子，直至该男子的法国情妇试图勾引他；在一位巫师的提示下赢得了赛马；听阿斯特夫人反对饮酒的宣讲，转变了自己的观点（维持了三周吧）；参加派对；交真诚的朋友。

问题是，在这六周的时间里他没有完成学校布置的作业。那可不是假期，学生们要阅读大量书籍，写好论文带回学校。奥格威没有这样做，威尔基说：“他是个社交活跃分子，不学习。他年轻、血气方刚、精力充沛、才华横溢却很迷茫，没有将他的才华用在常规的道路上。”两年后，也就是1931年，他离开了牛津，带着深深的沮丧。他没有拿到学位，称自己是“朽木不可雕，也许是因为对学术的不耐烦和对谋生的迫切需要，也许是我脑子不够用，不论原因是什么，每次考试我都不及格”。

他说自己被“抛弃”——被学校开除了——并且说这是他人生真正的失败。“我本想成为牛津大学的明星，结果，我被扔了出来。”但学校档案并没有明确记载他是被开除的或者每次考试都不合格，展现出的是一个不安分的年轻人被金钱和健康所困扰，改变了自己的方向，渴望更加刺激和多变的未来。能够实现这一点的更好方式可能就是离开学校。

“你知道抛弃是什么意思吗？”他后来问，“我似乎到了一个什么也理解不了的阶段，觉得什么都没有太大的意义，也不关心，这非常不好。我一直想成为西班牙贵族——也不知道为什么认为自己是，但我就是这样想的。我研究现代史，用它得到了牛津大学的奖学金，最后却被开除了，这令我的家人很失望。但至少我可以说，我曾经在那里读过书。”

但有一点很清楚，和爱因斯坦、富兰克林、比尔·盖茨及其他成就卓著却没完成学业的人一样，他不知停歇，准备继续前进。这段经历曾一度使他屈服。一位当地的旅馆老板兼朋友是这样评论他的转变的：牛津的“一个爱凑热闹的英俊小伙儿”，在仅仅 18 个月后，就变成了“一个非常安静、爱思考的家伙”。

在以后的人生中，他一直保留着学校的成绩报告单以提醒自己做得更好。他敬重学术上有成就的人，特别是哈佛大学贝克学者奖得主。他也很为自己获得艾德菲学院的荣誉文学博士学位而感到骄傲。但是不论奥格威在事业上成就有多么大，都不是正规学校教育的结果。他觉得自己在学校的那段日子很失败，渴望重新开始。离开学校后，他的教育才刚刚起步。

第三章

推销员的炼成

1931 年，奥格威离开牛津时，英国正陷入经济大萧条。仅仅 1930 年，失业率就增加了近一倍。数百万人靠领取失业救济金生活。那是全世界非常糟糕的一段时期，奥格威回忆道："情况十分严峻，人们很难找到工作。"

他已准备好做出改变，尽管他选择的可能是个最差的时间节点。他觉得自己必须走出学校，再也不想为获得更高的学历而与哲学家和受过良好教育的人为伍。他决定像个技工一样，靠自己的双手吃饭。不久之后，他在巴黎找到了一份厨师的工作，想当一个技工有很多选择，为什么选择厨师？

他向一位朋友这样解释此事：主厨们通常都不缺吃的。他说自己从母亲那里学习到了如何鉴别好的食物。"当她想知道她的孩子们是否讲卫生的时候，她就闻闻我们。吃饭时盘子递到她那儿，她也拿起来闻一闻。我继承了她的好嗅觉，有很好的品位。"

事实上，选择这份工作和食物无关，他需要一份工作。他父亲给自己以前的情人威尔·戈登夫人写了一封介绍信，她在巴黎的麦琪大酒店有七间房间。奥格威是这样说的。另一个版本是，这封介绍信来自他在牛津认识的一个年轻漂亮的女孩的父母。不管哪一个是真的，那位年老的女士被奥格威的魅力迷住了，差一点收养了他。戈登夫人是这家酒店最大的客户，她能强制要求厨师长雇用他，“厨师长正想招个苏格兰人”。

许多在广告业做得很成功的人都没有学位。他们从各种各样的生活经历中获取经验，而不是依赖传统的学位证书。这就是奥格威接受教育的模式，首先从一家法国厨房获取了开创性的经验，他在那里仔细地观察，领会了高标准和领导力。

麦琪酒店当时位于克勒贝尔十九大道，是一座大型的豪华酒店，建造于 1907 年，距离凯旋门不远，是第一次世界大战后举行历史性外交会议的场所。它成为这个国家国际会议的举办地，后来在第二次世界大战期间被希特勒征用为驻扎在法国的国防军大本营之一。二战以后它被法国外交部接管，这里还被黎德寿和基辛格认为是他们终结越南战争的地方。1937 年酒店关闭了，直到 1960 年才重新开张，新址与原址相距两个街区。

麦琪酒店的餐厅当时是巴黎最好的，20 世纪 30 年代初一直位列《米其林指南》中的最高评级。奥格威说，纽约“亭阁”餐厅（Le Pavillon）的亨利·索莱告诉他，麦琪酒店餐厅当年以它 35 名厨师的强大阵容，堪称当地有史以来最好的餐厅。专横的厨师长皮塔德先生，对奥格威来说是位“可怕的纪律执行官”，曾因为一名厨师无法使他的布里欧面包保持竖直状态而将其解雇，这令奥格威感到非常震撼。但这个实习助理厨师立刻意识到，这样苛刻的标准会让其他厨师们明白自己是在世界上最好的厨房工作。在一家卓越的法国酒店餐厅厨房工作是奥格威迈出大学校门后（或者说中途辍学后）接受社会教育的第一步，皮塔德的管理风格后来成了他努力工作、严格要求自己、走向卓越的标杆。

麦琪可能是世界上仅存的一家用这种严肃而老派的规矩管理餐厅的酒店。我还记得第一天在那儿工作的情景。我正倚在墙上削土豆皮，然后一个男人走过来告诉我：“站直了，你在这儿做的每一件事都很重要，你要为你做的任何事感到自豪。”这让我印象深刻。

他后来用法国厨师长与教学医院的外科主任做类比，或者说，还可以和一家大型广告公司管理人做类比。

你必须掌握数目庞大的菜品的做法，必须能够控制数量足有一个团的暴躁的疯子。此外，你还需要足够的水平，以应付订购和菜单规划等日常文书工作。这在厨师中是很罕见的。

奥格威从底层开始，负责为一位客人的两只贵宾犬准备热骨头，由于工作勤勤恳恳得到了两次提拔。他晋升到为一位糕点师准备鸡蛋清，然后又负责准备餐前小食，每餐 26 个品种。工作场所在地下的厨房里，每天工作 10 小时，每周工作 6 天，到清晨时他从头到脚都湿透了。整个墙边排满了大烤炉，人们兴奋地在周围跑着、叫喊着，使用的语言令他觉得很“粗鄙”。一个生气的厨师曾向他扔过鸡蛋，如果他多站一会儿，其他人就会喊：“你没事干吗？没事干吗？”

虽然这是份辛苦的工作，薪酬是每周 7 美元，但这让他离开了学术界，给他上了一些影响深远的课，这期间发生了一些故事。巴黎并不算太差，在这里他与一个女招待有过浪漫史。他们有时间就去打网球，或去蒙帕纳斯，空闲的夜晚还爬上蒙马特高地观看巴黎的夜景。

他说起初他很绝望，后来想出了个办法，留意自己的那位靠山的特殊需要。戈登夫人爱吃烤苹果，奥格威有了主意，他烤了两个苹果，仔细地用小勺子刮光了表面，然后把苹果肉放入一个贝壳。戈登夫人从来没有吃过这种味道的苹果：“如果不能让这个孩子一直做苹果给我吃，我就搬出这里。”有戈登夫人撑腰，皮塔德留下了他。随后，奥格威在三个月内学会了如何将食物做得足够美味。

他说他一年后已经做得足够好，厨师长都不想让他离开了。奥格威无数次向人讲述他如何用细叶芹装饰冻蛙腿：“那不是烹饪，是打磨珠宝，需要好的视力、稳定有力的手法和设计师的美感。”有一次，他发觉皮塔德在专注地看着自己，那天是一个重要的日子，法国总统到这里来就餐了。在5分钟令人不安的寂静过后，突然皮塔德示意厨房全体人员都过来观看。“那头倔牛，”奥格威紧张地想着，“他肯定要解雇我了，还要让所有人都看着，就像对我当众施绞刑。”他虽然这样想，可手里的工作没有停，两个膝盖像响板一样瑟瑟发抖。当他做完后，皮塔德指着蛙腿对其他厨师说：“就应该这么做。”奥格威说，这是他一生中最骄傲的时刻。

他说几个小时后他就见到了法兰西总统保罗·杜摩尔，总统吃了他做的蛙腿。然后就传来一个既惊人又疑云重重的消息：“过了一周他就死了。”有时候，奥格威会解释说杜摩尔是被一个疯狂的俄罗斯人枪杀的。几年之后，奥格威带一个法国同事来到麦琪酒店的原址，满怀深情地带他到一个小窗户前俯瞰酒店餐厅的地下厨房，给他指出自己以前为杜摩尔总统烹饪过的地方。他讲到这里眼睛都湿润了。

尽管他通过了厨师的考核，但他明白长时间在厨房工作的希望渺茫。在巴黎待了一年半后，他去找哥哥弗朗西斯，弗朗西斯这时候在美瑟–克劳瑟公司有着重要的职位，那是伦敦一家较大的广告机构。弗朗西斯很了解弟弟的才华，又一次引领他走向好的航向。

美瑟–克劳瑟公司最大的客户之一就是将军牌炉具（Aga）

的制造商。这是一种独特又昂贵的炉子，专为高档厨房配备，风靡英格兰和整个欧洲大陆。要在预算极小的前提下推广这种产品，弗朗西斯想到的最具有前景的市场是学校，他真正有所了解的就是较好的公立学校。他亲自起草了一份发给校长的销售宣传单——用古典希腊文写成——这让他收到了很多回复，有些回复带着歉意地说他们学校没有人懂希腊文。对于这些学校以及没有回复的学校，他又写了一封信——用古典拉丁文。

弗朗西斯将大卫引见给了“雀斑”雷恩——联合金属有限公司的销售经理（后来当上了总裁），雷恩所在的这家公司是 Aga 的制造商。雷恩正在寻找能将他的炉子卖给英格兰的酒店和餐馆的推销员，而且这个人应该能和厨师们用法语交谈——厨房中用到的法语，这点奥格威在巴黎已经掌握了。于是，雷恩雇他做了销售代表。

将军牌炉具（被描述为“就像烤牛排和约克郡布丁一样透着英国气息”），有如神助一般受到许多英国家庭的忠实拥护。古斯塔夫·达伦在 1922 年发明了这种炉具，这个瑞典物理学家认为他的妻子需要一个少些人力照看而且省燃料的炉具。虽然被一次失败的实验弄瞎了眼，但他最终还是制作出了新颖好用的炉具。这是一个隔热、带隔层的铁箱，各层根据自身和热源（最初是焦炭或煤）的距离能够自动调节温度，没有拨号键或压力表。Aga 这个名字来自他公司的英文名称中最后三个词的首字母——Svenska Aktiebolaget Gas Accumulator。第一个推销它的广告是宣传其高效的节能性和清洁性（没有烟尘或污垢）以及后来成为它招牌特性的方便快捷（“时刻准备满足您的即时之需”）。它很快被大众接受，甚至是喜爱，在家庭、俱乐部、学校、王室居所都能看到它的影子。

奥格威的第一个任务是挽留一位已经购买了 Aga 的客户——伦敦的一家俱乐部安装了这种炉具，但是不知道怎么使用，所以准备把它扔掉。奥格威穿上巴黎厨师制服——为了进行厨师与厨师之间的对话，而不是以一个销售人员的身份。然后，他去了厨房。对方说 Aga 不能做煎饼。为了证明这种说法是错误的，奥格威把面糊倒在煎锅里，等时间到了再翻个面。他把煎饼高高地抛向空中——当时厨房里有 18 个厨师在观看，他把煎锅放在身后接住了煎饼，然后放在地上。就这样，他挽回了这笔生意。这是他自己讲述的故事版本，很可能确有其事。

后来，他被提升为公司在苏格兰的第一位销售代表——上门推销炉具。Aga 是市场上最昂贵的炉具。在经济大萧条时期给精明的苏格兰人打电话推销常会遭冷遇，这可不是件容易的事，但奥格威总是不断创新。他靠给厨师指导如何使用这种炉具来推销，有必要的话还亲自教他们如何使用。他会给每个买炉子的人上几节免费的烹饪课，由此获得了大量顾客。

大约是 1989 年，在 BBC 的一档节目中，奥格威披露了自己的销售方法——他总是来到房子后面（在楼梯下）与这户人家的厨师（而不是女主人）交谈有关这种炉具的情况，因为如果厨师不站在他这一边，他自然就无法把炉具卖给房屋里的女主人了。

他以 3 个金币教 6 节烹饪课的方法（但如果对方买炉子的话则免费）卖掉了更多的炉子。这时，奥格威领教到了一个词——“免费”的力量。

当把 Aga 卖给圣安德鲁斯和爱丁堡的罗马天主教会大主教（奥格威说，“他是一个非常好的老人，我所知道的最像天使的人”）的时候，他的业绩迎来了突破。这位大主教问，如果自己写推荐信给管辖下的所有机构是不是能帮助他（提高销量），奥格威回答说：是的。

> 在大约 4 个月里，我只是开着车环绕苏格兰，去按响女修道院、男修道院、学校和医院的门铃。在拜访女修道院时，会有一位修女来到门口。我说：“我叫奥格威，想见一下院长可以吗？”“她在等您。”我走进去，看见她在那儿，手里拿着钢笔，在订购单上签了字，我的销售量就增长了。当然也不是一直都这么轻松——附近并没有那么多大主教。

在每天向修女们销售完炉具之后，晚上奥格威常常去爱丁堡的一个男孩俱乐部，在那儿他与一个管教成了朋友，管教的主要职责是帮助有过失的男孩子们避免牢狱之灾。奥格威的任务是指导这些男孩做一些戏剧创作表演。后来他有三个戏剧节目在戏剧节上拿到了金奖，戏剧节的评审说他是“推动苏格兰地区戏剧发展的最有希望的力量”。其他晚上，他在寄宿公寓里与一个比自己大 40 岁的寡妇打牌（他说她爱上了他）。周末，他则经常去他朋友那儿——莫瑞斯威特的穆雷夫人的邓弗里斯宅院，她在这里有 16 名侍女，这给他留下了深刻印象。

上门销售的经历把奥格威变成了一个推销员。“要不然我可能就是完全不同的另一种人。这让我总是想着怎么卖东西——其他什么也不想。”“什么也不想”是种夸张的说法，但是对销售的关注始终在他的职业生涯中占据着主导地位。如同他在巴黎厨房工作时形成了对于领导一个组织的看法一样，他在苏格兰家庭门口被主妇接待的那些经历塑造了他对广告业的看法。“没有销售就没有佣金，没有佣金就没有吃的。这在我身上留下了烙印。”

他计算过，正确描述 Aga 的特点要花半小时，这一点让他一生对“长文案”深信不疑——“长文案”就是指长达几百字的用于详细介绍产品优点的文本广告。但对他更深的影响是对华而不实的广告和创意奖的不信任，它们与销售客户的产品或服务没有明显联系。这导致了他喜欢采取直接邮寄广告的方法，并附上产品优惠券以统计验证结果。销售量成了他评判“好”广告的标准。这种偏好随着时间不断强化，这是对“创意”——在他看来越来越被人们过分重视的一个词的抵制。

他的销售业绩如此出众（公司不知道大主教朋友帮他增加销量的秘密），以至于公司委托他写份指南，以给予同事们一些启示。1935 年，奥格威 24 岁的时候，《销售 Aga 的理论与实践》一文成了公司的销售“圣经”。30 年后，《财富》杂志一篇有关奥格威的文章认为，这份指南“可能是已经面世的最好的销售手册”。这不仅仅是销售方面的一本好书，同时也展示了奥格威从经验中学习的能力，以及他授人以渔的意愿。后两者就是他后来应用在广告行业理论实践中的特质。

这份 32 页的纯文字小册子中提出的建议可以应用于任何产品的销售中。其中隐含的观点是，一个销售人员犯的最大错误就是让顾客反感。Aga 当年的这位明星销售员用令人难忘的语气给人们以提示：

> 蓄热是一种最古老的烹饪方式，原住民就是在火苗快熄灭了的灰烬里烘熟刺猬的。

虽然买一台 Aga 要花很多钱，但是在使用它的过程中只需花很少的钱：

> 要强调这样一个事实：没有哪个厨师能让 Aga 一年的燃料费超过 4 英镑，无论他有多笨、多奢侈、多漫不经心，或做饭的次数多么多。如果多用了燃料，那它肯定是被人偷用了，应该立刻报警。

文中关于好销售员的描述可能是奥格威从对自己的看法中提取的：

良好的销售员是坚忍的牛头犬与行动力超强的猎犬的结合体。如果你有任何魅力，把它散发出来。

对产品优点的描述也栩栩如生：

随时可用。无论任何时间使用，Aga 都不会感到惊讶。无论白天还是晚上，随时都可以立即使用。对一个不了解 Aga 的厨师或主妇来说，很难意识到这意味着什么。只需告诉她，她可以在午夜时分到厨房里烤只鹅，或者重新灌满她的热水瓶，可以为星期一早上匆忙赶到伦敦的可怜访客奉上热乎乎的早餐。

他劝说 Aga 的销售员在了解炉子的同时学习一些烹饪知识：

单纯地去卖 Aga 几乎是没有成功希望的，除非你懂一些烹饪知识，而且表现得比你实际知道的要多。这不像知道 Aga 哪部分是用来煮的、哪部分是用来炖的那么简单。你必须站在厨师和主妇们的立场上和他们进行沟通。

手册建议用不同的方法吸引厨师和男人，对孩子就用太妃糖，并推荐了一些遭到拒绝时应有的反应，鼓励销售员们讲笑话：

> 总之，每当潜在客户开有关 Aga 的玩笑时，你要大笑到把眼泪笑出来为止。

奥格威去世之前在 BBC 的一个纪录片中，谈了 Aga 如何成为上流社会的一部分：

> 你得有一个折叠手杖、一只猎犬，送孩子去可怕的寄宿学校，而且你得有一个 Aga。
>
> 我们采用自上而下的销售，它是一种身份和地位的象征。我永远不会忘记年老的玛丽王后前来看过它。有人告诉她，由于一位王室表亲对我们特别好，曾免费得到过一个炉具，玛丽王后对此非常愤怒，因为她的二儿子——约克公爵，即后来的乔治六世伯蒂——却得付钱。

奥格威在以后几年里有效地运用了这种“势利”的吸引，逐渐成了 Aga 老板“雀斑”雷恩的朋友，而且他仍然是这种炉具的粉丝：“没有糟糕的、异想天开的工业设计师将他们的意图加在它身上，它始终是一个真正好用的功能性产品。”

更重要的是，通过销售 Aga，他成了一名坚定的销售人员。在这方面，他表现出自己是天赋使然。上门销售教会了他如何与人们谈话并避免用轻视的语气和别人说话。他的告诫很出名：“消费者不是白痴，他们就像你的妻子，别对他们撒谎，别挑战他们的智商。”销售 Aga 的经历让他明白了不让人厌恶的重要性，要让人们对逸事、笑话以及这种产品及其优点保持兴趣。他把这些经验教训运用到了广告行业——不包括讲笑话。

不论奥格威在麦琪酒店的厨房里还是在演示正确使用豪华炉具的过程中学到了什么，他学习的驱动力都不是他对美食的喜爱。这个前助理厨师对高级菜肴的兴趣是比不上对于作秀的兴趣的。他可能会点一盘番茄酱——只有番茄酱——作为他的主菜，只是为了在人们看他的时候制造一种戏剧性的效果。如果一家餐馆的服务不够周到及时，他就会立刻起身离开，或者像孩子一样敲打着桌上的刀叉，大声喊：“我要吃饭！我要吃饭！”对此，一位以前的同事表示同意：“大卫对精致美食的兴趣不大，认为食物就是燃料，吃饭既不是例行公事也不是一天中最精彩的时刻。他喜爱所有方便快捷的食物，只要简单就行，特别是他的‘四项最爱’：蛋黄酱（罐装）、葡萄果仁谷物脆片、培根和巧克力。他饿的时候就要马上吃，如果一直等待进餐的话他很快就会变得恼怒。”

如果奥格威的妻子不在家的话，到他在纽约的家里吃饭可能会令人感到异乎寻常。他会用牡蛎招待客人们——只有牡蛎——作为一餐，或者是罐装的龙虾浓汤加上奶酪和冰激凌。他说：“如果你们觉得可以的话，我们就免掉主菜了。”公司的一位经理回忆，他被邀请与奥格威吃饭时，往往事先把一块三明治装在棕色纸袋里，以确保自己有点爱吃的。有过在高级酒店餐厅厨房工作和销售高级炉具的经历之后，奥格威很少再度烹饪或对食物表现出什么兴趣。他的兴趣在于人，那些完成了了不起的事情的人。他消化事实而不是食物，如果没有事实的话，八卦也可以。

奥格威承认曾给自己在巴黎当厨师的经历添油加醋。他是否曾是一名真正的厨师，这一点虽然尚存疑问，但他懂得区分食物的好坏，而且懂得如何用啤酒烹饪牛肉以及用红酒烹饪牛尾这样的菜肴。

他认识到，高级烹饪的标准与自己所了解的是不一样的。皮塔德有一次曾毫不客气地对他说：“我亲爱的大卫，不完美的东西就是差劲儿的。”

在 Aga 的官方历史中，奥格威被描述为这种炉具得以成功的“关键人物”。很多年后，为了安抚一位被裁员的年轻人，奥格威竟然假装自己当年是被 Aga“裁掉”的：“这给我造成的伤害有些残忍。但谢天谢地，它把我解雇了，要不然我可能还在兜售炉子。”

没有证据显示他是被解雇的，但他也不可能一辈子都做个炉子销售员。他把销售手册寄给了在美瑟－克劳瑟广告公司的哥哥弗朗西斯，作为自己广告才能的证明，随后在伦敦以实习生的身份被该公司雇用了。Aga 的经历为他日后的广告信仰打下了基础，并使他养成了努力工作的习惯。就像他后来回忆时所说的，当美瑟－克劳瑟广告公司将他的薪水翻番时，“我尝到了真正的甜头”。

第四章

谁是美瑟

广告永远是年轻人的事业。奥美（Ogilvy Mather）广告公司的渊源要追溯到19世纪中期的一家英国公司。1850年，27岁的埃德蒙·查尔斯·美瑟在伦敦舰队街71号创立了他的公司，并很快就以伦敦舰队街最佳着装人士而闻名。他去世两年后，他的儿子哈利和赫伯特·欧克斯·克劳瑟在1888年一起创立了美瑟–克劳瑟公司。

广告代理业务产生于19世纪四五十时代。[1]报纸刊登广告的现象之前已经存在了200多年，但它的发展一直被税收制约，每张纸都收税，每份卖出去的报纸都收税，刊登的每则广告也要收税。当这些负担被解除之后，突然涌现了更多可利用的广告版

---

① 通常认为，美国第一家报纸广告经纪公司是由瓦尔尼·帕尔默（Volney Palmer）于1841年在费城创立的。1850年，帕尔默首创了“广告代理”这一概念。

面，报纸经营者就雇一些公司去销售这些版面。这些报纸的代理机构[①]就是最初的广告代理商。美瑟–克劳瑟公司是它们中的杰出代表。

在早期，广告商必须让制造商相信，做广告是有回报的，而且会广为社会所接受。美瑟–克劳瑟公司承担的任务就是给所有潜在客户发一系列宣传小册子。“做广告是有损尊严的事吗？”有人矫情地问。“不！”它回答，“生产日用品的公司如果不做广告，就无法在当今激烈的竞争中立足，它们会被做了广告的对手远远抛在后头。”不！看看别人取得的成功。不！广告不会有损社会地位——“这里有无数的下议院议员，还有不在少数的上议院议员，都是那些为产品大量做广告的公司的合作伙伴”。

有一份小册子警告人们不要发布“没有用的广告”，包括：向不恰当的出版物购买广告版面、没能抓住读者的注意力、产品信息太少或过多，以及使用的广告手法品位不佳。另一份小册子中说，妇女们喜欢互相讨论的产品大部分是广告中的商品，还有，精明的买家是不会被愚弄的——这分明是对日后遍布世界的消费主义的一种认可。

美瑟–克劳瑟公司与那些准备好用一种新方式做生意的甲方客户一道，走上了大英帝国的繁荣之路。

① 由报纸而不是广告主向代理商支付酬劳，是广告代理佣金体系的最初形态。

维纳斯牌香皂——“一切为您，不是为了擦浴缸。”

梅林牌食品——“为了婴幼儿，为了残疾人。”

斯托弗牌酸橙汁——“正像呈给女王陛下的那样，没有发霉的味道。”

皇家伍斯特牌美式紧身衣——“自在、舒适、高雅。”

H. 塞缪尔牌世界著名手表——“快捷、准时，为走向繁荣铺路。”

西格尔妈妈牌糖浆——“我每天都服用它，以保持肠胃净化，血液纯净。”

伦敦另一家广告公司 S. H . 班森参与了进来。后来，班森与美瑟－克劳瑟公司共同为大卫·奥格威在纽约开办的企业提供资金支持。1893 年，塞缪尔·赫伯特·班森 39 岁，应邀成立一家公司来宣传“保卫尔”（Bovril）——一种在英国流行的浓浓的咸牛肉汁。班森的公司对保卫尔的宣传很成功，甚至开发出了在那个时代看来很新奇的媒介——“电子广告”，在公共建筑、纪念碑，甚至云彩上打出光彩夺目的广告，如“寒冷夜晚，喝保卫尔”。象牙肥皂的制造商和其他客户都像保卫尔公司一样，成为班森公司的主顾。

朗特里牌精选可可饮料——“就是与众不同。”

卡利牌牛奶巧克力——“美味且绝对纯正。”

威路尔牌维生素食品——“如果您的孩子正日渐瘦弱的

话就试试它。”

科尔曼牌浆糊——“优质熨烫的秘密。”

不久，广告业务开始变得越来越专业化，一连串讲述“如何……”的书籍陆续出现。美瑟–克劳瑟公司在1895年出版了《广告实践》一书，S. H．班森以《广告的智慧》（1901年）和《广告的力量》（1904年）紧随其后，已经在大西洋两岸都开展了业务的智威汤逊也在1906年出版了《广告蓝皮书》。

塞缪尔·班森格外认同的一个观点是，广告的好坏除了销售量以外没有别的标准。销售员同时也应当是演员，班森策划的促销活动都是通过传递信息给顾客来提升商品的销售量。例如，巴士司机免费获赠朗特里牌可可饮料的样品，这件事被报纸描述为“可可饮料之战”。在一个早期的赞助活动中，班森还说服保卫尔公司举办国家儿童沙堡竞赛，奖品由海滨度假村的项目官员们颁发。而后，诸多食品杂货店前就张贴着以“保卫尔之战”为标题的新闻。

创始人必将成为历史并且一般会被下一代管理者超越，但班森家族里却没有人能超越塞缪尔·赫伯特·班森。在美瑟–克劳瑟公司，创始人的孙子埃德蒙·劳伦斯（劳利）·美瑟，于1935年继他父亲之后担任主席。他很仁慈，管理风格是匹克威克式的（宽厚天真的），喜欢四处走走，并拍拍人的头说：“你在干什么，我的孩子？”他很像一个安静富裕的英国农民，愿意拿出一两天的时间住在他在伦敦的俱乐部里。

作为伦敦知名的广告经纪公司，美瑟和班森在二战前就已经声名大振。健力士啤酒公司成为班森公司标志性的合作伙伴——“健力士有益您的健康”“健力士增进体力”“健力士时间”“我的健康，我的健力士”。班森还为科尔曼牌芥末粉创立了芥末俱乐部，宣传语“爸爸加入芥末俱乐部了吗”引发了人们的想象，大家纷纷把这作为笑料，甚至流行的音乐喜剧里也把它作为爸爸们借故不回家的新理由。令人惊奇的是，这则广告竟然促使人们开始喜欢讨论芥末了。

在20世纪20年代，美瑟就以其发起的“多吃水果”运动和经久不衰的宣传语“一天一苹果，医生远离我”，在一般性（非品牌）广告中脱颖而出。二战期间，很多食品，如鸡蛋、牛奶、香蕉等不是短缺就是实行配给。美瑟制作出一些广告，告诉家庭主妇们哪些食物是可以买到的，以及如何最大限度地利用它们，这有助于美瑟在战后赢得更多的基础食品类的广告，例如香蕉、鱼、牛奶（如广告“一日请喝一瓶奶”）。

其中最著名的一句广告语“吃了鸡蛋再去工作”要归功于短篇小说家费·威尔顿，她在离婚后投身广告业以养活自己和年幼的儿子。威尔顿每天早上5点起床，在去美瑟上班之前要写作3个小时，她为剧院和电视台写了50余部脚本，包括那部划时代的电视剧《楼上，楼下》的第一季，她凭借这部作品赢得了作家协会颁发的一个奖项。

另一位将写作与广告这两个世界连接起来的是推理小说作家多罗西·塞耶斯，她在 20 世纪 20 年代曾是班森公司的撰稿人。推理小说和广告文案她都喜欢写，而且对待广告非常认真。“商业世界里，没有什么比她在班森公司所做的工作更适合她的了。”她的传记作者写道，“她做着自己最喜欢的事——做文字工作，以此来赚取生活费。不论是为长筒丝袜写广告，还是写十四行诗或田园诗，她把她的想法统一梳理成一种整齐的、预先确定的形式，并用尽可能大的冲击力表达出来。”她在 1933 年出版的小说《谋杀需做广告》中的公司原型，就是她就职时候的班森公司。

这个阶段的广告公司正是因其创作天才们而知名，而不仅仅是在报纸上兜售广告版面的能力。

再来看弗朗西斯·奥格威，他是大卫的哥哥，比大卫年长 8 岁，给大卫的人生带来了重大影响。弗朗西斯对奥格威的影响远超过其他人，在奥格威在美国成立广告公司这件事上，弗朗西斯起到了决定性作用。1921 年，当美瑟公司发布一份广告招聘广告文案撰稿人时，弗朗西斯还不知道广告文案撰稿人究竟是什么。后来他写道：“但是我就是他们要找的人，因此美瑟公司以每周 5 英镑的薪水雇用了我。”当祖母得知弗朗西斯要去从事广告业时，她评价道：“哦，也好，这孩子总是想写点什么。”

继在爱丁堡费蒂斯学校的辉煌之后，弗朗西斯作为奖学金获得者在剑桥大学莫德琳学院学习古典文学和法律。从剑桥毕业后到当上广告文案撰稿人这段时间里，他做过学校管理员（“后来发现我讨厌小男孩和贫穷”），在加尔各答做过石油生意（“在几乎同一时间患上疟疾、痢疾、中暑和中耳炎后，我发现自己讨厌印度”），而且，虽然他自己是一名业余演员，和女演员结了婚，儿子也是一名演员[①]，但是他“发现自己讨厌演员和持续的贫困”。

在美瑟，他很快得到了提升，34 岁当上总经理，然后成为第一个创始人家族以外的董事会主席。“我发现我崇拜广告和广告人，而且会一直这样。我承认生命是‘讨厌的、野蛮的和短暂的’，广告是我所经历过的度过一生的最好方式。”

20 世纪 50 年代，虽然所谓的“摇摆伦敦”[②]时期即将到来，伦敦的广告代理公司依然被视作绅士俱乐部，美瑟公司也依然以它的正式着装而闻名。召开董事会会议时，董事们必须身穿条纹裤和衣领笔挺的黑色夹克。当有董事摇响桌上的铃时，报信员就会进来。司机有专门的房间，要穿戴制服和帽子。弗朗西斯坐在办公桌前，桌上没有纸笔，桌下有两个按钮：一个是让秘书把铅

① 弗朗西斯的儿子伊安实现了自己父亲做演员的许多雄心壮志，在 60 多个英国电视秀上露面，包括《圣徒归来》，这场秀使他一度成为詹姆斯·邦德的候选饰演者。

② “摇摆伦敦”是 20 世纪 60 年代英国文化趋势的总称，涉及时尚、音乐、电影、电视等领域。——编者注

笔和垫子拿进来；另外一个是让男侍拿来火柴和香烟，打开放在他的面前。

规定的上班时间是上午 9 点半到下午 5 点半，夏天则是上午 9 点到下午 5 点，这样人们就可以在下班后去打网球了。（弗朗西斯告诉新雇员，当情况需要时，他们会被要求加班，但没有加班费。）弗朗西斯有点严厉，也不习惯与人攀谈，因此别的董事劝他在公司里走一走，或在电梯里和人们聊聊天。在得到这个建议之后的下个星期一，他走进电梯，一位陌生的年轻女士恰好在里面。“早上好，我亲爱的。”他说，显然有点色眯眯的感觉，因为他从来没刻意这样做过。“老色狼！”对方毫不客气地回敬了他。

作为董事会主席，劳利·美瑟继承了一家历史不算悠久但运营得像个古董的公司。为重振这家公司，他的第一个正确决定就是，重新任命一个总经理以取代已经在这个位置上坐了 33 年的人。弗朗西斯是大一号的大卫，身材魁梧、孔武有力，身高超过 6 英尺（约 183 厘米），有着红红的圆脸庞和赤褐色的波浪卷发。他走路的姿态很奇怪，胳膊僵硬地放在身体两侧。他生活奢侈，喜欢美食、酒和女人，而且喜欢炫耀自己的智慧。他的办公室雇用了许多装扮时尚的女孩，弗朗西斯对此的解释是，留心自巳形象的女人才能把工作照顾周全。“这符合逻辑，”大卫说，“这就是为什么他总爱聘用漂亮女孩。”弗朗西斯喜欢炫耀自己的智慧。面向学校教师的广告，他会用拉丁文撰写标题。他还警告文案人员：“我知道，我们都为我们的传统教育感到自豪，但我无法容忍‘per capita’（人均）这个写法，它应该被写成‘per caput’（每个人）或者‘a head’（一个人）。”

弗朗西斯发动的年轻化变革使这家公司几乎一夜之间就从业内闻名的呆板迟钝跨入了新纪元。在他的带领下，美瑟成为伦敦最好的广告公司之一，制作了许多成功的广告。他首创了公共关系广告活动，公司曾在一辆通勤的列车上举办了一次展览，向建筑师们和地方官员展示一系列他们在如今这个充满勇气的新时代可以买到的东西。他还将广告技术应用于与威尔士的工党打交道，向工人们宣传了当时经济生活的现实。高大的身材、不卑不亢的态度以及完美无瑕的表现使他一出场就令人印象深刻，这些也许在工会会议、钢铁厂、啤酒俱乐部里显得格外与众不同，但却被最难缠的工会代表和左翼政治家们接受了。

他特别值得一提的本领是，能够把各式题材写得富有条理和充满激情，包括广告。

> 许多人之所以从事广告业，是因为他们想通过写广告获得满足感。就这么做，看在老天的分儿上一定要这么做。但是不要在上班时间这么做。把你必须说的和不需要说的列一个大纲，要用尽可能简单的结构和最少的词来写，当你学会这一点后再开始写广告。这种习得的朴素写法，会帮你写出紧凑、清晰、容易理解的广告。这样你才能不必担心其他人发脾气，你的客户也会像笑脸猫一样咧嘴笑。

有人曾看到大卫读一封他哥哥的来信。“弗朗西斯告诉我他刚刚在一个早上写完了22则广告。”他伤感地说，“老天，我最多3天写出来一则广告。”而当接下来弄清楚了他哥哥的很多客户都是政府机构时，他快活了。“你是对的。说实话，所有你要说的，只是‘喝牛奶，吃鱼’。”他做梦似的停了一下，补充了一句：“做爱。”

弗朗西斯往往不假思索地表达出脑子里出现的任何想法，并且冲动地付诸行动。在观看罗杰斯和汉默斯坦的音乐剧《音乐之声》（*The Sound of Music*）的演出时，他和同事及客户坐在一起。当大幕拉起时，弗朗西斯看了一眼：“天哪！修女和儿童！我走了。”他喃喃地说着走出了剧院，留下同事跟客户解释。他列举了自己的消遣方式——旅游、书籍、乡村和国际政治，随后列举出诸多令他憎恶的事：“伦敦、噪声、音乐和我的同事。”他属于保守派。

他是一个家长式的人物，经营公司的风格也是家长式的，员工们都很崇拜他。美瑟的一个人说：“在我们公司的那段时间里，大卫存在的一个问题是，想效仿弗朗西斯而丢失了自我。”但是弗朗西斯的前合作伙伴说，弗朗西斯不负责任，总是喝太多酒。他自我膨胀而且很乐观，看不到收入和支出之间的联系。在他去吃午餐的时候，会有专人收集埋在他抽屉最下面的账单去付费。人们知道他有一个或多个情妇（可能同一段时间里还有好几个），与此同时却还维持了两段过山车般惊心动魄的婚姻。

虽然兄弟俩在许多方面很相似，但是刚开始的时候，比哥哥年轻八岁的大卫一直活在弗朗西斯的阴影之下。弗朗西斯有着辉煌的教育背景，毕业于剑桥，在古典文学与法律方面获得过奖学金。而大卫没能从牛津毕业，当他还在找寻自己的出路时，弗朗西斯已经在经营着一家大公司了。两人都很聪明机智、恃才傲物，有时容易动怒，也都爱不厌其烦地发问，总是问为什么。两个人都是非常有毅力和紧迫感的人，能够长时间工作。弗朗西斯通常直到星期六都在工作，星期天有时也工作。公司的员工星期一早上进办公室时总会发现署名“F. O.”①的便条：“你答应给我一份关于……的票据，请加速处理”，或是“我曾请你……请解释为什么还没有……”

人们知道，弗朗西斯不需要笔记的提示就可以发号施令。他的秘书说，写下他的指令永远都没用。他很少犹豫或改变主意，但如果他这样做了，而且需要重新修改材料，他就会道歉，就好像让秘书失望了一样。他对广告的标准很高，而且他的广告措辞带有鲜明的维多利亚时代的风格。“我不明白什么样的天才能写出这种保姆写的字。”他曾这样跟一个员工说。

两兄弟都是绝佳的生意人，但是在行事风格上有很大不同。弗朗西斯信奉英国的领导风格，认为一名领导者应该谨言慎行，有绅士风度，而且反对个人宣传（与他弟弟刚好相反）。他是一个讨厌在公共场合讲话的害羞的男人，在合作伙伴们的一再催促

---

① 弗朗西斯·奥格威（Francis Ogilvy）英文名的缩写。——编者注

下才勉强出版了一本关于领导力的演讲文集：《七大生存支柱》。“我不喜欢那样的事情，不要把我的名字和它混在一起，我们只要经营一家成功的公司就行了。”对弗朗西斯而言，玩游戏的过程远比赢的结果重要，广告本身就是一个引人入胜的工作，应该尽每个人的能力把它做到最好，金钱和增长速度并不是太重要。

大卫就像是天生的老师，而弗朗西斯的办法是制定下原则让别人遵守。他写的《文案的信条》一文，看起来谁都写：

> 学习写作技巧，保证语法正确。我猜在谢拉顿和奇彭代尔开始设计家具之前，他们就已经是木工大师了。在为老太太设计椅子前，他们首先已经确定不会在椅子上留下个钉子扎她屁股了。
>
> 如果你是一个广告写手，那就假装是在和你的妻子谈话，这样你就不敢胡说八道了。
>
> 在你每天早上起床之前，阅读10页《圣经》或罗伯特·路易斯·史蒂文森的作品。每天晚上跪在床前，为你不是一个词汇最为贫乏的法国人而感谢上帝吧。

两兄弟的关系既亲密又复杂，大部分事情都被大卫隐藏起来了。他在自传中很少提及弗朗西斯，却提到对不成功的父亲的崇拜。有些人觉得他是出于嫉妒，不想承认弗朗西斯对他的任何引导作用。弗朗西斯身上有着大卫想要拥有的一切，一个与两兄弟都共事过的人说："弗朗西斯年长而且更加成功，大卫去美国就是为了离开他，寻找新的天地。"

20 世纪 80 年代，早先的一些创始公司已经成了一个遥远的记忆，而大卫的奥美公司（全称是奥格威－美瑟公司）发展良好。人们会问："谁是美瑟？"这成了一个常常被人提起的玩笑。改变公司名称的可能性被讨论了一次又一次，甚至大卫也曾提出过。当公司开始兼并其他有着各种名称的公司时，这更加成为一个问题。当这个议题在一次总裁级别的会议上再次被提起时，奥格威准备好了。"改变公司的名称是一个可怕的错误。"他用拳头捶着会议桌。"我将誓死抗争。"然后，他停了一下，"如果你们坚持要改的话，可以把美瑟去掉。"

第五章

在美国的收获

1935年，奥格威以实习生的身份、每周9美元的薪水开始在美瑟–克劳瑟公司工作，这家机构是由他哥哥经营的。大卫那时24岁，这是他涉足广告业的第一段经历，公司的每个部门他都工作过。他最初的任务之一是给以前的雇主，联合金属有限公司，也就是将军炉具的制造商做一份市场分析。他的分析写在一本精装簿子上，他建议这家公司缩减其大范围生产的炊具和炉灶，将生产集中在有限的几种商品上。

接手第一个广告时他还不能稳操胜券，即便对方是自己熟悉已久的Aga。而为他带来启示的，是公司“广告的传统大师”系列画作中陈列的一幅马奈的《草地上的午餐》的复制品，画中描绘了一个裸体女人和两个衣冠整齐的男人在草地上野餐。他曾试图去理解这幅画的含义，它的出现曾令当时的人们大为震惊，因为它打破了常规，十分新颖，而Aga的“革新”也是这样。当公司说这个广告是“开创性”的时候，他立刻就会因为联想到这幅画而窘迫不已，然后极少再提起它。

在伦敦，大卫和妹妹克里斯蒂娜共用一处位于苏活区的公寓。他还去听音乐会，参加持续到黎明的舞会，与女孩儿们嬉闹，参加下议院的辩论，脑袋里会匆匆闪过竞选议会席位的想法。他打扮时髦，穿着晨礼服去工作，扣眼里还别一朵鲜花，像公司里的一些高层经理一样。一个看见他这样穿着的美国人并没有对他印象深刻：“我的上帝，幸亏我没有在一家每天早上都得穿着晨礼服上班的公司工作。”

终于，他准备好开始他的职业生涯了，并且说干就干。他向芝加哥发去了订阅简报的申请，这样他就可以从美国得到所有新的广告，然后为他的英国客户拷贝那些最好的广告。他狂热地研究广告业务，阅读一切他能找到的东西。仅仅一年以后，他就有足够的知识写营销计划了，这些是他多年之后在纽约向其合作伙伴们讲述的。

> 在广告业的经历证明了两件事情：
>
> 第一，25 岁的我极其聪明；
>
> 第二，在随后的 27 年里我没有学到什么新的东西。

奥格威的优点之一就是，他毕生都在专注地从事广告业。他的这种专注源自从前上门推销时的目标明确。

广告诙谐风趣或许会令业余者感到激动，但对广告公司而言，这种风格却不啻一种诅咒。永久的成功很少建立在轻浮之举上，人们是不会从小丑手里买东西的。

1938年，奥格威还没有获得巨大的成功，然而他已经做得足够好，被提升为业务经理，并且说服哥哥送他到美国学习广告技术。

在这段有限的国外休假期间，兄弟俩以数量惊人的通信往来保持着联系。他们互相之间一周写好几次信，有时候一天两封，单倍行距打印的信件[①]，有两三页长，有时多达7页。至少有那么一次，弗朗西斯给大卫写了长达14页的信（单倍行距打印），内容有很多主题，但主要是关于广告的。

在奥格威的想法和计划中，伦敦是他去往最终目的地——美国的旅途中的一站。他第一次去美国是1934年，他23岁的时候，在蒙大拿州农场度假。很多年过后，他为自己有兴趣去美国找了一袋子的理由：冒险精神、对罗斯福新政的敬佩，以及通过阅读

① 原件是手写稿，由打字机转录。

薇拉·凯瑟[1]、伊迪丝·华顿[2]和辛克莱·刘易斯[3]的著作所燃起的对北美（据他说是“热烈”）的兴趣。他说（带点儿夸张），自己每年都读《哈克贝利·费恩历险记》[4]，并渴望沿密西西比河划着木筏漂流而下。

这些还不是他的最终理由。他想通过自身的努力证明自己，远离哥哥的影子，当然还想赚钱。“据我计算，同样的努力放在美国，跟狭小的英国相比，会产生出3倍的收益。”不论是由于童年的贫困还是别的什么原因，“钱”这个词从来没有在奥格威的词汇里消失。在这方面他有时候是惊人的直接，他向一个大广告集团的老板提出的第一个问题就是：“你（公司）挣多少钱？你（公司）值多少钱？”他向一个颇有声望的律师事务所的高级合伙人打探：“你挣钱多吗？”他对当年牛津的一个同班同学是怎么靠当教授的工资养活一家人而真心感到好奇。

奥格威将自己“穷困潦倒”的主题延伸到了一次采访节目中。“我人生的大部分时间都很穷。从小就很穷，我父母有5个

---

① 薇拉·凯瑟（Willa Cather），美国女作家，作品以反映美国西部生活为主，代表作有《哦，拓荒者们》《我的安东尼亚》《一个沉沦的妇女》等。——编者注

② 伊迪丝·华顿（Edith Wharton），美国女作家，风俗小说家，代表作有《译序》《假曙光》《老处女》《乡土风俗》《纯真年代》等。——编者注

③ 辛克莱·刘易斯（Sinclair Lewis），美国第一位获得诺贝尔文学奖的作家，代表作有《大街》《巴比特》《阿罗史密斯》等。——编者注

④ 《哈克贝利·费恩历险记》，马克·吐温代表作。讲的是白人孩子哈克为逃避酒鬼父亲虐待，在路上巧遇黑人逃奴吉姆，两人结伴从密西西比河逃往北方的自由州的故事。——编者注

孩子，而他们的收入一年还不到 1 000 美元。”他的文案总监戴维·麦考尔也在这个节目中出现，却质疑这种说法：“大卫又说他如何穷。在我的印象中，他出身于良好的家庭，虽然生活条件一度有所降低，但是离贫穷还差得很远。”不管别人怎么说，至少有一点很清楚，与他早年的同龄人相比，他确实很穷。虽然他后来终于可以买下并供养一处不错的乡间宅第，贫穷却依然是持续的主题。还有，像王室成员一样，他很少带现金，希望别人能替他处理这些琐事。

当进入广告业挣钱时，他必须变得对业务本身感兴趣，而且是着了迷一般地感兴趣。他说自己已经读过了关于广告的所有书籍，而且有理由相信自己擅长广告，并会喜欢上广告。由于美国的广告比其他任何地方领先了很多年，所以他决定要去做得最好的地方学习。

1938 年，奥格威乘轮船到了美国（乘坐下等客舱）。当看到曼哈顿的天际线时，他兴奋得眼眶都湿润了。虽然他带着许多有用的介绍信，但口袋里还是没有钱。NBC（美国全国广播公司）的节目让他听到了美国现实中的广告，而他只能常常在麦迪逊大道打转。“当我看见扬雅（Young & Rubicam）的广告，或听到它的广播时，我就敬畏地坐着。那些山咖（Sanka）咖啡广告，我完全被它们冲昏了头脑！”

他的表妹丽贝卡·威斯特的一封介绍信使他周末被亚历山大·伍尔科特邀请去佛蒙特州伯莫新湖上的岛屿休养所，智慧和英俊令他在那里很受欢迎。作为纽约最有影响力的戏剧评论家和亚冈昆圆桌会议的领袖，伍尔科特是20世纪30年代百老汇戏剧《前来就餐的男人》（*The Man Who Came to Dinner*）中言语尖刻的谢尔丹·怀特西德的原型，喜欢邀请人们到一个他可以指挥大家行动的地方。奥格威到访伍尔科特岛屿的一幕被女演员鲁丝·戈登这样描述：

> 船队的汽艇到达了码头，一个有着火红色头发的高个子男人下了船，行李放在早餐桌旁的走道上。
>
> “我猜你是从利文斯通来的。”伍尔科特说着转身朝向桌子，“这是大卫·奥格威。大卫，这是‘寄生虫们’。”
>
> “早上好。”这位新来的客人说，“这儿有写字台吗？”
>
> “这是什么讨厌怪异的问题？”伍尔科特问，“坐下来喝点儿咖啡，这比你或你的任何政府要值得。”
>
> “谢谢，但我首先必须写信给佛蒙特州铁路中心主席投诉那次可耻之旅。”
>
> 伍尔科特来了兴趣：“什么可耻之旅？”
>
> “这个国家必须为铁路路基做些什么了。能给我一张纸吗？我想写下我的投诉。”

“你是不是习惯写下一切让你感到烦恼的事？如果打算在这个国家生活，你会比已故的詹姆斯·博斯韦尔需要更多的钢笔。”

“寄生虫们”包括（在不同的时间里）：女演员埃塞尔·巴利摩尔、剧作家罗伯特·舍伍德和乔治·考夫曼、喜剧演员哈波·马克斯、《纽约客》杂志老板拉尔·弗雷舍曼，以及当时文学界及娱乐界的其他名人。嘲弄别人是岛上的一项活动。在吃饭时客人们的交谈声中，伍尔科特大声说：“奥格威，你是一个没有天赋的苏格兰中产阶层。”这是在开玩笑。伍尔科特成了奥格威的朋友，奥格威常常去看他，直到伍尔科特去世。埃塞尔·巴利摩尔是奥格威的最爱之一，夜晚时分他们曾在湖上划船。在纽约期间，他被引见给了经历丰富的市长菲奥雷·拉瓜尔迪亚。他新结识的这些朋友令他感到有些飘飘然。

大卫还被引见给一个重要人物——罗瑟·里夫斯（Rosser Reeves），他后来成为大卫的第一位导师。里夫斯是一个勇于探索的家长式的人物，还拥有很强的自我认知能力，非常崇拜英雄。除了里夫斯，奥格威后来还提到克劳德·霍普金斯（Claude Hopkins）和约翰·卡珀斯（John Caples），他们也是对他有关广告的想法最有影响的人——这些观点在他整个职业生涯中都丝毫没有改变。

除撰写广告文案之外，这三个人还都是理论家，并且都通过写书来宣扬自己的理念。奥格威甚至还为其中两人的书籍的新版写过序言，并且热情地赞扬了第三个人。里夫斯后来成为达彼思广告公司（Ted Bates & Company）的老板，当他于 1993 年进入广告名人堂时，奥格威讲述了他们之间复杂的关系。

> 当我 58 年前在美国开始工作时，我是我们那一代典型的英国广告人——一个自命不凡的知识分子。离开埃利斯岛的几天后，我见到了罗瑟·里夫斯。我们形成了每周一起吃一次午饭的习惯，这期间，罗瑟不停地说话，我听着。罗瑟的话改变了我的人生，他教给我广告的目的就是销售产品，而且他教我如何去销售。有些人会告诉你，我和罗瑟是对手，甚至敌人。我是他的弟子。祝福你，亲爱的罗瑟。你教会了我关于这个行业的一切。

“这个漂亮的男孩出现了。”里夫斯回忆他们的第一次会面，里夫斯后来负责达彼思广告公司的广告文案。“那时候，大卫看起来很像拜伦勋爵。由于他和我们不存在任何竞争，我们的大门都向他敞开，并告诉他我们知道的所有事情。”（“里夫斯错了。”大卫在后来对此进行了更正，“我看起来像鲁伯特·布鲁克。”）

奥格威或许从心底里把改变他人生轨迹的功劳归于更多的

人。对里夫斯来说，这种感谢不存在任何夸张的成分，正是他进一步强化了奥格威原本就重视销售的观点，并向奥格威介绍了克劳德·霍普金斯的思想，借给奥格威当时尚未出版的霍普金斯的著作《科学广告》一书的原稿。

奥格威后来曾说，霍普金斯之于广告就好比埃斯科菲耶[①]之于烹饪，是他那个时代最成功的广告文案撰稿人。他为洛德–托马斯公司（Lord & Thomas）的客户促进销售量的能力太具有价值了，以至于这家公司的老板阿尔伯特·拉斯克付给他（相当于今天的）400 万美元。拉斯克考虑到《科学广告》太具有价值而不能公开，因此为了安全起见把手稿锁了 20 年。在 1966 年此书再版的序言中，奥格威写道：

> 任何水平的人都没有资格从事任何与广告有关的事，除非他能把这本书从头到尾读上 7 遍。每当看见一个烂广告时，我就对自己说："写这则广告的人没有读过克劳德·霍普金斯的书，如果读过他的这本书，就再也不会写出，也不会赞同一个烂广告了。"

让奥格威如此赞赏的内容，在霍普金斯著作的开篇语中有很明显的体现：

---

① 埃斯科菲耶（Auguste Escoffier），法国的厨艺大师，被誉为"法国烹饪之王"。——编者注

> 要正确理解广告甚至是它的雏形，应该从正确的概念开始。广告就是推销术。它的原则就是推销的原则，两者成功或失败的原因都是相同的。因此，所有关于广告的疑问都应该以推销员的标准来加以解答。

在字里行间，人们能看见那个 Aga 推销员按着门铃。霍普金斯写了在广告中提供服务的重要性，要将销售放在首位，说话要具体，讲故事要完整，特别是要吸取从邮购广告中学到的教训，即“错误的理论像阳光下的雪花一样，立刻就会融化”。

约翰·卡珀斯是那个时代杰出的邮购广告写手，被奥格威描述为比任何人都了解邮购广告的现状。在约翰·卡珀斯再版的《经过检验的广告方法》一书的序言中，奥格威写道：

> 经验告诉我这样一个事实：只要下足功夫，邮购广告可以媲美所有广告形式。但是大多数公司，还有几乎所有顾客，都不知道这个事实。这就是为什么他们虽然拥有聪明才智，却不能将其运用得恰到好处，最终只能绝望地走下坡路的原因。他们在烂广告上浪费了几百万美元，而好广告会催生 19.5 倍的销售量。[①]

---

① 卡珀斯曾写道：“我见到过，对于同一种商品而言，一份邮购广告可以带来不止两三倍，而是其他形式广告的 19.5 倍的销售量。”

霍普金斯、里夫斯和卡珀斯告诉奥格威的东西更加证明了他之前通过上门推销学到的经验，即广告应该由其促销功能而不是其娱乐功能加以评判，它应该建立在研究过消费者想要什么的基础上。对纸媒广告而言，它应该有一个能告知消费者并让其受益的标题。这个标题常常得依靠包含了大量事实的长篇大论。（正如他后来宣扬的那样，“说得越多，卖得越多”。）

在美国待了一年后，奥格威回到伦敦，并乐此不疲地将他了解到的当时美国与英国广告的区别告诉在伦敦的前辈们了。“我让弗朗西斯·梅内尔先生吃了一惊，他那时已经是美瑟－克劳瑟的创意总监了。”他回忆道，“虽然他身为广告商和诗人这一点令我很钦佩，但我认为他的广告是虚假狂妄的无稽之谈。我那时才 27 岁，一则广告都没写过呢。”

梅内尔向他发起了一场辩论。“我带着一些慷慨，甚至屈尊，安排这‘明亮的火花’（这位比我小 20 岁的年轻人）与我在全体员工面前来一场正式的辩论。”奥格威的陈述堪称一场精湛的表演，它是这样开始的：

> 我对于广告的想法在去年被完全转变了，我经历了人生最大的变革。现在我知道，美学对于广告没有一点帮助。广

告最重要的任务是要把所有注意力集中在商品本身，而不是集中在展示商品的技巧上。广告必须服从于销售。你们的广告最差的一点就是缺少销售冲击力。

在写广告文案的时候，假设一下你与买家面对面的时候会怎么做。不要卖弄，不要开玩笑，不要自作聪明，不要显得反常。以销售人员的标准，而不要以娱乐标准评价广告。

他的陈述列举出了32条“好广告的标准”，其中第一条就是“已经证实的邮购广告准则应该被应用于所有广告活动”。他赞扬了邮购广告以样品回馈的形式检测结果的能力，描述了长篇幅文案和提供服务的好处，以及照片而非手绘图画的有效性。“在邮购广告中没有空谈，没有优秀的文笔，没有娱乐别人的企图。”奥格威概括了撰写有效标题的规则和促进销售的策略，“将读者的感受加入你的广告规则中”，并建议停止使用以下这类意象：新郎抱着新娘（“和所有色情图片”）、名人、婴儿、狗和其他动物。

“我带回来的不仅是些窍门，”他说，“而从根本上就是‘新政’。我今晚要强调的所有内容就是广告要中肯、简洁和易懂。好广告没有什么聪明之处，这是一个有关常识并遵从已被证明的原则的问题。今晚我必须让你们知道这些原则。”

梅内尔承认自己被打败了。“奥格威超越了我。”他在自传中写道，“他的发现经过了仔细研究，而我只是发表高谈阔论。”奥格威很肯定自己是正确的。“不管怎样，美瑟－克劳瑟公司——特别是我哥哥弗朗西斯——是这样认为的。我在那天下午点燃的烛光，在40年后依然闪耀着。”

带着这次胜利，他已准备好返回纽约，找寻属于他的财富。因为没有钱——他说他到纽约时只有10美元，虽然住在纽约时髦的圣瑞吉斯大酒店，但他必须马上找份工作。他似乎总是与他旅行过的任何地方有些关系，这一次，他被哈里·菲尔德介绍给了乔治·盖洛普——在英国创立盖洛普民意调查的人。

盖洛普在1936年上了报纸的头版头条，原因是他挑战了当时在政治调查领域占据主导地位的《文摘》（*Literary Digest*）的一个预测，即阿尔弗雷德·兰登将在总统大选中击败富兰克林·罗斯福。《文摘》是通过电话进行调查的，虽然电话用户数量迅速增长，但依然不能遍及所有家庭，因此其调查只能代表高收入家庭的看法。盖洛普用更具有代表性的样本正确地预测到罗斯福会赢得大选。这场戏剧性的胜利让盖洛普出了名，并且激发了政客和商界高管们的兴趣。

盖洛普曾在扬雅公司进行广告调研。他的主要工作就是用被他称为“失败分析”的方法，找出成功广告共有的特质和失败广告共有的特质。这很不容易，扬雅公司的一个职员说，他们经过一段艰难的时间才说服自己公司的人去注意这些，更不要说是客户了。后来，盖洛普搬去了新泽西州的普林斯顿，成立了自己的受众研究所（ARI）。盖洛普对与奥格威的会面印象深刻，并且聘请他为副主管，付给他每周40美元的薪水。

到新公司后不久，奥格威有了一个进入电影产业的想法。他写信给哥哥说，想运用盖洛普的方法来检测电影明星的受欢迎程度以及剧本获得成功的可能性。“电影产业存在一种忽视大众真正喜好的倾向，我发誓，这种无知和制约这一巨大产业的错误统计是可以被排除的。”

巧合的是，盖洛普也得出了相同的结论，于是他们一起去探索这一领域。乘坐火车穿山越岭，一路上奥格威总提供笑料。盖洛普说，奥格威是他见过的最健谈的人之一：“他可以从一上车就开始讲故事，直到下车，而且从不重复。”他们到达后，奥格威会从贝弗利山酒店打电话给制片厂，说自己是盖洛普博士的秘书。有一次，盖洛普问他为什么要那样做，奥格威解释说，这些人总是对有男秘书的人印象深刻，“而且他们会对带牛津口音的人留下加倍的印象”。

在好莱坞，奥格威不仅和盖洛普一起出现，还带上了一封介绍信。写这封信的是他在纽约认识的一个人——亨利·塞尔，他是一名广告人，也是塞尔鹅肝酱的发明者。塞尔在给女演员康斯坦丝·贝内特的信中说：“一位非常帅气和富有的年轻人正在去往好莱坞的路上，如果你在找人的话，他会是完美的不二人选。

他和一般的英国人截然不同，更具有伊夫林·沃[①]的气质。他有十分现代的想法，既不寻常又十分聪明。他的名字叫大卫·奥格威。”“富有？”奥格威更正道，“我那时只有400美元。”

他们的第一桩买卖是和雷电华电影公司（RKO）成交的。盖洛普小组检测电影明星的受欢迎程度，具体来说就是票房号召力，并且预测影片创意和主题的市场效果，看一部电影在放映之前有多少影迷听说过它。奥格威通过研究发现，有些明星对票房有负面影响——当海报上出现他们的名字时，赶走的购票者要比吸引来的多。“他们的为人让出品人两眼放光，令大众反应冷淡。”他将这张绝密名单命名为“票房毒药”，并声称它毁掉了这个领域里一些最为出名的人的职业生涯。由于该公司预测精准，好莱坞的编剧们将其称为“堪比盖世太保的盖洛普”。

随后，制片人也纷纷表示出了兴趣。奥格威说这些人是“大人物，比电影明星还更令人感兴趣的大人物”。正是奥格威，而不是盖洛普在与他们打交道。“是我，一直在往好莱坞跑，与大卫·塞尔兹尼克[②]和萨姆·戈尔德温[③]这样的大人物打交道。我跟他们周旋，和他们秘密会面，一直与他们保持电话联系。而所有

---

① 伊夫林·沃（Evelyn Waugh），英国讽刺小说作家，代表作有《衰亡》《邪恶的躯体》《黑祸》。——编者注

② 大卫·塞尔兹尼克（David Selznick），好莱坞大制片厂黄金时期的标志性制片人，代表作品有《乱世佳人》《蝴蝶梦》。——编者注

③ 萨姆·戈尔德温（Sam Goldwyn），好莱坞的制片大腕，担任制片人40多年。——编者注

这一切，盖洛普每周仅支付给我40美元！”

奥格威将自己看作一个被忽视了的最热心的观众。电影比剧院拥有更广阔的观众基础，他在一篇报告中写道：“一出戏可以凭借在百老汇或伦敦沙夫茨伯里大道的上演，证明其吸引了上流阶层。但是现在，电影产业要求银幕上的故事必须能吸引所有收入阶层。”为了解市场动态，奥格威必须每周去三四次电影院——他说从那以后，自己再没去过电影院。

二人合著的关于电影行业研究的著作，让盖洛普收获了很多荣誉和金钱，但其中的大部分工作是奥格威做的。从1939年到1942年的3年中，他是盖洛普机构与好莱坞之间的联系人，撰写的报告基于467个全美范围的调查。他向电影产业阐明了ARI的方法及数据，以促进美国电影的广泛普及。然而，在苏珊·奥梅尔的《乔治·盖洛普在好莱坞》一书中，奥格威只是个刚到美国的移民。

他提醒制片厂高管们说大多数美国人对那些巨头喜爱的消遣方式并不买账。奥梅尔写道：“雷电华提议在赛马场的赛道上架设摄影机，奥格威对此予以驳斥说，虽然赛马是电影大亨们最喜欢的运动之一，但大多数美国人热衷的是橄榄球或棒球。”不过，这并不意味着奥格威有着平易近人的性格。在针对影片《锦绣前程》（*The Corn Is Green*）的报告中，他轻蔑地写道：“我们只能如实报告那些受访者的评论，而没有试图调整他们的口味。”他还提到了如阿博特和科斯特洛一样的“幽灵阶层”，以及乔治·拉夫特般的“无产阶级崇拜者”。

他预见了青少年市场对电影业的重要性，认为 ARI 最重要的一个发现就是，30 岁以下人群购买了 65% 的电影票，而这部分电影票中的 50% 则是由 20 岁以下人群购买的 。在那之前，电影业对未成年人市场有所忽略。ARI 的调查促进了年轻演员的职业发展，却也常常贬低那些年长的演员。当提及艾琳 · 邓恩要比 76% 的电影观众都年长时，他写道，在一场关于情感经历的戏中看她表演，“几乎等于看某位姨妈的情感历程，从喜剧的角度，这位姨妈可能非常有趣和搞笑，但站在严肃的角度观察，她却让人十分尴尬”。奥格威是否从调研中或自己身上找到了这种尴尬，尚不明确。

报告做了类比，以反对讨好客户的企图。在 1942 年给塞尔兹尼克的一封信中，奥格威写道：“我们在好莱坞的职能应该和军队中的情报部门是一样的，正如情报部门能为马歇尔将军及其部下提供一系列事实，我们也必须致力于提供源源不断的事实给电影产业的客户。”

奥格威发明了一个关于自我认同的理论，认为“男孩想看到男孩明星，老妇人想看到老妇人明星，聪明世故的人想看到凯瑟琳 · 赫本和劳伦斯 · 奥立弗”。他就影片中的外国口音和外国背景发出警告，并劝说雷电华电影公司根据畅销书《一位美国医生的奥德赛》制作一部电影，因为这本书的主角“是一位美国医生”。他坚信美国影迷想看到有着同样的美国背景的本土演员，这致使他低估了不符合这一条件的演员的银幕吸引力，如英格丽·褒曼、查尔斯·博耶。ARI 的研究也低估了女影迷的重要性，并且由于预测《女人万岁》（*Kitty Foyle*，雷电华电影公司历史上最赚钱的影片）会败得很惨而毁掉了自己的声誉。

除了对电影的预测时而出现错误之外，ARI 似乎还陷入了一个陷阱——与纽约高管们的往来比与好莱坞及其明星的往来更为密切。基于自身所做的调查研究以及事实证据（其中很多发现都是正确的），奥格威对电影产业的想法有了转变。

在为盖洛普工作的日子里，他的时间被分摊在了洛杉矶和普林斯顿。据小乔治·盖洛普说，奥格威被认为“爱出风头”，“刻意显得古怪”，“他要确保当自己打喷嚏的时候每个人都知道。他总是表现得与众不同，别人开车上班而他骑自行车”。他虽然抱怨自己的薪水，但却居住在“曼兹格洛夫”——一栋建造于 18 世纪的漂亮房屋，位于有着浓郁文化气息的社区。邻居杰拉德·兰伯特后来与他成了很亲密的朋友。兰伯特曾为治愈人们的“口臭”而投资，并推荐说李施德林消毒水对此有很好的疗效。奥格威很享受乘坐兰伯特的众多游艇之一出游，每次只带一个水手。

奥格威永远都把与盖洛普一起工作描述为此生最为幸运的时刻：

> 如果你决定在异国他乡找寻自己的未来，你能做的最好

的事就是让当地的盖洛普调查机构帮助你。它会告诉你当地居民们毕生想要的是什么，对于当下的大事是如何想的。你会很快了解这个国家，远比大多数居民知道的多。

“多年来，大卫一直是我的得力助手。”盖洛普说，并称大卫是他认识的最有天赋的人之一。奥格威感谢了他的称赞，并说盖洛普教给他的对当地消费者心理和习惯的洞察，要比大多数当地广告撰稿人教的更多。

他在盖洛普的经历将他变成了一名调研人员，或者更准确地说，一个相信调研的人。他知道自己想要什么样的调研，而且成了在一定数量消费者意见的基础上制作广告这一做法的拥护者。“也许唯一一个我会将其与奥格威归为一类的人，”盖洛普说，“是雷蒙德·罗必凯（扬雅的创始人）。这两个人比我知道的任何人都更好地运用了调研，这给了他们许多主意。”奥格威后来想邀请盖洛普和他一起创建一家新的广告公司。盖洛普考虑了一个星期后谢绝了，而后建立了自己的广告效果分析服务机构。

和盖洛普共同工作给了奥格威新的生活，使他感到自己能够结婚并拥有一个孩子。

当奥格威遇到梅林达·斯特雷特的时候，他完全被这个 18 岁的朱丽亚音乐学院学生给迷住了。她个子高挑，身材苗条，十分迷人，衣着是康涅狄格州格林尼治大学预科生的风格，不化妆，黑头发，给人的感觉很得体。而她一见他就讨厌，觉得他傲慢自大。见面第二天她的屋子里就堆满了玫瑰，几乎都开不开门了。最后，他求得她的同意再约会一次。一周以后，仅仅约会 4 次，他们就订婚了。后来，他们的儿子费尔菲尔德觉得，这样的求婚过程足以证明，奥格威着实是一个极其精明的生意人。

梅林达·格雷姆·斯特雷特来自弗吉尼亚州的上流家庭，她的姐姐嫁给了罗瑟·里夫斯，因此奥格威与里夫斯是连襟。一个朋友说："大卫和罗瑟娶了南方的最后两位佳丽，但对待她们却都很差劲。"另一个朋友对这个结合很是惊讶，觉得他应当娶一位更为艳丽的女人。据说梅林达安静、亲切，"是这个世界上最美好的人"，而且很有幽默感。聚会上，人们都喜欢聚集在她的周围，留下奥格威独自在一旁闷闷不乐地看书——他不再是被关注的焦点。几乎每个人都爱着梅林达，他一度也是。

如果说奥格威是为了钱财而去往美国的，那么在那里，他却找到了其他东西：一个家庭以及关于广告的全新视角。如果说仅仅是广告和它所带来的金钱驱使他来到美国的话，他就会在到达麦迪逊大道之前绕很多年的弯路。

第六章

农夫与间谍

1939年以后，奥格威在盖洛普工作的同时，还一直兼任英国政府在美国公众舆论方面的顾问。1942年，美国卷入第二次世界大战，他从ARI辞职，到原先位于纽约的英国军事情报机构全职工作。他称这场战争为“希特勒战争”，并称能够预知其中的危险。1937年，他在美瑟－克劳瑟公司的第一位客户是德国裔犹太人理事会，该理事会为处于希特勒死亡威胁下的难民筹集资金。奥格威以自己辞去美瑟的工作相要挟，阻止公司将希特勒的大使作为客户接待。他和梅林达住在普林斯顿期间，曾资助了英国难民的4个孩子。

他间谍生涯的新老板，威廉·斯蒂芬森爵士，是英国安全协调处（British Security Coordination）的负责人，也是将英国和美国卷入第二次世界大战的秘密行动的中心人物。英国安全协调处负责英国在西半球的所有情报事务。

斯蒂芬森有着引人注目的个性，他是伊恩·弗莱明笔下著名的秘密特工 007 的原型。弗莱明说："人们常问我，惊险小说中的'英雄'詹姆斯·邦德与一个真实的活生生的秘密特工有多相似？"弗莱明曾在英国海军情报处工作，对隐秘的特工世界十分着迷。弗莱明解释说，邦德实际上并不是英雄，而是他将一个真实的间谍经过高度的浪漫主义加工后产生的，而且邦德与斯蒂芬森不是一类人，斯蒂芬森是个"超级优秀的"男人、超级间谍和符合"任何评判标准"的英雄。

邦德的几个故事就是弗莱明根据斯蒂芬森的情报活动提炼而成的。百慕大汉密尔顿公主酒店（英国安全协调处的一处基地）的一只巨型鱼缸，成了将邦德与诺博士的爪牙们隔开的玻璃墙。在纳粹占领法国后，为使马提尼岛的黄金不被德国人染指，由英国安全协调处策划的抢夺马提尼岛黄金的计划，被写成了小说《金手指》。邦德凭借射杀混入洛克菲勒中心（英国安全协调处位于纽约的密码破译基地）的一名日本密码特工，而被提升为"00"级特工，即知密接密等级最高的特工。英国安全协调处的特工薇拉·阿特金斯披露说邦德的马提尼食谱就来自斯蒂芬森："他会调制最浓烈的马提尼酒。用货摊上买来的烈性的杜松子酒做主料，加入少量苦艾酒，放入挤好的柠檬汁，然后摇晃，不要搅拌。"弗莱明很欣赏斯蒂芬森的马提尼酒，每次喝的时候都是用 1 夸脱[①] 容量的玻璃杯。

---

① 夸脱是个容量单位，主要在英国、美国、爱尔兰使用。1 英制夸脱约为 1.1365 升，而 1 美制夸脱约为 0.946 升。——编者注

美国是如何参与到第二次世界大战中的，其中的来龙去脉仍然没有广为人知。日本袭击珍珠港肯定是最终的导火索，随后是德国宣战。其实，早在1940年的纽约洛克菲勒中心国际大楼的其中两层里，在斯蒂芬森的秘密情报活动中，美国便已介入了。当时，虽然纳粹德国已经入侵捷克斯洛伐克和波兰，并向欧洲其他地区进军，但罗斯福总统对于美国在世界和平方面的探索，一直被势力强大的孤立主义集团、公众意见和《美国中立法案》所压制。

英国不但兵力和补给短缺，还面临着必然被入侵的危险，绝望的温斯顿·丘吉尔对儿子伦道夫说，只有一种解决办法——“我要把美国拉进来”。早在1941年珍珠港事件之前，斯蒂芬森就一直负责英国在美国的秘密行动，是丘吉尔安插在美国的秘密武器。此前，他是一位成功的加拿大商人兼发明家。在20世纪30年代的一次采购中，经人提醒后他发现，德国的钢铁行业正转向军备制造，此举严重而令人担忧地违反了《凡尔赛和约》。丘吉尔是当时唯一一位听取了他意见的人，除了立即向英国政府发出警告，还在“英国护照管理处”的外交标准掩护之下，给了斯蒂芬森一份协调英国与美国双方情报机构之间战前非正式关系的工作。

奥格威将斯蒂芬森描述为“安静、无情、忠诚”——这个有着一对锐利的蓝眼睛、意志坚定的小个子男人肩负起了这一困难的工作，将谋求英国利益的宣传与情报活动、反间谍活动结合起来，还有最为复杂的，在《美国中立法案》的限制下与美国情报机构制定一个可行的合作机制。所有联系都要保密，甚至对美国国务院也要保密。“如果孤立主义势力知道了英美之间的秘密联盟，”罗斯福的演讲稿撰稿人（同时也是一名剧作家）罗伯特·西尔伍德后来评论道，“他们对总统的弹劾就会像大地上空的惊雷一样炸响。”

丘吉尔认为将美国拉进来的这个人的代号应该恰如其分，而且，他必须具有勇敢无畏的精神。“叫不屈不挠？”他斟酌着。然后，他对斯蒂芬森说：“你必须——‘无畏’（Intrepid）。”“无畏”就成了斯蒂芬森的代号和作为英国安全协调处负责人的电报挂号。斯蒂芬森不是职业间谍，他招募进来的许多人也不是。他这个看上去不大可能完成任务的小组招揽了一群兴致高涨的业余人士，包括了演员莱斯利·霍华德、大卫·尼文和加利·格兰特，导演亚历山大·科达，作家罗尔德·达尔，以及诺埃尔·克沃德——诺埃尔·克沃德其实是个假名，“名人身份是再好不过的掩饰”。奥格威在秘密情报处任职，而他的朋友，Aga 前老板“雀斑”雷恩则掌管着英国安全协调处位于伦敦的安保机构。

“奥格威可能是加入英国安全协调处的年轻人中最引人注目的一个。”哈佛·蒙哥马利·海德在其解密英国安全协调处的著作《3603 房间》中写道。1941 年，奥格威过完 30 岁生日后不久，被斯蒂芬森招募了进来。后来他和其他一些人都说，斯蒂芬森改变了自己的一生。他认为斯蒂芬森是一个“具有超常能力的人……他需要11个秘书同时跟进他的工作”。

奥格威脆弱的健康状况使他无法像哥哥那样在部队服役。弗朗西斯一开始名列皇家空军征兵之列，但由于年龄过大不能飞行，后来转而为轰炸机司令部情报机构工作。后来当大卫被批评没有服役时，弗朗西斯站出来为他辩护：“尽管大卫外表强壮、行为豪放，但他的体质是C–3级，甚至更糟。从婴儿时期开始他就是个慢性病患者，遭受多种病痛折磨，尤其是哮喘。他的一只耳朵患有乳突炎，从而致使那一侧的听力损失了85%。让他去服役和参加战斗是绝对不行的。”从9岁起开始的哮喘，一直伴随他的余生。

在大卫为英国安全协调处工作的同时，弗朗西斯也在为英国情报部门工作，在苏格兰的一次任务中，他的一举一动令人印象深刻。海德说弗朗西斯“戴着黑帽子，穿着条纹裤，到达了苏格兰的一处偏僻村庄，在询问邮政局长他是否可以取走两个包裹时，被警察带走了”。在警方解除拘留之后，他继续活动，改为担任一个不那么显眼但更有影响力的角色。1940年丘吉尔成为首相后，对下属人员的要求之一就是要拥有良好的写作能力，他从众多候选人中挑选了牛津大学的一位英语教授，以及“撰写有关轰炸情况报告的那个人”，丘吉尔说的正是弗朗西斯写的报告。

在第二次世界大战的大多数时间里，空军少校弗朗西斯·奥格威都住在位于地下的“内阁作战部”，距离唐宁街10号不远，每天晚上都要值班。正如他所描述的：当你在一些非常时刻刚刚合眼后不久，“那个老头”（指丘吉尔）会下来摇醒你并口述他的意思，不是像对秘书那样逐字逐句口述，而是先概述他想表达的意思，再让书记员做实际的写作工作。这是丘吉尔特有的风格。丘吉尔可能会说，“我想给罗斯福发个电报”，还要抄送给斯大林和参谋长联席会议；他还会概述他的想法，并要求“明天早餐时给我”，而且文章还必须具有丘吉尔风格。一开始做这份工作时，弗朗西斯说他觉得自己可以胜任，每个人也都这么认为。“后来我意识到我办不到。但这时候丘吉尔已不再冲我大喊，并开始教我怎么做，最后我想，也许我是可以办到的。”

通过参加特殊培训学校 STS-103（即 X 训练营）的间谍和破坏分子课程，大卫开始了他的新工作，那是位于加拿大安大略湖北岸的一处绝密的英国培训学校。他说自己已经学会了这种职业的技巧，包括如何跟踪而不被察觉，如何炸掉桥梁，如何赤手空拳杀死一个人。那些认为他羸弱的人会觉得这些话很好笑，而且认为他声称学过如何抓住警犬的前腿、撕扯它胸前的肌肉而将其弄残废也是说笑。一位以前的同事说，当遇到警犬的时候，奥格威消失的速度快得像闪电，但是他或许会雇有能力的人来做这些事。

像哥哥一样，从事情报工作时奥格威也学到了一些关于写作的知识。斯蒂芬森堪称撰写简短便条的大师，送给他的备忘录总是被迅速返回，顶端写有三个字中的一个：是，否，谈。其中，谈的意思就是去见他。当被要求确定他那份“日本将会袭击珍珠港”报告的信息来源时，斯蒂芬森的回答是：“美国总统。”这是一个尚有争议的答案，奥格威后来让他公司的时事通讯刊登了温斯顿·丘吉尔 1941 年给海军大臣的备忘录：“今天我们为国家祈祷，看皇家海军是如何适应现代战争环境的。”这就是被奥格威推崇的范本，简洁而明确。

正如他期待的那样，他没有被空投到敌人后方。在英国安全协调处，奥格威负责拉丁美洲的经济信息，协助机构打击那些已知的、通过给希特勒提供战略物资从而与盟军作对的商人。他帮助列出了“黑名单”，即那些有利可图的德国和意大利生意，这些生意有可能为希特勒提供资金、信息甚至间谍。在每一个拉丁美洲国家，都会有富有的德国人去参加晚宴，进门的时候他们会祝颂：“万岁，希特勒！”那个时候的墨西哥人觉得希特勒是位梦想家，于是祝颂：“万岁，希特勒！梦想家！”

奥格威在盖洛普的工作经历对斯蒂芬森来说特别有价值，他委托奥格威进行了一系列的调查，以准确分析美国民众对于英国的看法，调查结果反驳了孤立主义者对于英国能力的怀疑和赢得战争的意愿。奥格威的报告题目冗长不堪，比如“一个预测平民投票结果的计划”，“预测人们对既定事件影响的反应”，“将盖洛普技术应用到了秘密情报的其他领域”。这些报告显示了民意调查对评估不同国家政治运动的真实力量是多么有用，并对英国政策多么具有指导作用。虽然当时无论是英国驻华盛顿大使馆还是伦敦秘密情报处（SIS）都没有听从他的建议，但这份报告后来引起了艾森豪威尔的工作人员的注意，并像奥格威建议的那样，他们将民意调查成功地运用在了欧洲。

据情报专家理查德·斯宾塞说，奥格威的基本工作是组织或推动那些被认为对英国利益有害（或有益）的民意开展调查。英国安全协调处希望调查结果是人们倾向于支持英国和战争——重点表现人们更愿意打败希特勒，而不是远离战争——并确保民意调查告诉了人们他们希望其听到的话。奥格威承认，间谍工作虽然有其隐蔽和刺激的一面，但实际情况还是没有听上去那么浪漫。他有时下班回家会带着一个扣在手上的公文包。

他的高效使他得以加入英国安全协调处团队，并帮助美国建立一个海外情报局，这个机构现在已经不存在了，发展成了战略情报局（OSS）和今天的中央情报局。“有时，我一天之内就给战略情报局提交了大约 80 份报告。”奥格威说。

但是军情六处（MI6）的专业间谍们却感觉受到了来自奥格威这样的“门外汉”及其“街头智慧”的威胁。有人努力想揭穿斯蒂芬森，甚至质疑他的代号是不是“无畏”。虽然奥格威谴责一些出版物夸大了老板成就的行为，但他仍然是斯蒂芬森的仰慕者。诺埃尔·克沃德也同意。“一方面，他（斯蒂芬森）确实是詹姆斯·邦德式的男子；另一方面，他又是一个精明的提线木偶大师，让他的‘线人’们分头行动。但他真正的贡献是在信息领域：有了这些关于德国下一步计划和行动的信息，我们便可以提前阻止他们。”在某些方面，克沃德与奥格威发挥着同样的作用。

战略情报局的比尔·多诺万将军（被称为“大比尔”，以与“小比尔”斯蒂芬森区别）肯定了他的贡献：“所有关于国外情报业务的事都是由比尔·斯蒂芬森教会我们的。”

不久后，德军的侵略行为开始把美国民众从孤立观战缓慢推向了支持援助英国的方向。英国安全协调处也为这个方向的转变出了力。许多人称英国安全协调处的活动为“绅士的间谍行动”，奥格威同时意识到他的战时服务与一些大动作没有直接关系。但英国安全协调处帮助促成了英美两国的协同合作，这是英美之间特殊关系的开始，同时给予战争资源支持，帮助美国建立起了自己的情报系统。

1943 年，当奥格威被指定担任英国大使馆的二等秘书时，他依然继续从事着有关经济的工作。尽管他往来政府内外接触的都是政界和非政界的上层人物，但工作的大部分还是运用平常的商业情报处理和编写关于美国国内生产总值的统计数据和资料，而且他很快陷入了官僚争斗之中。他曾醉心于处理机密文件和在国际舞台上与知名人士交往，但是现在却被束缚在庸碌的职责和外交政策之中。

1945 年，他从大使馆辞职，并谢绝了秘密情报处外事办公室的商务部门给他提供的一份永久性工作，继续担任定期协商的顾问。弗朗西斯也离开了皇家空军，回到美瑟公司，兄弟俩已准备回归自己的事业了。

与人生中其他经历不同，奥格威很少谈论或写到这段不平淡的时期，奉行所谓的“外交健忘症”。他很为自己在战时的工作骄傲，但仍然遵守着公务保密条例，遵守着间谍不能谈论其工作的规定。他批评了一份会暴露和他进行秘密调查的某同事的报告：“秘密情报处没有危及朋友的做法。”他认为海德的书是“非常不慎重的”，严禁翻阅自己那时的便条、日记、复印件或文件，并将所有关于大使馆的文件留在了华盛顿。为避免其雇员的身份暴露，英国安全协调处的历史文件上没有独立雇员们的名字，所有档案都被焚毁，一份官方文件的20份复印件是仅存的历史记录。斯蒂芬森保留了其中两份，但随后也被销毁了。在斯蒂芬森的传记中，作者蒙哥马利·海德答谢了奥格威等英国安全协调处“内部人”的帮助，说明奥格威确实曾在英国安全协调处任职。

也许，让奥格威对此保持终生沉默的另一个原因是，许多像他这样的英国安全协调处前成员不希望被戴上英国间谍的帽子，这可能会对他们战后在美国的商业生涯产生不良影响。他确实也会谈论曾见到过的人，比如作家罗尔德·达尔，他是位年轻的英国皇家空军飞行员，起初被派到大使馆工作，后来到了英国安全协调处。在华盛顿的乔治城社区时，他们住在一起。当时，奥格威的家人都在普林斯顿。他们成了朋友，奥格威还参加了达尔和女演员帕特里夏·尼尔的婚礼。但他俩后来失和了。奥格威称他为“种马”（意指其风流，有多名女子沦为他的“受害者”），并说他是“傲慢的化身”。

斯蒂芬森对奥格威的能力有着高度评价：“文字娴熟，分析敏锐，具有首创精神和处理极端微妙问题的才能”，“作为情报官，大卫不仅是称职的，而且很出色”。这与后来希望奥格威留下的工作机会一起，证明了弗朗西斯对他的评定：“大卫在这场战争中充分发挥了作用，而且显然发挥得很成功。”奥格威对自己战时工作的评价却不那么高：“如果我给自己后来在麦迪逊大道的工作表现打分为‘A’的话，那么在华盛顿的工作无法要求比‘B–’更高的分数了。”

像战后的许多人一样，奥格威不知道自己该干什么。为盖洛普工作时，他曾在美国发现了一个地方，后来的许多年间，那里都是他的家和工作场所，是他的最爱之一。

> 1940 年 6 月一个晴朗的夜晚，在去往芝加哥的路上，乔治·盖洛普和我透过火车车窗看到了一群朝圣者模样的人。盖洛普说他们是阿米什人[①]。三个星期以后，我和妻子骑自行

① 阿米什人，因创此教派的雅可布·阿米什而得名。——译者注

车前往宾夕法尼亚州的兰开斯特，开始寻找他们。在骑行了两天后，我们发现自己来到了因特考斯市的郊外，他们就站在一片干净整洁的农舍的门廊上，我们还看见了一叠低顶宽边软毡帽。这是星期天的早上，阿米什人正在做礼拜。

兰开斯特的牛比人还多，一派富饶的农业社会景象，其农场建筑是世界上保存最完好的。奥格威 1943 年第二次拜访了这里，并被它迷住了。他描述说拜访阿米什社区就像是参观一座巨大的农村修道院。当地的邮递员找到一家可以留人寄宿的阿米什家庭。大卫和梅林达带着当时还是婴儿的大卫·费尔菲尔德，尽可能每个周末都在这里度过，以逃离华盛顿和大使馆。

他的阿米什女房东将这一家子介绍给了安妮·费希尔和里维·费希尔夫妇。1944 年有 6 个月，奥格威一家都与费希尔一家住在一起，他们成了终生的朋友。他们第一次去费希尔家的那个晚上刮起了一场风暴，当地一半房屋的屋顶都被摧毁了，家家户户都忙着清理宅院。奥格威一家人没有被吓住，第二年又回到了这里，并在 1946 年用继承的一点遗产在迪林格路买下一座农场，花费 20 817 美元。这一地产的面积有 81 英亩（约 33 公顷），包括一座有着白色百叶窗的红砖房。

而且，令人吃惊的是，他成了一个农民，但这样说也不完全准确。他将土地和农场建筑出租给了一个阿米什农民。在奥格威抵达后，格里·雷兹为了写《兰开斯特新时代》（*Lancaster New Era*）这本书而采访了他，在格里·雷兹看来，奥格威不是个农民，而是一个住在农场里的人。他在当地是一个谜一样的人物。雷兹说："一个明显有钱花的人，一个有闲暇的绅士，文人学者中的一员，他就是城里人。但是我们不知道他是什么人，是干什么的，或者说这只蝴蝶是从哪只茧里飞出来的。"奥格威假装透露自己来这里的部分原因是为了调养身体以恢复健康，但他从来没有指明自己患的是什么病。

他种植雪茄烟叶，在那个地区，这是主要的经济作物。为了和他的新生活同步，他戴着宽边的阿米什帽子，罩着肩带，嚼着"邮袋烟草"。他还留起了短短的阿米什式胡须。"你在扮演什么，大卫？"后来，一位朋友在麦迪逊大道上遇到了留胡须的奥格威，这样问道。"他那时 35 岁，"《财富》杂志这样写道，"是一个可爱的艺术的业余爱好者——抑或他看起来是这样——没有职业，也没有非常明确的前途。"

奥格威一家在阿米什社区很受欢迎。梅林达与当地人成了朋友，并参加了当地的缝纫活动。奥格威很有趣——人们会恳求他唱那首老歌："米歇尔·芬尼根——芬尼根——开始——再来。"这个自诩为专家的人制定了阿米什人能做和不能做的注意事项，建议游客们遵守当地的风俗（不要直勾勾地看女性，不要拍照），向大家推荐儿童读物《阿米什的罗珊娜》（*Rosanna of the Amish*）作为该教派行为惯例的指导，并向当地人咨询以阿米什为背景的百老汇音乐剧《普通与幻想》（*Plain and Fancy*）的一些内容（比如，“没有巫符，没有包办的婚姻”)。在他的第一个阿米什宴会上，他成了别人逗乐的对象，后来谈话转到了他和妻子只有一个孩子的事情上。“这令他们很震惊，因为太稀奇了，一位可敬的曾祖母年纪的老太太建议我的妻子应该‘找一只新公鸡’。”1948 年，他的表妹丽贝卡·威斯特参加完共和党费城会议后来拜访过，她那激烈的观点给当地的负责人留下了深刻的印象。

阿米什人把每个非阿米什人都称为“英国人”，不管对方是不是。奥格威是英国人，被他们称为“那个英国人”。他开着福特 A 型车在镇上转悠，戴着顶布帽子。一个朋友讲述了在奥格威农舍的一次晚餐，当时点着蜡烛，随后奥格威穿着他的苏格兰短裙出现在了楼梯的顶端。他只是站在那儿，这样就能制造最强烈的效果。另一次，招待客人的晚餐仅仅在盘子里放了龙虾，没有别的，结果大家都很饿。多年以后，一位邻居回忆起奥格威开着辆大宾利忽忽悠悠地驶上车道，车子的翼子板上还插着三角旗，让人不禁以为是女王驾到了。

张扬的奥格威与低调的阿米什人之间的差异大得不能再大了。这里存在一个双重悖论：一方面，奥格威欣赏阿米什人以及他们对现代生活的态度；但另一方面，奥格威自身的行为方式一点也不像阿米什人那样简单低调。尽管如此，他仍然试图在这个社区里悠游自在。他声称对城市生活已不再着迷，而更喜欢他们的生活方式，没有剃须刀，没有电话，没有汽车，没有电灯。“我爱这些人，也爱他们的生活方式。像他们一样，我宁愿驾着马车，在烛光下读书，吃自己种出来的东西，用纸条来交流信息。我爱他们那17世纪的神权观念与拉伯雷式（粗俗幽默的）幸福的结合。”

但这种钦佩面临着一些局限。在农场生活的想法对于一个爱出风头的人来说虽然很有吸引力，但耕作就又是另外一回事了。他不懂得如何让谷物保持高产，也不知道别人是怎么做的，更不是愚弄了他的烟草收购商的对手，做个纯劳力对他来说也没有多大吸引力。经营农场是非常乏味的，他后来说道：“在兰开斯特县度过的这些年是我一生中最充实的。但是越来越明显的是，作为一个农民我无法养活自己。我太担心了。我的身体不够壮实，没法干这些活，也没有足够的机械技术去修理这些机器，对饲养动物也一无所知，这是在书本上无法学到的。”

经营农场的热情衰退之后，广告再次引起了他的兴趣。他开始一夜又一夜地学习，兰开斯特图书馆为他提供了有关这一主题的所有出版物：书籍、广告、杂志。他甚至到了为那个只存在于他想象中的公司列出潜在客户名单的地步。“我记得我的祖父是如何从一个失败的农民成为一个成功的商人的。为什么不追随他的脚步？为什么不开一家广告公司？”这时，他38岁。

10年前，他就开始思考让英国广告进入美国。1938年，在为了美瑟公司第一次访问美国期间，他向公司报告说是时候优先考虑在纽约设立办事处了。他在信中简要说明了资金的需求、行业协会的认同、客户前景和宣传等。他建议在招募雇员时不录用英国人，而要那些素质一流的美国年轻人，那些“比他的英国同行们更雄心勃勃”并愿意冒险的美国年轻人。

但他还没有选定一个职业，为此还征求过弗朗西斯的意见。他是否应该进入一家公司去促进北美洲和南美洲的贸易呢？是否应该在纽约成立一家机构以代表英国的商业利益呢？是否应该回到私营企业（如盖洛普或扬雅），或者回到外交机构，或者加入一个国际服务组织如联合国善后救济总署（UNRRA）？1945年，他曾与约翰·佩珀——他在英国安全协调处的顶头上司——创办过一家贸易公司，向美国推销英国商品。佩珀（“一个非常能干、非常冷酷的人”）担任总裁，奥格威担任副总裁兼总经理，但在3个月之后他就辞职了。佩珀留了下来并赚到了钱。

现在，进军广告业的鼓声又敲响了。奥格威观察到没有一家英国广告公司在西半球的任何地方设立分支机构，他建议美瑟考虑在纽约、里约热内卢和布宜诺斯艾利斯开办分公司，而他扮演双重角色——运用情报能力服务于美瑟的纽约分公司（查阅广告和促销材料，推销可能让英国制造商感兴趣的技术，为美瑟公司提供创意来源）和为自己的公司寻找新的业务。

从1945年开始，4年来，他与弗朗西斯几乎每周都要利用“越洋邮件”交流，这些邮件所涉广泛，从业务到个人问题，还顺带提到了他们的家庭。“我正第一次读《福尔赛世家》，这本书一定对我们的母亲影响深远。她认为奥格威家的所有人都像福尔赛家的人一样。”兄弟俩大部分的交流还是围绕着纽约分公司的发展前景。

1946 年，他做成了一笔交易。美瑟 – 克劳瑟公司任命他为公司驻美国的代表——在他的大力游说下，它来了。弗朗西斯在董事会上承认：“纽约是一个充满怪人怪事的城市，无论什么东西，总有一个属于它的空间。”

从这间极小的只有两个房间的办公室（给大卫及其秘书用）里，发出过雪片般的备忘录和文件，包括给美瑟 – 克劳瑟伦敦创意部的一份声明。奥格威提出了关于使用标题、正文、插图、设计和幽默的“39 条规则”。他发表在漫画类杂志《笨拙》（*Punch*）夏季刊的文章指出，41% 的广告是“无头奇观，即不论说什么，都没有标题”。他的第一条规则是“每则广告的决心与胆识都在于它的 B.S.P.（基本销售主张），其余一切都只是技巧”。在预计“规则”遇到的阻力时，他推断：

> 即使认为自己的工作是艺术而不是科学的撰稿人和设计师，也会因为这一事实而感到欣慰，那就是，遵从奏鸣曲和十四行诗的格式并没有显著地与莫扎特和莎士比亚的风格发生矛盾。

令人惊讶的是，该公司的伦敦董事会慷慨地核准了这位新近冒出的权威的建议，还因为奥格威“贡献了3年时间和令人难以置信的大量聪明才智”挖掘大西洋两岸决定广告效果的因素而赞扬了他。凭借这篇文章，奥格威得以重新定位弗朗西斯的公司，使其远离“诗文、刻板和胡言乱语”，为优秀作家、现代作家和印刷工人创造了机会”。他给里夫斯寄去了一个副本，以向自己的“幼儿园指导老师”表达感谢之情。

1948年，他以35 000美元的价格卖掉了农场，两年里该处房产让他净赚了14 000美元。然后，他在康涅狄格州老格林尼治买了一所房子。格里·雷兹评论道，当在农场的生活结束时，“夹杂着马粪气息”的清新空气发挥了功效，使奥格威重获健康。那么，他为什么要回到城市呢？“金钱”，他叹息道。

到1947年秋天，距奥格威的第一个提案已经9年了。那是关于开设美国分公司的计划，曾被热烈讨论过，他当时产生了一个看似不太可能的想法，那就是宁愿自己不是这家公司的一分子，而是继续保持独立或者干脆加入一家美国公司。但他确信美瑟在美国的新公司会获得成功，对此他很有信心：

你们之中那些被开设纽约分公司这一想法吓住的人：英

> 国要么出口，要么饿死。如果英国可以出口纺织品，可以出口汽车，可以出口威士忌和注册会计师，为什么不能出口广告公司呢？当然，那些简陋的美国分公司帮助英国母公司处理广告业务，如果认为美国分公司强于班森有限公司或美瑟－克劳瑟公司，那简直是荒谬的，因为它们远远无法相提并论。

1948年年初，奥格威已不再对合资机构感到难为情了，新公司为人所熟知的正式名称是“班森－美瑟公司”——其中的两个部分代表发起方英国公司。奥格威在皇家海军工作的时候曾见过班森公司的董事长鲍比·贝温，而且他们都在华盛顿大使馆任职。现在，班森公司（英国最大的广告公司）考虑要和美瑟－克劳瑟公司（英国第五大广告公司）合资经营了，由一位前民意调查员兼间谍兼农夫担任负责人。

然而，虽然奥格威是这家公司成立的驱动力，但他后来没有担任其领导者。不论他在勤勉的自学中学到了什么，都被那群英国合作伙伴们看作在很大程度上理论化的东西，他们坚持让奥格威雇用一个有经验的美国人来当他的老板，只有这样，才能支持他提出的在纽约开设分公司的计划。一位早期的同事说，奥格威对公司的业务“毫无头绪”。哥哥弗朗西斯的说法则略微温和一些：“如果大卫在一家公司里真正承担责任的职位上有更多的经验，我将毫不犹豫地继续支持下去，因为我对他的能力非常有信心。但我真的认为以他的年龄和经验，还是更适合做二把手。”

1939年，当还在盖洛普公司做调查的时候，奥格威曾给《尼尔森研究者》杂志写过一篇文章，提名了11位“全美空前绝后的广告代理团队”成员，雷蒙德·罗必凯名列第一。他还说，罗瑟·里夫斯位列第12位，而“他一定会进入他们的行列，否则我就不叫大卫·奥格威”。如今，里夫斯成了达彼思公司一颗冉冉上升的明星，也是奥格威所在新公司主席的第一人选。“我怀疑你是否能找到一个人，对自己的广告业务有着比他更清晰连贯的概念，或是对它必然的成功有更深刻的信念。”大卫给弗朗西斯写信说：“让他来主持大局吧。”他又给里夫斯写信：“我们非常需要你。”

里夫斯拒绝了。在伦敦和纽约的会面后，奥格威发现了爱德森·荷威特，他是芝加哥智威汤逊公司一位经验丰富的财务主管。爱德森·荷威特毕业于普林斯顿大学，曾在海军服役，是那个时期典型的、爱社交的广告人，收费高且难以捉摸。他被人看作“一个可爱的疯子”。在有些人的记忆里，他是第一个穿流苏乐福鞋的人，在其他人的记忆里，他是一个会在理发的时候口授信函的人。但是，他“认识每一个人物”并精通广告业务，而且他一流的社会关系令奥格威显得相形见绌。

奥格威将成为新公司的二把手和英国利益的代表，薪水是12 000美元，但前提是公司的资金周转可以支付得起。在那之前，他是英国美瑟公司在美国的代表，用他的话说就是“以供差遣”的保留人员，从美瑟领取6 000美元的薪水。

随后的一年，英国公司进军美国市场的“反攻日”[1]到来了。英国皇家空军前中校弗朗西斯·奥格威（从空军少校一职被提拔上来）和皇家海军前上校鲍比·贝温指挥了这次行动。由此，他们会为登陆美国市场的行动取一个具有军队风格的代号也就不足为奇了，他们对成功是如此有信心，以至于选择了丘吉尔指挥盟军在诺曼底登陆时所用的代号——“霸王行动”[2]。

---

① 反攻日（D-Day），第二次世界大战中盟军在西欧发起总攻的日子。——译者注

② 诺曼底登陆，代号“霸王行动”，是第二次世界大战中盟军在欧洲西线发起的一场大规模攻势。——编者注

第七章

超级创意

二战结束后，美国只有少数几个全国性的广告媒介，包括几个无线电台和四家主流杂志——《生活》(*Life*)、《瞭望》(*Look*)、《星期六晚间邮报》(*The Saturday Evening Post*)和《读者文摘》(*Reader's Digest*)。当时，电视还处在初级发展阶段，10个美国人中只有1个拥有电视机。每个大城市都有几家主流纸媒，这时候的美国，主要还是印刷媒体的世界。经济正在蓬勃发展，新产品潮水般地涌入市场。

广告业进入了一个可以预见的发展模式。小说家兼律师路易斯·奥金克洛斯回顾了战后与奥格威在纽约尼克博克俱乐部的酒吧里的交流。

奥格威：告诉我，这个国家是不是有什么法律条例规定广告必须是乏味无趣的？

奥金克洛斯：我保证，不曾存在过这样的规定，尽管我认为这是我们最古老且最值得骄傲的传统。

奥格威：这种局面是可以改变的，那该怎么做呢？

“百废待兴，新时代蓄势待发，我身在其中。”奥金克洛斯记得奥格威最后说道。

1948年9月1日，这场广告业界的“霸王行动”在美国抢滩成功，建立了荷威特–奥格威–班森–美瑟公司（HOBM）。这家公司的英国发起者，美瑟–克劳瑟公司和班森公司各投入40 000美元，持有优先股并拥有新公司的控股权。新公司的总裁，安德森·荷威特抵押了自己的房子，投入了14 000美元，奥格威添上了6 000美元，总金额是100 000美元。奥格威将担任总裁秘书、财务主管和研究总监。

显然，创始人都没有资质去管理创造性工作的运作，比如文案和设计，因此必须招聘这个方向的人才。该公司的服务契约就是协助在美国开展业务的英国客户，而对于它是否应该专门服务于英国顾客，伦敦的合伙人们产生了分歧。最后的决定是，新公司应该致力于维护英国客户的利益，但也不能拒绝任何一个美国客户。

HOBM公司的办公室设在麦迪逊大道345号，就在城市运动用品商店“布鲁克斯兄弟”的对面。20世纪50年代，小说《穿灰色法兰绒西装的男人》及其同名电影的情节围绕一位从事公关工作的男性展开，反映了这一时期的审美风格。在奥格威的办公室里，最引人注目的摆设不是那两台巨大的奥杜邦打印机，而是门外放着的一组红绿灯，奥格威用它来提示人们是“可以进来”，还是“不要进来”——如果有时候他不想被人打扰。

这就像是大卫对战哥利亚。[①]一个刚刚成立的英国先锋对战众多有着稳固江山的著名公司。几个来自海外的无名小卒，少得不能再少的资金，毫无经验的总裁，加上急性子的研究总监，虽有很多理论，但缺乏实际的广告经验。不过，胜负还未见分晓。奥格威明白，要想在美国打出一片天地，需要付出艰辛的努力。他将勇气摆在了第一位，在公司成立的第一天，他以一份由粗体字记录的备忘录概述了自己的大胆目标。

> 这是一个全新的公司，挣扎着求得生存。一段时间以来，我们一直加班加点工作而不问报酬。
>
> 我们的主要目标就是为在这里工作的人们提供一种愉快的生活，其次才是利润。
>
> 在雇人方面，我们强调年轻化，寻找的是少壮派。我不

① 哥利亚（Goliath），《圣经》中被大卫杀死的巨人。——译者注

会雇用马屁精或唯命是从的人，而要寻找有头脑的绅士。

其他公司能发展到如此之大的规模，是其值得拥有的。我们从小本经营开始，但在1960年之前，我们会使它成为一家大公司。

奥格威常常谈论他刚开始列出的一份名单，上面有5个他最想得到的客户——壳牌公司、利华兄弟公司、金宝汤公司、通用食品公司和百时美施贵宝公司。这是一个冲动而又雄心勃勃的计划。有关这一名单的唯一一份文本，是在他的文件——《23位潜在客户》中被发现的，里面列有通用食品公司、壳牌公司和百时美施贵宝公司，这三家公司分别排在第3位、第9位和第17位，没有列其他两个。不过，他最后确实得到了所有这5家客户。名单中排在第1位的是冠达公司（Cunard），他同样也得到了。

大西洋彼岸的英国合伙公司送来的4家原始客户，每年只在广告上花费250 000美元[①]，该公司的佣金标准是15%，即37 500美元。它是怎么生存下来的？魏特沃德餐具和英国航空公司可永远都不会是面向批发市场的货物。健力士（啤酒）和保卫尔（牛肉汁）虽然在英国家喻户晓，但在美国却不为人知，不过这也意味着它们具有无人知晓的潜力。这些广告将由一位撰稿人和一位艺术总监来完成，他们因在大公司的工作经验而被聘用，但他们

① 按照2008年美元价值来计算，相当于300万美元。

俩谁也不是明星或正在萌芽的天才。后来，奥格威宣布了创意的卓越之处："只有你的广告是基于'超级创意'，它才会像黑暗中的船只一样畅行无阻。"刚开始，该机构的宣传材料中就提到，公司运作的核心就是文案研发。

1950年的一天晚上，研究总监奥格威乘火车去往康涅狄格州。在这次归家途中，一个健力士广告的创意突然跃入脑海。于是，他在下一站下了车，打电话给办公室说："你肯定不会相信，我有主意了！"（他说，他的家人也为这第一个显示他可能很有创造力的征兆而感到同样震惊。）

这个主意是从与健力士搭配的美妙食物那里获得的灵感：一位耶鲁大学的生物学家正沉浸在有关贝类的书籍中，这时他想到了"健力士搭配牡蛎"——与9种牡蛎的搭配。随后，有了猎禽、奶酪等其他可以与健力士搭配在一起的美食。最后的文稿是由彼得·吉尔完成的，而想法完全是奥格威的。

> 蚝湾。蚝湾出产的牡蛎口感温润，壳较厚重。据说，牡蛎的壳会在夜晚张开。猴子们用小石头武装好自己，等看到牡蛎张开壳的时候就把石头塞到壳里，"这样，牡蛎肉就暴露给了贪婪的猴子"。
>
> 蓝蚝。这种产于长岛南岸的美味的小牡蛎在某种程度上有点儿像英国一种著名的"风味食物"，就像迪斯雷利所写的："我在卡尔顿饭店吃晚餐……吃完了牡蛎，喝完健力士

啤酒，啃完烤制的牛排，在12点半上床睡觉。就这样结束了我迄今为止最难忘的一天。”

关于生蚝的广告立即取得了成功。之后，奥格威的公司又制作了关于健力士如何与猎禽、奶酪等食品搭配饮用的广告。在大西洋彼岸，他们有了更多的客户——维耶勒法兰绒、苏格兰理事会、亨氏酱、《笨拙》杂志和麦金托什雨衣。业务虽小，但需要的劳动力却很多，这使得公司的员工在1950年增加到了41个。

公司里最早和最优秀的员工之一是对广告和财务一窍不通的出纳员谢尔比·佩治，之前他一直在大都会人寿保险公司工作，后来被荷威特介绍给奥格威。荷威特的妻子是佩治的表妹。奥格威一开始并不想雇他，但对其祖父——沃尔特·海尼斯·佩治曾在第一次世界大战期间任美国驻英国大使这件事有深刻印象。佩治愉快地同意学习一些财务知识，开始看关于广告公司财务方面的书，并参加了一门函授课程。

他为了维持公司的运营做了一些基础工作。“我觉得我的工作就是努力避免入不敷出。有时候，这对于大卫来说很难。每当我们有盈利的时候，大卫就会说他需要一个新的有创造力的天才。”佩治自称是“吝啬鬼”，努力保持让公司远离财务问题。他的众多职责之一就是做奥格威不想做的那些事情，比如解雇某个员工——奥格威在去度他长长的暑假之前会告诉佩治谁将被解雇。当他回来的时候，那个身影必须已从视线里消失，就像签了一份黑手党协议一样确定，一位观察到这个老规矩的人说。

虽然奥格威不愿意亲自出面解雇员工，但对于将他的标准强加于人这一点却毫不含糊。“你必须得有犀牛一样厚的脸皮才能在奥格威的会议上存活下来，或者你已经深入地做足了家庭作业，并无可挑剔地执行了你的战略。”戴维·马可这样说道，他是奥格威在1950年到1960年间的撰稿人之一。“他并没有进行人身攻击，对任何别的令他有负罪感的攻击持不屑态度。而且，他像戴高乐一样觉得赞美应该是一种稀缺的商品，否则你就会使它贬值。”奥格威坚信，高标准和他自己的努力工作会让人们感觉是在一个很棒的地方工作。他常常是公司里最后一个离开办公室的人。员工们在周末工作也毫无怨言。一位当时的客户经理说，那儿就像亚瑟王位于卡米洛特[①]的宫殿一样。

安排荷威特出任公司总裁的成果显现出来了，他带进来两个客户：太阳石油公司（Sunoco），后来成了一家拥有几千个天然气站的大公司；大通国家银行，通过他的岳父争取到的。为了争取太阳石油公司，他们必须降低15%的佣金，但那是被禁止的——15%全部都被美国广告机构联合会托管——钱被秘密地退回了太阳石油公司。奥格威后来成了美国广告机构联合会的负责人，将其从一家俱乐部转变为专业组织。同时，他选择回避规则。

即使有了太阳石油，公司也是在赔钱运转。佩治和荷威特去

① 卡米洛特（Camelot），传说中英国亚瑟王宫廷所在地。——译者注

找了摩根银行的沃尔特·佩治（另一个亲戚），后者提供了一个机会，贷给他们 50 000 美元以帮助他们度过这段困难时期。佩治说，这是关乎存亡的问题。“我们没有钱发薪水了，最初的 100 000 美元用完了。对公司来说，这就是生死关头。”

奥格威凭借自身力量取得的第一个成功来自“化妆品女王”海伦娜·鲁宾斯坦，是由“海伦娜的疯儿子”贺拉斯·提图斯介绍的。在与一位据说是俄罗斯王子的男人开始第二次婚姻后（有人认为这种说法是营销策略），她白天是“鲁宾斯坦夫人”，晚上就是“古瑞丽王妃”。这位夫人是个每年都要与自己的广告公司解除合约的暴君，但对奥格威来说却是“迷人的女巫”，他给她带来欢乐，奉承她，在广告中尊她为“美容科学的第一夫人”。她是个矮小的女人，只有 4 英尺 10 英寸高（约 147 厘米），黑头发向后挽成了一个紧紧的发髻，看起来很显老。但是她保养得很好，像具木乃伊。她有一个突出的鼻子，喜欢颐指气使，说话带有生硬的中欧地区口音，大多数业务都是在她三层公寓里的一张达利[①]风格的床上处理的，屋里的墙上挂满了她的画像。

作为个人资产超过 1 亿美元的人，她尽可以将热情放纵在

① 达利，即萨尔瓦多·达利，西班牙超现实主义画家。——译者注

珠宝上。她凝望着悬挂丝纱罗窗帘的窗口，喃喃地说道："我只是看看，它们让我的眼睛得到休息。"她的助手不了解这些珠宝，只好用颜色来给它们分类——白色的、红色的、蓝色的。奥格威提议她可以将它们按字母排列，钻石（diamonds）分类为"D"，祖母绿（emeralds）分类为"E"，等等。有一次，一个从波兰出逃到美国的凶狠女人闯进她的公寓，并要求用珠宝来换取她的安全。夫人惊慌失措地看着这个窃贼，说道："我已经快90岁了，它们不在这里，如果它们在这儿，我会给你的。我很老了，如果你想杀我，动手吧。"

"你的广告太大了。"她在午餐时告诉奥格威，并将一张很大的餐巾纸对折了一下，又对折了一下，然后再对折。"这么大。这才是它们应该的大小。"同时，她坚持要将12种不同的面霜放在一张广告中展示。奥格威对第一个要求不予理会，用这样的广告语达到了第二个要求："现在，海伦娜·鲁宾斯坦可以解决12种美容问题了。"在看到广告公司的建议之前，面对着众多可选择的创意演示，她催促奥格威："废话说够了。让我们来看看你最喜欢的一个吧。"一次，她想要给一个60秒的商业广告再增加点时间，当被告知那样就太长了的时候，她回答道："再多买10秒钟。"

她斥责奥格威没有给予她足够的重视。"你现在有了这些新客户，我们已经不再重要了。"奥格威回到公司，召齐所有负责鲁宾斯坦公司业务的员工——撰稿人、艺术总监、客户经理、财务人员、秘书、邮件收发员，共30人左右，然后让他们列队行进到她的卧室。“我想让您知道，您的广告对我们有多重要。所有这些人都在为您的广告服务。”夫人看了一眼说：“他们肯定是非常愚蠢的人，因为他们所做的工作实在差劲儿。”

他们的工作当然不会那么差劲儿。一款鲁宾斯坦的“美发产品”广告颠覆了传统的广告手法，以在报纸广告版大篇幅刊登“新闻”的形式取代了小版块广告的做法。单这一则广告就在3个星期之内带来了预计12个月的订单，以致后来没有更多的产品可供出售，直到工厂增加产量才赶上订货的需求。1963年，当奥格威续签鲁宾斯坦的合同时，外界评论说这是第一家能和该客户合作超过一年的广告公司，而奥格威坚持了15年。

在接下来的10年里，奥格威制作了一系列堪称史无前例的广告，以富有创意闻名，并将公司打造成一支高效的团队，吸引了美国最大的广告客户们。在广告的历史上，很多事情都会发生，他称它们为“超级创意”。

首先是一家位于缅因州沃特维尔市的小型衬衫公司。1951年，C.F. 哈撒韦还没有广为人知，也从来没有做过广告。它的广告预算只有30 000美元，却要与规模大得多的知名衬衫公司（如箭牌）竞争。“我当时都快哭了”，奥格威回忆说。哈撒韦的总裁埃勒顿·杰特坦率地承认，这并不是一笔大买卖，广告公司也不会因为接手这个业务而赚很多钱，但是承诺绝不会与他们解除合约，也绝不对广告更改一个字。他兑现了他的承诺。

关于戴黑眼罩的、“穿着哈撒韦衬衫的男人”的故事，已经被人们讲过很多遍了，只是事实稍稍有一点不同。据称奥格威当时仍然是该公司的研究总监，被称为广告史上最著名的广告之一的唯一创造者，这是毫无争议的。他知道，自己得做一些非正统的事情。有时他沉思道，“我不介意将一只优雅的黑色眼罩罩在眼睛上”，但那还远远没有到高呼“终于搞定！”的时刻。在他的照片创意列表里，这个创意分别是在第 9 号和第 18 号。三思过后，他在去影棚的途中到药店买了几个眼罩，每个 50 美分。他告诉摄影师：“拍一些戴上眼罩的照片，就当让我取乐吧。我这就离开，你可以开始做正经事了。一旦看到了照片，我们就知道需要些什么了。”

该广告的模特名叫乔治·弗兰格尔，一个长得很像作家威廉·福克纳的中年男子。关于他的背景，一个版本的说法是，他是位被废黜的白俄罗斯男爵；另一个版本是，他是来自马拉加的西班牙贵族。他的眼睛没有什么毛病，眼罩是为了给广告注入奥格威所说的“故事吸引力”。读者会想知道，这个傲慢的贵族是怎么失去他的一只眼睛的？奥格威说他是在哈罗德·鲁道夫的一本书中发现“故事吸引力”这个概念的，鲁道夫曾是一家广告公司的研究总监，分析过广告插图的吸引力和读者因素。这是衬衫广告第一次让读者对穿衬衫的人和衬衫本身的关注一样多。

这则广告首次面世是在《纽约客》上，只花了 3 176 美元。一周之内，哈撒韦公司库存的衬衫就销售一空。它引起了巨大的轰动，《生活》《时代》《财富》等杂志纷纷转载，世界各地广为模仿，其他公司也制作出戴着眼罩的狗、牛和婴儿的广告，男人和女人们戴着眼罩参加那些奇装异服的舞会。眼罩成为百老汇、电视，甚至《纽约客》漫画的流行噱头。一组卡通画描绘了三个男人先是看着一家商店展示着衬衫的橱窗，随后，他们全都戴着眼罩走出了商店。“原因是什么，我从来都不知道。”奥格威说，眼罩“使哈撒韦迅速出名，也许更重要的是，它让我也迅速出了名”。

他说这个灵感是大使刘易斯·道格拉斯的一张照片带给他的，刘易斯在英国钓鱼的时候眼睛受了伤。穿着哈撒韦衬衫的那个男人——始终是同一个人——变得如此容易辨认，即使只有照片出现——没有标题、没有文本、不提品牌名称——也能立即被读者认出是哈撒韦广告。弗兰格尔在那之前只是个毛皮推销员，与一位女继承人结了婚并搬到了西班牙的城堡里。后来在商议模特报酬的时候，他告诉奥格威：“我亲爱的，这不是钱的事，你知道，那对我来说毫无意义。我很高兴能帮助你，老伙计。这对我们俩来说更重要。”

该广告的文字“告诉人们事实并让事实变得有趣”，奥格威说，他也参与了文案的写作并将其描述为“装着砖块的丝绸手套”。戴维·马可称之为历史上最清晰、最有趣的广告。“他是为自己所写。他可能会以这样的句子作为衬衫广告的开始：‘索尔斯坦·维布伦忧郁的门徒可能很鄙视这种衬衫。’奥格威根本不在乎他的受众是否知道维布伦是谁，更不在乎他们是否知道他在想什么。只要他自己感觉好就行了。”无论怎么推测，这则广告都显得过于刻板生硬和直截了当，将织物剪切、拼接，甚至连纽扣都粘在了老练而智慧的胶合板上。

奥格威承认，哈撒韦的贵族气质反映出了大卫·奥格威的秘密生活，这是从经典的詹姆斯·瑟伯的短篇小说《瓦尔特·米提的秘密生活》中提取出的幻想。奥格威或米提被设定在一个令人回味的场景中——一辆老旧的劳斯莱斯里有他收集的蝴蝶标本，吹奏双簧管，在卡内基音乐厅指挥乐队，留下500万美元（和他的所有哈撒韦衬衫）给儿子，在大都会博物馆临摹一件文雅的作品，考虑买一杆2 000美元的普尔蒂猎枪，或者是演奏风琴——一派上流社会的画面。

哈撒韦的图片广告也让奥格威公司的其他新业务接连红火起来。一家工业通讯社评论奥格威的公司说，它制作出了美国“最成功的”广告，“现在它不是侥幸成功，而是经常成功”。

当伦敦合伙人向奥格威介绍玉泉汽水（Schweppes）时，它当时还是流行于英国上流社会的一种调酒用的软饮料，那时他曾想拒绝。玉泉总共只花 15 000 美元广告费，这意味着佣金只有 2 250 美元，而他也受够了“橱窗”商品客户。他告诉弗朗西斯：“问题是我不想再陷入鸡毛蒜皮的琐事中去。”虽迫于压力接受了，但奥格威最初的创意差点儿使他失去了这个客户。他提议在广告中宣布玉泉现在在美国花 15 美分就可以买到。但客户告诉他，他们的计划是让玉泉成为具有极高声誉和威望的产品——“用毛绒包装它”。

将玉泉与蓄胡子的美国总统一起放在广告里的想法来源于公司的英国管理方，斯蒂芬·福克斯在其《镜子制造者》一书中得出这一结论。奥格威说那完全是他的创意。真相可能永远也没人知道。但我们知道的是，负责人爱德华（“泰迪”）· 怀特黑德是一位令人印象深刻的英俊男子，一位健美爱好者，蓄着壮观的红黑色的大胡子——简直就是一位经典而完美的摄影主角。在奥格威称“一个标志性的区别仅展示 5 分钟”后，怀特黑德支持了奥格威的观点——在广告中出现一个公司的负责人，不是英国人的做法，因为这对其而言是有损尊严的。但是，他最后同意成为玉泉在美国的代言人和玉泉风格的发言人。

在第一则广告中，怀特黑德走下英国航空公司飞抵纽约的航班，带着圆顶礼帽和卷好的雨伞，手里拿着一个公文包，说掌握了玉泉“万灵丹”的秘密，他看起来比任何外交官都要出色。“我的公文包，”怀特黑德说，“那就是一切秘密所在。”

“怀特黑德的胡须形象抓住了美国大众的注意力。”奥格威惊叹道，这个广告迅速打响。在纽约公园大道附近，怀特黑德甚至会引发交通堵塞，因为出租车司机会特意停车问：“你是不是玉泉广告上的那个人？”大街上的人们也会指着他说：“玉泉先生。”在好莱坞，加里·库珀都请他签名。然而刚开始时，玉泉的销量很令人失望，总公司开始丧失信心。仅仅一个月之后，奥格威被告知要开发一种风格完全不同的广告，要更具有冲击力，更强调价格。他还击说自己已得出结论，“‘泰迪’那毛茸茸的嘴是远远超出我们想象的一笔重要财富”。最后他占了上风，“玉泉男士”的形象被保留了下来。

奥格威亲自审核广告的每一个细节。广告重点刻画了负责人的出场——在马球比赛中、剧院的后台，与骑师在赛道上。怀特黑德就一个场景询问奥格威：“你觉不觉得这让我看起来像一个拉比[①]？”“你可能会被误认为是一个拉比。”奥格威先表示同意，“对那些只看照片的人来说可能是有点像。但它下面有标题——谁听说过有拉比叫怀特黑德的？”在另一则广告中，一个妈妈模样的人凝神看着负责人，惊叫出该则广告的标题：“上帝保佑！‘泰迪’，你已经长胡子了！”

在广告播出的头6个月，产品销售量跃升了600%，酒店和酒吧开始储备玉泉。很多时候，如果要点奎宁杜松子酒的话，玉

① 拉比指犹太教的神职人员。——译者注

泉是唯一可选的调酒饮料。《金融时报》称："它是英国产品在任何地方任何时候进行的广告促销活动中最为成功的一个。"而奥格威的公司已经在运作广告方面做得足够好，《伦敦时报》称它是"英国公司在美国的成功"。这个新贵有点神奇，虽然奥格威声称他只争取那些他觉得有把握的客户，但他几乎得到了所有他要找寻的新客户。

1952 年是总统大选年，这一年罗瑟·里夫斯以一个 20 秒的电视商业广告创造了历史，在广告中，德怀特·艾森豪威尔被称为"和平使者"。作为麦迪逊大道为数不多支持候选人阿德莱·史蒂文森的人之一，奥格威告诉他这位连襟："罗瑟，考虑到你，我希望它获得成功，但考虑到国家，我希望它一败涂地。"该广告最终获得了成功。能说会道的史蒂文森输给了艾森豪威尔这位战争英雄。"你能想象温斯顿·丘吉尔允许自己像可怜的艾森豪威尔那样在电视商业广告中露面吗？"奥格威酸溜溜地说。

他对向广告文案撰稿人和艺术总监表达他的想法变得没有耐心，他一次又一次地告诉他们该怎么做，怎么撰写并处理它的表现形式——大幅的漂亮照片（绝不用绘画），通常在照片下面用一行标题作为说明，然后是三组可读性强、简单经典的铅字文本。一般做法是将产品名称作为标识放在广告底部，而他却把产品名称移到了标题中。

这给客户创造了更大的广告价值。他们的广告随处体现出高质量——广告的产品、写作的语调、简洁的布局和它出现的地方。这个小小的新贵在《纽约客》占据了比其他公司更多的广告篇幅。[①]不过，刊登在《纽约客》上的广告，风格设计却源自《假日》杂志。奥格威很钦佩《假日》杂志的布局设计。他推测当人们读一本杂志时，肯定愿意去读一则与这本杂志精神一致的广告，没有加入商标和文字（他主要的古怪想法），在一个原色的背景中反衬出白色的字体。他认为那样读起来不方便。他似乎从来没有想到，《纽约客》的编辑风格在那个时候全无照片，与《假日》的编辑风格毫不相同。

奥格威很幸运地找到了英格伯格·巴顿，他的丹麦印刷商。[②]对一个小公司来说，雇用一家专门的印刷商可是很不寻常的。奥格威非常关心一则广告的外观，而英格伯格是这项努力能否成功的关键。在看完广告的每一个字，并理解作者想要说什么之前，他绝不会对这件印刷品评价一个字，不管这需要花多长时间。奥格威不是创意奖的粉丝，因此他不介意被表彰在排版、美术和印

---

① 20世纪50年代，有一次，奥格威的广告加上表妹丽贝卡·威斯特及她的儿子安东尼·威斯特贡献的编辑内容，占据了《纽约客》杂志总篇幅中相当可观的比例。

② 英格伯格·巴顿的讣告中写道，称他为印刷商就如同把切宾代尔（英国家具师）称为木匠一样。

刷方面的杰出表现。就这样，1950 年该公司一跃而起，仅排在规模大得多的爱尔公司和扬雅广告公司之后，它制作的六则广告被《广告公司》杂志收入“50 最佳”之列。

被贫穷所困扰的美国属地波多黎各给奥格威创造了下一个发光的机会。波多黎各总督路易斯·穆尼奥斯·马林和他的经济盟友特奥多·“泰迪”·莫斯科索告诉他，他们国家的失业率和贫困令人震惊，极度需要发展工业。他们曾致力于改善该国的情况，奥格威的任务就是将这一信息准确地转达给美国公众。奥格威将这看成一个比制作普通广告更高的要求，并投身于将这个岛屿描绘成“一片正在复活的土地”的行动中去。

他觉得自己为波多黎各所写的这则广告堪称有史以来写得最好的一个，却抱怨说这则广告竟然从来没有得过奖。在这则广告中，文字占据了整个篇幅（附上了一张报名券），经济学家比尔兹利·里科（Beardsley Rico）在上面签了名，文字概述了在波多黎各兴建工厂的税收优势。14 000 家潜在投资者剪下了报名券，并发送了邮件，许多人在岛上兴建了工厂，许多人有了工作。

有一天，奥格威对他的客户说，发展工业的计划进展得很好，建立了几百家新工厂，但是如果政府不加注意的话，投资者们就会把这座可爱的岛屿变成一座工业园。莫斯科索问：“那你说该怎么办呢？”奥格威说：“我的故乡苏格兰一直被视为蛮夷之地，直到鲁道夫·宾前往爱丁堡，开创了爱丁堡国际艺术节。你们为什么不也创立一个艺术节呢？”莫斯科索将这个建议在他的小笔记本上记了下来。3个月后，他说服了大提琴演奏家帕布罗·卡萨尔斯来波多黎各生活，并开创了卡萨尔斯音乐艺术节。在一则广告中，帕布罗·卡萨尔斯坐在那里演奏大提琴的画面，曾被奥格威称为“视觉疲劳”。他将它换成了：在一个空房间里，一把大提琴倚着一张椅子。这是个令人回味的场景，一位创意人员称其为“维米尔[①]之光”，它成了一个经典。

奥格威从一开始就明白，波多黎各在外界眼中的形象是一个必须解决的潜在问题。奥格威委托进行的一项调查发现，美国人认为波多黎各肮脏而且令人不快。以促进旅游业发展为突破点，奥格威的公司开始了纠正该国形象的工作。奥格威在一封电报中阐明了对创意小组的要求：

> 我们需要的是12幅经典不朽的照片。广告必须漂亮、超脱世俗且令人难忘。

他还指示他们：“绝不能拍庞塞的消防站”——一处出现在明信片上的波多黎各华而不实的旅游景点。

---

① 维米尔，德国画家，因对光的使用而出名。——译者注

奥格威开始满怀情感地投入到波多黎各的工作中，并说，改变一个国家的形象是自己所做过的最重要的事。他认为穆尼奥斯·马林毫无疑问是他所知道的最好的客户，莫斯科索也是一位鼓舞人心的领导者。当这两人所在的政党重新执政的时候，他去信道："亲爱的长官，谢天谢地。你们永远的大卫·奥格威。"

"大卫·奥格威渊博知识的影响已经将 HOBM 变成了一家取得了显著成功的中型公司。"《油墨》(*Printer's Ink*)杂志这样报道，说他已经"成为麦迪逊大道的良心和催化剂，证明了你无须用高人一等的口吻和消费者交流。他跻身有史以来最伟大广告作家的行列是确定无疑的"。这一切说的就是一个仅仅在 5 年前才写了第一则广告的人。

奥格威面前的路子越来越广，许多公司发出合并提议或请他出任总裁，许多潜在客户给他打电话。奥格威说，仅 1955 年他就拒绝了 20 家客户，其中包括埃德塞尔汽车公司（Edsel）——现在想想，这好像是在开玩笑一样，因为埃德塞尔在当时是福特公司自 1938 年以来推出的第一款新车，令每一家还没有汽车公司客户的广告公司眼馋。他退出了这场竞争，不是因为有任何先见之明，而是因为这个客户太大了，如果广告成功了，它会凌驾于公司之上；而如果失败了，也会让公司一起失败。

化妆品品牌露华浓来找过他两次，但是他说：“我绝不会靠近那个讨厌的家伙（查尔斯·雷夫森）。”他还拒绝了另一个“讨厌的家伙”（美国综合酒类酿造公司的路易·罗森斯蒂尔）两次。“那是个真正的坏蛋。”他可以有选择权，所以挑剔些。他决定，如果他个人不喜欢这个客户，公司就不与之合作。他告诉汤姆·麦克恩鞋店（Thom McAn）的总裁，自己拒绝了他们，因为他们的执行副总裁是个“浑蛋”，并且对员工很残暴。

哈洛德·施乐带着他的第一台复印机来找过他。奥格威对于那些他根本不懂的业务邀请不感兴趣，哪怕给他该公司的股票。“它对于我们来说太小了，”奥格威说，“你去找我的朋友弗雷德·帕尔特吧，他刚开了一家广告公司。”施乐随即在帕尔特的公司花了 1 000 万美元，弗雷德·帕尔特因施乐股票而变得富有。“他应该将这些和我分享，”奥格威说。他退回了视力改善研究所（Better Vision Institute）发出的一份 50 页的调查问卷，用冰冷的语气评论说，竟然希望忙碌的人们去填长达 50 页的调查问卷，这未免太无礼了，并且附带问了一句“视力改善研究所是什么”？后来，该研究所成了恒美公司（DDB）的好客户。

当哈马克公司（大型贺卡制作公司）的人员说他们正在考虑解除与博达大桥广告公司（FCB）的合约，问奥格威是否有兴趣时，他显现出了令人钦佩的一面。“你们肯定是疯了。”他告诉他们，“他们为你们做的工作简直是非凡的，而且已经为你们服务了很多年，如果你们的关系有什么问题的话，告诉法克斯·克恩，他会改正的。”于是，哈马克继续与 FCB 合作，很多年后才与奥格威公司有过一次短暂的合作。

1957 年，利华兄弟带着两个业务来了。它是奥格威公司的第一位包装商品客户，它的这款商品是真正在超市出售的大众消费品。这是奥格威有史以来在增加潜在和直接收入上获得的巨大成功，并将公司带入了大公司的行列。

对利华公司的“好运”牌人造黄油，他的“超级创意”与一般在电视上播放的包装商品广告完全不同，是一个带有标题的全篇编辑格式印刷广告，而且标题颇有挑衅口吻：

> 对那些从没梦想过品尝人造黄油的女人的挑战——利华兄弟量你无法说出好运人造黄油与你所尝过的黄油的区别。

作者用三栏文字讲述了如何说服他的妻子试着给出口感上的区别（“我的配偶惊呆了”），还讲了他们如何用法国瓦罐将它呈到晚宴上。这则广告解释了该产品在营养和健康上的好处，说 97% 的原料来自美国的农场，并用一个一口气吃了 1/4 磅（约 113 克）黄油的格林尼治男孩的故事作为结束。

但最令人吃惊的是他对“好运”牌黄油的下一个广告创

意——说服埃利诺·罗斯福（她在罗斯福总统去世后仍广为人们所敬佩）在电视商业广告中为该产品代言。她将 35 000 美元的报酬捐给了联合国。奥格威后来说：“我对那则广告感受更多的是惭愧，因为我利用了罗斯福夫人的天真。”尽管观众们记住的是她，而不是产品，但她帮忙卖掉了很多黄油。。

至于“林索”牌肥皂粉——利华兄弟公司交给奥格威打广告的另一项业务，奥格威失败了——而且是两次。第一次，印制广告中说明了 16 种常见的污渍（他声称其中一种是自己的血迹）并告诉人们如何将它们去除。或许去除污渍是一个错误的策略，或许它应该在电视上播放，也许什么都救不了这个牌子，总之销售量纹丝不动。然后他使用了一则令人尴尬的押韵诗推出一种新的合成洗涤剂，并加上流行的肥皂名：“林索白色，林索蓝色，亲爱的主妇们，供您选择。”迷惑的消费者到商店购买的却是汰渍。最后，奥格威的公司被林索品牌解除了合约。

利华的第三项业务让奥格威得到了一个赎罪的机会。当他第一次看到多芬时，它还没有投产。客户告诉他，这种产品是独一无二的。它不是肥皂而是清洁剂。它是第一款“美容皂”，是中性的，既不是酸性也不是碱性，这可是大新闻。“这是我想让你宣传的重点。”那天晚上，奥格威与几位主妇进行了面谈，向她们揭示了“中性”这一概念。正如他所预料的那样，她们反应冷淡。他告诉客户这一情况并请求他们看一下该产品的配方。它含有 25% 的硬脂酸。当他问这是什么的时候，客户告诉他，这是该清洁剂的主要成分。

这造就了他最大的创意。

> 多芬含 1/4 的清洁滋润乳——当您洗澡的时候会滋润您的皮肤。

第一则杂志广告呈现的是一个女人在浴缸里打电话："亲爱的，我正经历着最非凡的体验……我完全浸泡在多芬里。"相较于肥皂清洗，1/4 滋润成分带来更软滑肌肤的创意，极富洞见且有成效。在电视宣传中，它被倒进一个塑料的多芬外观的模具里。几年里，多芬的广告宣传一直基于奥格威最初的提议，并帮助该品牌成了世界上首屈一指的清洁用品品牌。

当利华公司买下了当时最火的电视剧《带上枪，出发》的广告时间，并且项目组推荐多芬广告在那个时间段播出时，奥格威毫不犹豫地否决了："你不能在马背上销售多芬。"

截至 1953 年，该公司有了 18 位客户，在美国广告代理公司中排名第 58 位。它搬到了麦迪逊大道一处更大的地方，靠近第 57 大街，这个地方可容纳 107 名员工。新客户有泰特莱茶叶公司和佩珀里奇面包曲奇系列。奥格威办公室下午茶就有这两家公司的产品。泰特莱广告围绕着泰特莱茶叶品尝师阿尔伯特·迪米斯本人展开。既然舒味思的老板本人可以建立一种真实感，泰特莱的品尝师为什么不能做同样的事情呢？奥格威说，佩珀里奇农场品牌的广告来自他的一个梦——一家杂货店用马车运送烘焙食品，这是对他曾经的阿米什生活的重现。公司里的其他文案人员使“提图斯·墨迪”，一个来自弗雷德·艾伦电台节目的美国新英格兰人，成了佩珀里奇的代言人。提图斯的方言“你好，小姐”和老式的善良流行了很多年。

1960 年接受劳斯莱斯作为客户是一个精明的决定——“和我同时期的许多同行都失败了，他们认为能够成为一个很棒的汽车贸易公司的广告代理会永远稳定自己的声誉”。他将其看作一个创作出引人注目的广告和为公司的声誉增光添彩的机会，“他的公司可以借此机会做出一些底特律未曾出现过的大广告”。

他花了 3 周时间与工程师交谈，阅读所有与这种汽车有关的东西。他说他写了超过 100 条广告语，并大方地承认那句让人记忆深刻的广告语不是他想出来的，而是从 20 多年前的一篇文章中提取出来的：“每小时 60 公里的速度，电子钟的声音是这款新劳斯莱斯最大的噪声。”①这段广告语引起了一位严苛的英国工程师的注意：“真的必须对我们的计时器做点什么了。”（奥格威后来被告知，这段广告语 1933 年在皮尔斯·埃罗的广告中曾被使用过，

① 这条广告语入选了《牛津语录》。

然后他把这一发现告知了劳斯莱斯。）

他那一丝不苟的长文中充满了事实细节——“在9层油漆喷制完成之前，这款轿车被逐次喷上5层漆，每一层都是以手工打磨。”宾利车由劳斯莱斯公司制造，但是格栅（散热器）有区别，广告中使用了一个令人吃惊的形容词——“羞怯”。“除了散热器，它们是完全相同的汽车，由从事同样工作的同一批工程师制造，对驾驶劳斯莱斯感到羞怯的人可以买一辆宾利。”这则广告只在两家报纸和两家杂志上刊登，却收到了比公司制作的其他广告更多的好评。公司的最高领导李奥·贝纳说它不仅是最好的汽车广告，也许还是有史以来最好的。这一业务领域里的人们可以逐字背诵整个段落。对奥格威来说，更重要的是：“这则广告卖掉了如此多的汽车，以至于我们都不敢再发布它了。我们客户的生产量还无法满足这么庞大的需求。”试想一下，如果福特、克莱斯勒或通用汽车与奥格威－班森－美瑟公司合作的话，会发生什么事。

这位“前阿米什农民”现在想要一辆自己的劳斯莱斯了。佩治对他说：“我们买不起该死的劳斯莱斯，而且，谁来开呢？我们还得花钱雇个司机。”佩治占了上风，直到他去休假。“当我回来时，一辆劳斯莱斯停在办公室外面，里面还有一位司机。车是二手的，是1932年或1933年生产的。那是一辆漂亮的汽车。”牌照是OBM–2，以显示公司还有另一辆。作家彼德·梅尔，公司当时的一位撰稿人，记得自己在某个闷热的夏天艰难地沿着第五大道走向公司办公室，一辆劳斯莱斯突然在他身边停下，奥格威从车窗里伸出头来："如果你努力工作，非常成功，有一天也可以开着这样的车去上班。别迟到了。"说完绝尘而去。

几年以后，奥格威以别克这类经销商的宣传压力为由，推掉了劳斯莱斯这个客户。他还评论劳斯莱斯丢脸的客户服务和制造"次品"的趋势，并用一句典型的大话加以总结："它的产品根本不好使。"他说自己曾是它微小预算下的绝好服务者……他说他还要继续驾驶他那"豪华的"劳斯莱斯银色幽灵汽车。

日益增长的名气和公司的成功使得奥格威敢于去做一些早就想做的事——与荷威特对抗。刚开始共事的时候，奥格威称荷威特是天才，而且荷威特也认为世界是奥格威的。而后来，他们一直有矛盾。奥格威抱怨荷威特并不像他一样努力工作，并开始意识到彼此在风格和气质上无可救药地不相匹配。荷威特把时间花在陪客户喝马提尼上，而奥格威对业务的本质有着更专业的见解。他好几次威胁要辞职，在一次摊牌时邀请其他支持自己的主管一起走。最后，他失望地离开了，留下其他人善后。有人观察后说，情况很复杂，公司的所有利润都来自荷威特的客户，而所有的荣誉和希望来自奥格威。

英国的合伙人赶来修补裂痕，但是很快得出一个结论：他们必须在两人中做出选择。尽管有着逢迎客户的优秀天赋，但荷威特从来就没有赢的机会。那个周末，奥格威赢了赌局。荷威特在发表了感情充沛的演讲后离开，不久后加入了凯尼恩－埃克哈特公司。荷威特的离开使公司领导权变得清晰，但他带走了几个客户，包括太阳石油公司和大通银行，正如预料到的那样，这场分离对公司的财务和公关产生了冲击。“这是关于我们能不能生存下去的探索。”奥格威说，“我以前不知道所有事情会不会在烟雾缭绕中兴盛起来。”公司仍然屹立着，只是现在改名为奥格威－班森－美瑟。

带着对自己和公司挥之不去的不安，他开始了长达两年的弗洛伊德式的心理分析，在当时那是一件很时髦的事。有几年时间里，他每天都在担心公司会完蛋，忧虑使他不适。当心理医生告诉他，他患有复杂性肛瘘，并且建议在几个疗程之后，可能得讨论一下他的性取向。奥格威回答道：“你没指望我谈论那个，是吧？”然后，他站起来大步走了出去。

他没有在心理学家的沙发上找到治病良方，却在工作中找到了。他加倍努力工作，一直到深夜，周末也几乎不休息。制作广告，寻找新的客户，所有一切都是工作。他很少招待客户，而是告诉他们，自己正“使出浑身解数”努力制作出好广告，因此不能在忙工作的同时陪他们上剧院。

晚上，奥格威通常会到大厅散步，并留便条告诉人们记得关灯和保持整洁。（“我感觉自己像一个贫民窟的卫生改革者，建立起了新的局面，却发现租户们仍然把煤放在他们的新浴缸里。”）有人以那句俗语“整洁的桌子，有条不紊的头脑”来质疑他桌子上堆成山的文件。奥格威考虑了一下这个指责，回应道：“无菌的桌子，空白的头脑。”他在备忘录里告诫工作人员：“要提高眼光，与不朽的人物竞争，开拓创新，将自己沉浸在探索研究中，绝不停止推销。”

他无处不在，接受访谈并发表演讲——建议创立一所国家广告与营销学院，反对户外广告牌，抨击“黄鼠狼一样的商人和低俗品位的传播者”。他最为重要的演讲——在1955年于芝加哥举行的美国广告机构联合会上的演讲——为市场营销领域引入了品牌形象这一概念。“我并没有发明‘品牌形象’，那是我偷来的。”奥格威主动承认。他从伯利·加德纳和悉尼·里维发表在《哈佛商业评论》上的一篇文章中提取出这一概念，并用不容置疑的语言描述了出来：每个广告都是对品牌个性长期投资的一部分。虽然这个概念在广告领域并不是全新的，但他将众人的目光聚焦到它上面，被称为是“品牌形象的使徒”。品牌的概念在产品越来越商品化和不再独特后占据了更加重要的地位。品牌成为广告决策的中心，最终还没有市场营销的地方也有了品牌这一概念。

奥格威成了一个被人们看作还没有得到广泛尊敬的商业领域的啦啦队长。“当奥格威谈论广告时，他给予了它在这个国家从未得到过的尊严。”业内杂志《麦迪逊大道》评论道：“他剔除了广告中弄虚作假的把戏，身上带着专利药品宣传员的气息。‘说实话’——他把这点强调了一遍又一遍。”该公司赢得了如此多的新客户，让他能够挑三拣四，称自己在1957年就拒绝了50家公司。

1957年，万斯·帕克德的《幕后说客》一书从消费者的理性分析角度入手，深入研究了广告的方法。帕克德说奥格威“那位蒙着黑眼罩的胡须男子是一个名不见经传的衬衫品牌高度成功的非理性象征”。该书因为其观点“我们许多人被操纵和影响的程度远比我们意识到的要深”而声名大噪。

令人惊讶的是，奥格威在投给《哈泼斯》杂志的题为“一位幕后说客的坦白”的文章中支持了帕克德的观点。然而，他的坦白里几乎没有什么曾经隐瞒的事，他“坦白”地说，他从上门推销的时候起，就渐渐明白推销是一项严肃的业务：

> 你按下门铃，家庭主妇开了门——只打开一条门缝。你上前一步开始推销。你不能站在那儿给她唱歌，她会觉得你是个疯子；你也不能站在那儿扮小丑。所以，我现在不做带唱歌的电视商业广告，也从不写幽默广告。你是作为一个个体与主妇本人单独谈话，并且告诉她你的产品对她有什么用。广告中也是一样。

《哈泼斯》没有采用这篇稿件，客户却很买他的账。

尽管奥格威在创作才华方面享有不错的名声，但有些人却认为，他写过的最好的广告并不是哈撒韦眼罩的广告，而是以“如何经营一家广告公司”为标题的公司自我广告，其中包含了深刻的领导力准则，几乎可以应用到所有商业领域，该广告刊出10年后仍有许多人在寻找其重印版。奥格威绝不满足于只写广告，他的目标是创立一家不朽的公司。他读过每一本有关广告的书，但那并不是他想学习的管理方法。他要向那些最聪明的人学习。

“20世纪50年代有4个人，他们各自独立地将理论与实际结合起来，努力创立专业的服务公司。他们分别是麦肯锡的马文·波尔、奥美的大卫·奥格威、安达信的伦纳德·斯派斯克，以及高盛的古斯·列维。”伊丽莎白·爱德生·哈斯在她为波尔创作的传记中写道：“他们常会在大学俱乐部吃午饭，相互交流彼此的雄心壮志。”波尔和奥格威尤其亲密。他们有着共同的理念，都以对方为榜样，鼓励对方寻求新的突破，并都有着“为实现卓越而坚持不懈的驱动力”。哈斯说：“在麦肯锡和奥美公司，从董事会到邮件收发室的每一个人都知道并且理解该公司的价值所在、使命和做事方式。”

奥格威向波尔学习了管理，甚至钦佩他对书信的认真。“据说，如果你给我的朋友马文·波尔——麦肯锡的伟人——送去一份令人印象深刻的结婚请柬，他会把里面的错误修正后寄还给你。”当奥格威起草公司的声明时，这样的一个修正机会来了——他以“使利润逐年增长”为文章的开头，并把它送给波尔评价。“波尔的评价让我感觉就像进了地狱。他说，任何一家将利润看得比为顾客提供服务更重要的公司就活该失败。”当奥格威几年后受合作伙伴麦肯锡的邀请发表演讲时，他以年轻时听过的一支小曲开始了讲话。

当保姆忙着当保姆的时候，
谁来照顾保姆的女儿呢？
我一直有个疑问，管理咨询顾问有了问题要去咨询谁？
现在我知道了。你们咨询我，我就是咨询顾问的顾问。

他认真讲述自己如何直接从波尔那里学到了经营一家专业的服务组织。麦肯锡公司利用几个周六培训课讨论了奥格威所说的原则以及它与麦肯锡的区别。

公司成立将近10周年的时候，奥格威开始建立企业文化，虽然当时这一术语还没有流行起来。他那位富有的姨妈家中那漂亮别致的红色调曾把他弄得目眩神迷，后来他就用红色做了办公室的基色，刚开始只是自己的办公室，后来遍及公司的整个办公大厅。一位前文案人员说：“在其他公司昏暗的办公区待过之后，这里让我感觉像上议院。”这种公司文化由一些很微小的细节串起来，有些在给新进雇员的欢迎手册上就可以捕捉到。它包括整洁（文件柜的顶上不能放东西）、传统（用“百分之”而不用“%”符号）和谦恭（自己接听自己的电话）几部分。手册还写道：“曲别针是很危险的，当你将文件固定在一起时，它们常常也把另外的文件弄进来。U形大钉或鱼尾夹则更加安全和高效。”

在大的问题上，人们如何处理事务都被严格地定下了基调。奥格威建立了以身作则的企业文化。1959年，一个名为《戏剧周》的电视文化节目面临被撤掉的危险。该栏目每周在纽约公共电视台第十三频道播出许多高质量的戏剧——由奥尼尔、斯坦贝克、萨特等顶尖人才出演，但是收视率却非常低，许多赞助商都退出了。

奥格威正在为他的客户标准石油公司（总部在新泽西州）寻找电视广告时段，该公司是世界第二大工业企业。更吸引他的一点是，好朋友门罗·露斯伯恩是它的负责人。他们曾一起愉快地工作过，现在终于有机会一起做件好事了。露斯伯恩希望找到一个可以映衬自己公司高标准的节日，并且不想与酸奶、胸衣和义齿清洁剂分享电视节目时段。奥格威同意露斯伯恩的观点，并告诉第十三频道的制作人，说他可以找到一家赞助商赞助整个节目时段——而且只能是整个时段。

奥格威的公司和第十三频道的工作人员开始劝说节目当时的其他赞助商，将广告换到其他节目时段或干脆取消，这样这个节目才能继续下去。那些公司陆续同意了，但有一家例外。莱诺－纽威尔广告公司为罗瑞拉德烟草公司买下了该节目的一两个广告时段——它不肯放弃，争论说它已做成一笔好交易，要对它的客户负责，并会将第十三频道纳入其广告合同。

这时奥格威走了进来，给一位他认识的莱诺–纽威尔的主管打了电话，开始讲述这个节目的历史并摆出了所能想到的每一个理由，包括对大众精神的感染力——“为了国家利益”，《戏剧周》这个节目应该生存下去。这位主管说他无法干预此事，挂断了电话。这个节目似乎注定要被撤掉。奥格威坐了一会，又拿起电话，告诉那位莱诺–纽威尔的主管：

> 立刻去找你们的主席，告诉他，我们公司将支付莱诺–纽威尔在终止《戏剧周》节目广告以后两年内应得到的所有佣金。我在这儿等你的答复。

5 分钟后，该主管回来了：“成交。”

接下来双方开始了代表客户利益的争论，对该广告价值的争论，对各自公司所有表面上的荣誉的争论。但是《戏剧周》生存了下来，如何拯救它的故事被刊登在《纽约时报》的头版头条。《生活》杂志认为，如果存在商业勋章的话，就应该颁给标准石油公司。《纽约邮报》赞扬了奥格威的决定性作用，说他英雄般的拯救会“被供奉在有文化的民众心中，而之前这些民众常常从商业视角看待他”。奥格威的个人正义得到了如此高的评价，以至于行业通讯《加拉格尔报道》——它有一个惯例，给定期出现在它专栏中的公司领导人起昵称——称他为“正直大卫”。

波尔和麦肯锡坚定了奥格威致力于广告专业化的理念、原则和“知识主体”。他在演讲和备忘录中向人们传达这些原则，在演示中使其制度化，在培训中加以强调，使其在企业风起云涌的蓬勃发展中得到形象说明，就像有一次董事们开董事局会议时在各自的座位上发现的俄罗斯套娃，里面的娃娃一个比一个小，在最小的一只娃娃里，每人都发现了一张一模一样的纸条：

> 如果你总是雇用比你小（差）的人，我们就会变成一家侏儒公司。
>
> 如果你雇用比你大（强）的人，我们就会变成一家巨人公司。

奥格威要求，雇用比自己强大、优秀的人。“如果必要的话，付给他比给自己更多的薪水。”俄罗斯套娃成了企业文化的一部分。

奥格威对古怪修辞的强烈嗜好也同样得到了体现。区域经理是“男爵”；集团创意总监是“集团首脑”；极有管理潜力的明日之星是“王储”，这种人的职业生涯应该得到开发。另一个类型的人是“藤壶”①，这种人不起大的作用，也还没有过盛年，要

① 藤壶，附着在水下船底或柱石上的贝属动物。——译者注

经常清除才能让船保持前进——由别人清除，而不是奥格威，因为他更擅长制定原则，而不是卷入清除“藤壶”的实践。当奥格威坚持提名某个“藤壶”式的人物加入董事会时，一位董事评论道：“在奥格威这儿，这种人早晚被踢出，我们还得再增加其他董事。”

他发布了一项招募“抱负极高的人才”的指令。“热门的创意人才是不会自己上门来找工作的，他们必须像松露一样被训练有素的猪从地里拱出来，我们这些训练有素的猪拱了什么出来吗？我认为没有。”为了将专业主义描述得更加形象，奥格威将他的经理们称为“合伙人”。

对于麦肯锡公司委托奥美公司培训其员工，奥格威用“教学医院”来做比喻。

> 伟大的医院做两件事：照料病人，培养年轻的医生。
>
> 奥美公司做两件事：服务客户，培养年轻的广告人。
>
> 奥美是广告界的教学医院，并且，正因为如此，被其他所有公司所尊敬。

他很重视培训，向公司里的每个人灌输创意性广告和培养新人的理念。奥美公司为所有职级设有培训课程——新进员工、中层、办公室经理、创意人员和媒体人员等。在入门阶段之后，培训就被当作义务而不是职责。如果不是坐飞机的话，他会亲自参加每一个培训课程。他常会有创办一所提供研究生教育的广告学校的想法，并且提议，为那些在哈佛这类学校学习广告的员工支付学费。

就这样，他遵从银行家祖父的建议，采纳了摩根大通的做法，即把“用一流方式做一流业务”和“招聘有头脑的绅士”作为其公司的指导原则。

奥格威反复打磨着他的广告哲学。

内容比技巧更重要，“你说的内容远比说的方式重要”；牢记品牌形象；给予读者一些对其时间和注意力的回报；将品牌名称放在广告语中。

没有哪个“盲目又愚蠢”的广告语能让读者望文生义。

使用“销售”这个词。“你展示（在电视里）的东西远比你说的话更重要。”

最重要的是：“除非你的广告是基于‘超级创意’，否则它将会很平庸。一旦你决定了广告的方向，大声而清晰地将它讲出来。不要妥协，要强势。不要拐弯抹角，要做得彻底。”

他建立的团队有着天才般的文案写作和艺术才能，以激情四射的工作和令人信服的人格魅力吸引着人们。到20世纪50年代末，奥格威已经很少亲自写广告了，“在我人生很短的一个时期里，也许是10年，我几乎成了一个天才，但随后才华就用尽了”。

他的能量已经转而用来寻找新的客户。他把自己的员工视为巢里饥饿的雏鸟，正张大嘴巴等待他喂进一只只小虫。

在一次为荷兰航空公司（KLM）举行的演示会上，参与方各有8名人员参加，他说“我的人回家去”，然后独自完成了演示并得到了这家客户。与人造纤维制造商联合会谈判时，主办方只给每家广告公司15分钟，时间一到就会打铃，提示结束。奥格威问在座的12人中有多少人参与公司决策，对方回答：“为什么这么问？我们所有人都参与。”然后他又问，有多少人参与决定采用哪个广告，得到的答案还是所有人。“打铃吧。”奥格威说，然后起身走了出去。在为美国灰狗长途汽车公司做演示时，他和格雷广告公司的赫布·施特劳斯一起乘火车去旧金山——为什么不坐该公司的汽车是另一个问题。第二天，他们因无法忍受悬念而同意把各自的广告拿给对方看。到了做演示的那天，奥格威要求先说：“我已经看了赫布的方案，也清楚我自己的。你们应该选他。”然后，他回了纽约。

做事绝不凭运气。“不要往后靠，身体要前倾。”他告诉人们，进行介绍的时候坐姿应该是什么样的。“身体前倾，表示你感兴趣，而你是否真的已经听了这个演示两遍就不重要了。”他制定目标、发送邮件、培养领导者、探索公司前景、为客户量身订做广告演示、为细节担忧、人性化地引进人才，将公司的工作看作他这个演员正散发着每一分的魅力。

为了得到阿姆斯特朗软木公司的一项业务，在得知其主席赫宁·普伦蒂斯会出席尼戈尔学会的聚会后，奥格威通过与阿姆斯特朗工厂附近的基督教长老会里的一位牧师谈话，巧妙地拿到了尼戈尔学会的邀请。奥格威唱着“苏格兰，我的祖国”的赞歌，并声称苏格兰人普伦蒂斯是“为兰开斯特的繁荣和文化做出很大贡献的企业家”。他得到了该公司的饰面天花板广告业务，但是几年之后失去了它。当传达这一消息的人进来找他时，奥格威说：“您来解雇我们了。您是对的，我们没有为您提供好的服务。”

早期，公司并不是从每个客户那里都能赚到钱的。明知道会赔钱，但他还是接了史都本玻璃公司 60 000 美元的业务。他给出了 5 个理由：该公司是其所在行业的领军者，对奥美制作“优秀作品选辑”的目标没有害处，从史都本玻璃公司购买产品的大集团老板们会看到这则广告，史都本是康宁玻璃公司（目标客户）的子公司，而且“史都本公司的办公室离我们只有一个街区”。

随着规模扩大，奥格威的公司先后搬了两次家。第一次搬到了靠近 57 号街的地方，但还在麦迪逊大道，第二次是 1954 年，公司从麦迪逊大道搬到了第五大道 589 号（以它入口的后街地址而闻名，东 48 街第 2 号）[①]。他位于 9 楼的宽敞办公室里除了窗户，临街的一侧还有个阳台，对面的墙边设有柜台和公告板（用

① 该处办公地址一直延续到 1989 年。

来展示广告），此外还有私人浴室。他远远地坐在一张大大的传统办公桌后面，在来访者走近之前，呈现给他们的是一大块红地毯。不远处，摆着一只红色皮沙发，上面放着一座“议会法案时钟”。他喜欢讲它名字的来由——当议会就对手表征税进行投票表决时，精明的苏格兰人以不戴手表进行报复，并责令旅店老板在墙上安装巨大的免税钟表。“我最大的问题就是要找时间去做一切事情。”他说，“这钟表就是提醒来访者时间已经过去了，他们也该离开了。”

1957 年的一个周末，奥格威去参加一个家庭聚会，做出了典型的浪漫又冲动、兴奋又轻率的行为——与别人的妻子共度了周日。他维系了 18 年的第一段婚姻行将解体。他再次一见钟情。一位朋友曾评价说，他和罗瑟分别娶到了南方最出色女士之一，却对这两位女士一点都不好。1957 年，他与梅林达离了婚，同年与卡伯特结婚。一直崇拜着他的梅林达始终没有再婚。

安妮·弗林特·卡伯特（Anne Flint Cabot）美丽而又有智慧，一些人还记得她在《生活》杂志上的迷人照片。他将她描述为一个真正纯粹的美国女人。他的一位朋友说，与人讲奥格威娶了安妮·卡伯特未尽准确，他其实是娶了安妮·弗林特，因为后者曾与汤姆·卡伯特结过婚。但奥格威喜欢令人们以为他娶了一位来自波士顿的卡伯特女士。

新婚的奥格威夫妇和安妮的三个孩子一起搬进了纽约城，在东84街521号买了一幢改造过的赤褐色砂石房子，这幢房子靠近格雷西广场，离沙潘学校也只有几步之遥，她的女儿们将在那里上学。这座三层的房子里摆放着英国和葡萄牙古董。安妮是个非常好的厨师，奥格威夫妇在宽敞的法式厨房（没有餐厅）里收获了很多乐趣，它通往一个小后院，美丽的铜盘排在精致简约的砖墙边。“你竟然让妻子做饭？”他的客户海伦娜·鲁宾斯坦前来就餐时对此大为惊讶。

吃完饭后，客人们会来到起居室，一些人坐在楼梯上观看主人最喜欢的影片《二十世纪》——由他的邻居沃尔特·克朗凯特拍摄的纪录片，素材取自莎拉·伯恩哈特、弗朗茨·约瑟夫皇帝、罗丹和雷诺阿。奥格威常常放映它，以至于把胶片都磨坏了。

邻居凯兰吉特说他常常能从与奥格威家相邻的墙边听到一种噪声，所以他试图去分辨清楚。这是种轻轻的碰撞声，像是某种小动物发出来的，但是他无法确定其来源，因为从未发现房子里有老鼠。他和妻子第一次被邀请到奥格威家吃晚餐的时候，他看到奥格威拿着烟斗往壁炉架上敲，好把烟灰抖出来。“这就是谜底。”凯兰吉特说，“我明白了那个噪声不是小动物发出来的，除非你把奥格威看作一只小动物。”

奥格威说自己每天都步行前往公司，一共要走36个街区，其中一段路要穿过中央公园。嗯，也许不是每天。凯兰吉特会站在拉着窗帘的窗口观望，当看到奥格威出来时，他就会出现，并希望被邀请搭乘劳斯莱斯。“这个办法并不总是管用。但是我想他后来明白我的意思了，于是我终于得以搭乘他那辆豪华轿车。这让我印象极其深刻。”

在早期创意喷涌的时代过后，奥格威称自己是“一座死火山”。他可能始终没有再度爆发，但仍然散发出足够的热量。他工作依旧非常努力，总是带着两个塞得满满的公文包回家。他常常会在演出还未结束时就离开剧院返回办公室，让妻子独自回家。“这常常让安妮发怒。”一个同事回忆道。另一个同事说：“他脾气很坏，非常专注，而且完全痴迷于唯一一件事——这家广告公司。”

他做这些是为了获得大众认可、名声还是成就感？“人类许多最伟大的发明都是被人们对金钱的渴望激发出来的。”他说，“如果牛津的大学生读书有报酬，我会获得奇迹般的学术成就。在尝到麦迪逊大道收益的甜头之前，我从未开始认真工作。”他掌管着一家有 120 名员工的公司，一天开 6 个会，有时候还写广告（“一个漫长的、费力的工作”），还得招呼和致电 18 家“让人头大”的客户。“我从早上 9 点一直工作到午夜，每周 7 天。”他写道，“我没有任何时间或精力从事个人活动。我 5 年里没有读过一本书，出席过一场音乐会或聚会，更别说写信给任何一个亲戚了。”

20 世纪 50 年代末，在快 50 岁的时候，他想出了许多后来算作他的“超级创意”的点子，那些他运作了20年或更长时间的，例如哈撒韦、佩珀里奇农场品牌和多芬的创意。他最喜欢的一个点子只使用了一次：“寻狗启事——我的泰迪狗，看起来像灵犬莱西。”这则广告吸引了远到拉丁美洲的报纸，大众为之惊奇。他将其称为“超级创意”，是因为他的狗因此被找回来了。

在他的所有点子里，最重要的一个——或许也是最荒谬的一个——是在美国经营一家广告公司的想法。他这样描述公司刚创立的那一天的自己：

> 他，38岁，失业。大学期间被劝退，曾当过厨师、推销员和外交官。他对市场营销一无所知，也从没写过任何广告。他宣称对从事广告业感兴趣，准备为了一年5 000美元开始工作。我怀疑是否有哪个美国公司会雇他。
>
> 以上的寓意是：“会付钱雇他的公司应该是虚构的和非正统的。”

第八章

哲学家国王

能够对自己的业务拥有宽广的视角并将其生动地表达出来，使广告这门艺术足以被称为哲学，广告行业中这样的领导者屈指可数。20 世纪 60 年代初，奥格威就已经接近罗瑟·里夫斯、李奥·贝纳、比尔·伯恩巴克等重量级人物了——很快他就可以与他们比肩了。

1962 年春，奥格威透露，他的这个夏天将在马萨诸塞州北部伊普斯维奇租下的小屋里度过，他说纽约喧嚣的日常工作使他没有时间去思考公司未来的发展。他一开始并没有透露自己决定要写一本书，将利用这次休假把他所学到的所有关于广告的事写下来——“一本教科书，以逸事作为糖衣”。因此，他并非从零开始，他要写的有时候已经在给员工的备忘录、演讲和演示中详细地阐述过了。这将是他广告哲学的一次全面展露。

虽然已经有 12 家出版社表示出了兴趣，但他猜这本书可能只能卖掉 4 000 册。他将其看作一个吸引新客户的方法而不是自己的生财之道，并将该书的版权送给了儿子，作为他 21 岁生日的礼物。这个夏天的六个星期，奥格威都在海滩上度过，下午 4 点回住处写作直到睡觉，还将已经完成的章节寄回纽约，让同事们评论。

奥美公司在这些年里蓬勃发展，他的名声也一起扶摇直上。他成了纽约爱乐乐团的一名指挥，当时正值声名显赫的伦纳德·伯恩斯坦为该乐团开辟了“第二黄金时期”；约翰·洛克菲勒三世请他负责筹建林肯中心的公众参与委员会；他使“布鲁克俱乐部”加入了“世纪协会”，成了他在纽约的俱乐部之一；他为劳斯莱斯和哈撒韦制作的广告入选了朱莉安·华金斯主编的《100则杰出广告：1852—1958 年》；他被列入 10 位“超级销售员”名单，一起入选的还有阿尔伯特·富勒、IBM（国际商业机器公司）的托马斯·沃森、露华浓的查尔斯·雷夫森；鲁宾斯坦的业务与其说被解除，不如说是被国际纸业、新泽西标准石油、西尔斯·罗巴克百货、荷兰皇家航空公司和其他三个将会改变公司历史的客户所取代，这三个客户是通用食品、壳牌和美国运通。

1963 年，《一个广告人的自白》的出版使他的成功更上一层楼。巨大的销量促使该书在 6 个月内被连印了 6 次，一举登上《时代》最佳畅销书榜单。那是一本具有高度可读性的有关个人经历、广告理念和管理原则的书，勾画了一个专业、成熟又多姿多彩的企业。

当雷蒙德·罗必凯被自己公司的一位经理问起为什么从没有写过书时，他回答道："大卫·奥格威把所有东西都写在他的书里了。"罗必凯为一个促销广告出过力（"你会因它而感到兴奋或愤怒，但不会感到无聊"），并告诉奥格威："你是用才智和牛津的教育充实后的克劳德·霍普金斯，你应该取代他，成为这一领域里经典的'How to...'（如何去……）作家。"（他还因奥格威没有在书中感谢扬雅与盖洛普的开拓性工作而斥责他："你如此自由地盗用了它。"）

《油墨》描述奥格威像"皇家骑兵团"一样在麦迪逊大道引起轰动，并评价《一个广告人的自白》一书说，奥格威比起其他作家仍然有不足："加上这本书，大卫·奥格威对广告的贡献就像伊丽莎白·泰勒对伦敦的贡献一样。但这种想要与阿尔伯特·拉斯克和詹姆斯·韦伯·杨的精装书平起平坐的企图是毫无道理的。"詹姆斯·韦伯·杨是智威汤逊广告公司一名经验丰富的撰稿人，他向奥格威抗议道："我为你所说的每件事情喝彩，除了公司酬金，我可以给你那些让我喝彩的观点打出分数。"在一篇评论中，奥格威被描述为"文学界最可爱的无赖"。

李奥·贝纳称该书"富有启发性、给人以收获，才华横溢而又令人愉快……总之，是一本很棒的书"。里夫斯称它"（具有）高度的文化气息，带着生动多彩而又成熟的广告智慧"。盖洛普说它是"有关广告和广告职业的最好的书"。公关高手本·索南伯格发现它"充满了趣闻逸事和对事物的深刻理解，讲述了人们离开学校后的许多有趣故事”。奥格威的表妹丽贝卡·威斯特不可思议地将阅读它比作“在达达尼尔海峡畅游”。美国旅游服务（一家客户）的负责人将它送给了约翰·肯尼迪总统。天联广告（BBDO）的负责人查理·布劳弗给出了他独具特色的评价：“你给了广告一种已经成熟的假象。”

尽管书名中有“自白”，但比起4世纪的圣·奥古斯丁和19世纪的托马斯·昆西的《瘾君子的自白》，书中很少有确切的自白。但它里面有足够多的奇闻趣事，很少有读者会感觉受到了误导。如今，在亚马逊网站可以搜索到145 000种名中带有“自白”含义的书，包括《一个经济杀手的自白》、《丑陋继姐的告白》和《一个购物狂的自白》。奥格威告诉一个企图模仿他取书名的人：“亲爱的，在广告界，‘自白’这个词属于我。”一名助理说，他发现一家巴黎书店的情色专柜在出售这本书，就摆在《O的故事》（*The Story of O*）旁边。“这大多是从某个标题中得到的信息。”作者回应道。

书中包括关于管理公司、赢得客户、制作广告的章节，甚至还有如何爬到树顶的内容。许多内容都是从他的个人经历中提取出来的。

“管理一家广告公司就像管理其他任何创作组织——一个研究试验室，一家杂志社，一个建筑师工作室，一间伟大的厨房。”他同时提到了在巴黎麦琪酒店做厨师的那段经历。

书中有些广告案例可能有点过时，却几乎没有让人感觉陈旧。使这本书经久不衰的（它现在仍在销售）是奥格威在切身经历中提炼出的道理和原则，他用辛辣而令人难忘的警句将其表述出来。

> 你不应烦扰人们以让其购买。
>
> 委员会品评广告，但不会创作广告。
>
> 妥协在广告业没有立足之地。无论你做什么，做个彻底。
>
> 被引用最多的一句话：消费者不是白痴，你面对的消费者就是你的妻子，别挑战她的智商。

最后的章节源于“我的姐姐（凯瑟）”，她认为广告应该被废除。奥格威为自己的职业辩护，但是同意大多数广告，尤其是电视广告，庸俗又令人厌烦——这在他眼里是最大的罪过。他得出结论：“不，我亲爱的姐姐，广告不应该被废除，但它必须被加以改革。”

《一个广告人的自白》一书让奥格威成了公众人物，令他超越广告界，被推向了大众读者。这本有史以来最热门的广告书拥有超过150万册的销量，它一直是许多人一生中读过的唯一一本有关广告的书。它成了商学院的标准教科书，塑造着成千上万的学生对广告的见解，并吸引其中一些人从事广告业，而且还给公司带来了大量的新客户。

使奥格威得以超越大多数同行，位列极具见解的广告界领导者的小团体，也是《一个广告人的自白》一书的成功之一。这些人有点像柏拉图笔下的哲学家国王——既是实践者，同时也是思想者，以其眼光和对事物的深刻理解而走在众人的前列，为广告业贡献着知识，清楚地讲解了它应该如何运作并吸引追随者。

这一领域的四位典范——罗瑟·里夫斯、李奥·贝纳、比尔·伯恩巴克和奥格威都曾是撰稿人。对于一则好广告的要素，每个人都有着自己的哲学。这些观点在许多方面都彼此不同或有共通之处，而他们麾下的公司在其领导哲学下繁荣发展。

罗瑟·里夫斯以此闻名——当大多数人都认为一则广告已经"用尽"了的时候，他却使它持久不衰。他喜欢讲述这个故事：一个客户评价说他的公司已经 5 年没有更换广告了，并且质问负责这项业务的 120 个人都在干什么。"努力不让您换广告，"里夫斯回答道。而关于他的最为声名狼藉的一则广告，《纽约客》对它的描述占据了杂志开头的 23 页篇幅：

> 锤头在脑袋里可怕地碰撞，锯齿形螺栓在中脑右侧敲打——这些就是任何在 1950 年到 1960 年间看过电视的人眼前闪现的噩梦画面。这个烙印已经深入了数百万观众的脑

海，这是阿纳辛（止痛药）厂商强行推销的商业广告——一个曾在电视里无所不能的艺术形式的鼎盛时期。

有人说阿纳辛广告是无比刺耳和永不停止的重复，以至于只要一看见它就会让人头痛。“任何会导致巨大痛苦，但却声称其宣传的产品能够减缓痛苦的广告，它所推销的产品会像硬推销得来的那样勉强。”该评论文章的作者托马斯·怀特西德如是说道，他曾听里夫斯讲述过其他“成功攻击消费者中枢神经系统的导火索”。

在《一个广告人的自白》面世的两年前，里夫斯曾出版过一本《广告的现实》。该书因其对独特的销售主张（U.S.P, unique selling proposition）的拥护而闻名广告界。“每个广告必须给消费者一个主张。它必须有无可匹敌的卖点，必须无比强大，以至于能让百万大众购买你的产品。”达彼思广告公司制作的广告具有副作用，一遍遍地观看它则会让这种作用越发明显。里夫斯不在乎，用这样一个问题解释了他的哲学：“你是想富有，还是想被人喜欢？”里斯夫欢呼着说阿纳辛广告是广告史上最令人憎恨的。

里夫斯是“20 世纪 50 年代在广告如何运作方面最有影响力的理论家”,《造镜者》(*The Mirror Makers* ）一书的作者斯蒂芬·福克斯写道。加入达彼思公司后，里夫斯从撰稿人升至总裁，将该公司打造成全球第四大广告公司。他在 1948 年到达事业的巅峰，同年，奥格威创立了自己的公司。他意识到电视即将成为占据主导地位的广告媒介，能完成收音机所无法完成的事：他替罗雷公司向电视观众演示胃酸把纸巾烧出洞来，替高露洁牙膏展示将棒球扔向一个干净的防护罩，替比克钢笔公司演示用弩将圆珠笔射出，还将焦油和尼古丁捕获在威瑟罗香烟过滤器中。他还用新的方式使用这种新的媒体。在电视商业广告问世的头一年，广告商们赞助整个电视节目，例如《杰克·班尼秀》，就像之前跟无线电台的合作方式。达彼思首创了30秒和60秒商业广告（行话叫“插播广告”）在节目之间播放，遂以“插播广告”公司而闻名。

奥格威和里夫斯的关系很复杂。除姻亲关系外，在不同的时期，他们是师生、竞争对手、朋友以及敌人（没成为敌人的话至少也是失和，在奥格威离婚后）。有些人说奥格威写《一个广告人的自白》一书就是为了与《广告的现实》竞争。两人的较量有时候是在众目睽睽之下进行的。在宣布将在一个颁奖晚宴上抢奥格威的风头后，里斯夫去牙买加的“半月”度假胜地待了一周，旋即以古铜色肌肤和白色晚礼服出席宴会。当第二天一早被问及晚宴如何时，他脱口而出：“你知道那个令人讨厌的苏格兰人怎么做的吗？他穿了一条苏格兰短裙！”

里斯夫是克劳德·霍普金斯的“使徒和直系继任者”，奥格威宣称：“1938年你给了我一本霍普金斯的书，它改变了我的一生。我心里很清楚。每一年我都要买20本他的书给文字匠们。他们从不理解（我为什么这么做）。”他说自己和里夫斯有着同一个守护神（霍普金斯）、同一本“圣经”（霍普金斯的《科学广告》），而且属于“同一个真正的教堂，即使他的广告方式留下了一些让人渴望的东西”。他拒绝了一个就“硬推销 vs 产品形象”与里夫斯辩论的邀请，说他们的广告原则没有分歧，“我们虽然不经常使用同一种图解技术，但就测定销售量来说，这一边缘区域的区别并不重要”。

他们各自的客户名单也影响着他们创作的广告。20 世纪 50 年代，达彼思主要面向包装商品，例如阿纳辛和高露洁；而奥美则创作了一系列广告形象，如哈撒韦、舒味思、英国旅游和波多黎各。奥格威说里夫斯“教给我的广告知识比我所认识的任何人教的都要多，可惜的是我却不能教给他任何东西”。里夫斯反驳道：“如果我们放下包装商品转向奢侈品，我会很高兴地坐在大卫的脚边听他讲。”一家商界报纸引用奥格威的话，说幽默可以促销，后来里夫斯给报社发了一封电报：“你糊涂了吗？”

英国智威汤逊的负责人杰瑞米·布尔莫相信：“如果罗瑟·里夫斯关于广告如何运作的说法是真的，那么哈撒韦会连一件衬衫都卖不出去，因为那则广告中既没有诉求，也没重复什么。”一位先后与里夫斯和奥格威工作过的撰稿人表示，这两个人之间的根本区别是意识形态上的：“奥格威相信消费者不是低能儿，她就像你的妻子。里夫斯相信她不是你的妻子，是个白痴。”

奥格威自己并没有这样加以区别。当里夫斯 1993 年入选广告名人堂时，在一段录音中，奥格威给予了他这位导师应有的赞誉："罗瑟教给我，广告的目的就是销售产品。他教会了我如何去销售。有些人会告诉你我和罗瑟是对手甚至敌人。我是他的门徒。祝福你，亲爱的罗瑟，你教会了我如何做生意。"

20 世纪 50 年代，在吸烟行为和香烟广告被接纳之后，李奥·贝纳创造了被创意人员公认是 20 世纪最伟大的广告。贝纳从菲利普·莫里斯那里接到了为万宝路拓展市场吸引力的业务，当时这种香烟面向的是女性市场，甚至带有红色的过滤嘴（这样就看不到口红印了）。他把这项研究塞进公文包，不久就带回了一个惊人的结论——将这种女士香烟转变为男性品牌。这项战略的最终形象表达就是那个男子气概的著名象征——西部草原上的牛仔。

1955 年，纵然《读者文摘》在主题文章里将万宝路与肺癌联系了起来，可当"万宝路男人"走遍全美国的时候，该品牌香烟的销售量还是惊人地增加了 3 000%，营业额达 50 亿美元，1957 年达到 200 亿美元。1964 年，标志性的牛仔被移到了虚构的"万宝路世界"。1971 年，当香烟广告被禁止在电视上播放后，牛仔在马背上享受一支香烟的一则印刷广告使万宝路成了全世界的头号商标。

哈得孙河西岸最大的广告公司的负责人李奥·贝纳，骄傲地说自己是一个“乡巴佬”，并宣扬说他不是在城市长大的。在20世纪30年代经济大萧条时期到芝加哥创办自己的公司之前，他是皮奥里亚市的记者，还是底特律凯迪拉克公司的广告主管。他对于广告的见解被几本私人藏书收集了进来，其中一本书名为《一个广告人的交流》。

贝纳和他的公司就工作在美国的心脏——芝加哥，一个位于美国中西部地区的城市。他写道：“它的广告制作团队里全是脑袋装满了草原小镇视野和价值观的人……我们灵活的态度和开阔的眼光使我们更容易创作出向大多数美国人打开天窗说亮话的广告……我喜欢想象芝加哥的撰稿人在拿起巨大的、黑色的笔之前朝他们手上吐唾沫的样子。”一个从前的雇员称他为“拖船撰稿人”——因为他能有效地拉动消费者的心弦。

贝纳完全投身于他公司的广告制作中，每个稿件都要经他审批。他常常早上5点起床，在吃早餐之前工作两个小时。据说他一天工作20个小时，一周7天，一年365天——“他在圣诞节早上休假”。他是一个彻头彻尾的质量把关人。在审批乔伊轻污清洗剂的广告时，画面上一个身材魁梧的男子手中拿着电钻，他驳回了该广告，“那个该死的电钻”无法引起人的任何兴趣。“这则广告的任何一部分都不能离开公司让外人看到。”当该客户经理指出广告已经延误，他们可能会失去这笔生意时，贝纳说：“好吧，我宁愿失去这笔生意也不想让这样的广告面世。”

他是个最不具吸引力的男人——矮小、邋遢、嘴里经常叼着一支万宝路香烟，烟灰落在他的衬衫上。有人说他看起来像个消防栓。橡胶一样的脸上突出的下唇清晰可见地表达着他对一件事的感受，他的员工称之为“嘴唇突出指数”。

一位校友说，在贝纳的公司工作就像加入了西北大学校友会——所有人都来自芝加哥。李奥不介意一些关于纽约人或关于探索特别销售主张（随便你怎么称呼他的销售主张）的玩笑。该公司脚踏实地的个性从贝纳公司接待桌上的苹果盘里就可以捕捉到，那是热情和友好的信号。

贝纳喜欢赋予产品个性和特征——在许多案例中是鲜明的动物形象。老虎托尼咆哮着说凯洛格霜麦片是“GR-R-R-E-A-T”（好极了）；金枪鱼查理希望被抓获，但是对食品公司“星骑士”来说它还“不够好”；贝氏堡公司的面团柔软，可爱又新鲜；绿巨人销售豌豆和玉米罐头是如此成功，以至于公司将名称从“明尼苏达罐头公司”改成“绿巨人公司”；旅行者们乘着联合航空的飞机在“友好的天空”中翱翔。

贝纳在一次雇员大会上阐明了他对广告业的看法，以一个带有传奇色彩的演讲开始，题目是《当我的名字被从公司门上去掉的时候》：

某时某刻，当我最终离开公司后，你们或你们的继任者，也许想要把我的名字也从公司去除……这对我来说当然没什么——如果这样做对你们有好处的话。但是让我来告诉你，当有一天我要求把我的名字去掉时，我可能会提出的要求。那个时候也会是你们花更多的时间努力赚钱和更少的时间做广告的那天——做我们这种广告。

他赞美了制作广告的乐趣、将它做好的激情以及“卓越、努力、精彩”的工作美德，然后针对“只管做大”的发展发出警告。如果这真的发生了，他会坚持让他们把他的名字从门上去掉，威胁要“把每一个该死的家伙扔向电梯井”。

邋遢的贝纳和优雅的奥格威在外形上的差异大得不能再大了——或者说不重要了。他们在工作上相当有默契。这两个男人之间形成了一种成熟可敬的友谊，交换着赞美之词和各自对广告哲学的论述。1954 年，奥格威进入广告业刚刚 6 年，在纽约的一次秘密会见中，贝纳提议与奥格威的机构合并。奥格威认为这可能是最好的合并，然后告诉伦敦的合伙企业，贝纳的创造性工作与自己所在的公司是同属一类的。由于客户的反对和英国股票的问题，并购没能实现，但这两个男人仍然保持着联系。

他们用不同的口音说着同一种语言，都更关注销售量，而不是所谓的“行业创新奖”。贝纳设有自己的“黑铅笔销售奖”，这个奖项的名字源于他使用的一种粗粗的黑铅笔。20 世纪 60 年代末，奥格威为那些促使客户销量增加最多的广告设立了现金奖。两人都对客户保持着最为强烈的忠诚，坚持让自己公司的每一个人使用客户的产品。在一次外出会面中，低血糖的贝纳出现休克症状，极度需要糖分。有人提议到大厅里的糖果贩卖机上买糖果。“得确保是雀巢的，”贝纳醒过来说。

1991 年是贝纳诞辰 100 周年，在一本纪念册里面，奥格威毫无保留地表达了自己对贝纳的赞美：“我最钦佩的两家公司就是扬雅和李奥·贝纳的公司。虽然李奥 20 年前去世了，但他到现在都还没有退休，他对自己所创办的公司的影响仍然没有消退。”然后他又加上一句，“那正是它堪称最好的广告公司的原因”，而忽略了这样一个声明对他自己公司的潜在竞争。李奥·贝纳的管理层本着非常高尚的姿态删掉了这行字，但却很乐意保留奥格威对于谢绝合并邀请的解释——他绝对无法符合创始人就努力工作而制定的高标准。一同留下来的还有奥格威回忆说听到贝纳那句评价时的快乐，当时贝纳告诉《芝加哥论坛报》，“我们是属于‘芝加哥学派’的唯一一家广告公司——那是出自他口中的最恭维的话”。

1957 年，比尔·伯恩巴克为纽约奥尔巴克百货商店做了一个大胆的新广告。该广告只发布了一次，但它带来的新鲜感让人们无限惊讶，以至于广告从业者也将它钉在了自家的墙上。这则广告占据了报纸的整页篇幅，画面上是一只猫戴着女人的帽子，脖子上还有一个蝴蝶结。它嘴里叼着香烟，自鸣得意地望着读者，刁钻地喵喵叫出广告语：“我发现了琼的秘密。”下方正文中揭露了琼的秘密：“她说话的样子，你会觉得她登上了《名人录》。现在，我发现她是怎么回事了！”这下读者明白了，谜底就是，琼穿着的是在奥尔巴克百货商店用超低价格买来的貂皮和巴黎服饰。

正如奥格威更关注穿着哈撒韦衬衫的人那样，伯恩巴克更关注奥尔巴克的顾客，而不是商店。他不仅强调商店的低价格，还配上一个精明老练的顾客形象，与梅西百货的“节俭是种聪明的做法”区别开来。在另一则广告中，一个男人将一个女人挟在胳膊底下，广告语是：“大方购物。把你的妻子带进来，只需花几美元……我们会给你一个全新的女人。”奥尔巴克的广告预算只是梅西百货的1/30，而广告的知名度和影响力却同样大。“只要正确操作，”伯恩巴克宣称，“创意可以让做一则广告达到做十则广告的效果。”

伯恩巴克曾在格雷公司工作，被奥尔巴克解除合约时，格雷是家中等规模的公司。1949年，他和内德·多伊尔（负责客户）和马克斯韦尔·丹（负责行政）开办了自己的公司——恒美广告公司，奥尔巴克是它的第一个客户。恒美公司与奥格威的公司差不多是同一时期创立的，它成为那个时代广告界的创意灯塔，制作出许多迷人的作品，常被人描述为“软推销”。“忘掉‘硬推销’和‘软推销’这样的词，”该公司总裁兼创意总监伯恩巴克说，

“那只会把你搞糊涂。硬推销并不是以一则广告的外观或者它被喊得有多大声来划分的，而是它能带来多大的销售量。一定要确保你的广告在说一些实质性的东西和一些有用的东西，并告诉消费者，同时你要确认在你之前没人这样表述过。”

恒美公司制作的广告看起来比任何广告都更让人开心，更富有娱乐性，常常令人惊奇，更多的时候是引人发笑。奥尔巴克系列广告吸引了大众汽车公司，二战结束将近 15 年后，这家德国轿车企业试图进入美国市场。参观完德国工厂后，负责该客户广告的制作团队希望宣扬大众甲壳虫低廉的价格，虽然在一些人看来它很丑陋，但却非常朴实、操作简便、可靠、与众不同。大众的广告就像它不加装饰的设计一样简洁。一句只写有“柠檬”①（Lemon）一词的标题，配上一张该车未加修饰的照片，指出质检员在检车时如何细致，以至于终于发现了这辆车的瑕疵，所以让人对它的质量检验记忆深刻。据说，有一位大众汽车的质检员因为一辆汽车仪器板上放杂物的凹处的铬板上有瑕疵而退回了这辆被称作“不良品”的汽车。在底特律只顾生产大型车的时期，广告语“考虑一下小型车”（Think Small）让这款小型车显得分外时尚别致。

伯恩巴克利用图示定位来进行他的视觉思维和创作工作。他的艺术总监喜欢极简抽象派的设计和现代的衬线字体外观。这种

① 柠檬一词意指“瑕疵品”。——译者注

简单图示法在电视中奏效了——一辆大众车在雪地里飘移前行，画外音说：“你有没有想过，开着这辆雪犁的家伙是怎么去上班的呢？”

伯恩巴克在布鲁克林出生，他认为住在那里更好，这与住在康涅狄格州或曼哈顿东边的广告公司显贵们形成了对比。与公司风格相对应的一点是，他很安静，说话轻柔，以至于人们得伸长脖子去听他说了什么。他外表朴素，缺乏魅力——非常矮小、小手、小脚、稀疏的白发、粉红色的皮肤。他的穿着很是整洁，蓝色的老式衬衫，传统的老式领带，永远是西装。

玛丽·威尔斯·劳伦斯在成立她自己的广告公司之前是恒美公司的撰稿人，她说，伯恩巴克谦逊的外表很具有迷惑性：“他在与人交流时有着如此强大的气场，每个人都不被他放在眼里。他的谈话里有一些暴烈的东西，一些让人不安的东西。在他的巅峰时期，很多人都很怕他。”

伯恩巴克是大多数创意人员心目中的偶像，也是引发20世纪60年代创意改革的英雄。他是“广告界的毕加索”，天联广告（BBDO）的总裁艾伦·罗森西恩（前撰稿人）说：“他通过破除陈旧传统和古老禁忌，以及对广告如何运作的再思考，永远地改变了所有广告活动的方向。”伯恩巴克招募了许多在别处不受欢迎的人——犹太人、意大利人以及其他少数族裔，许多人来自纽约布鲁克林区、皇后区、布朗克斯区这样的边缘地界——他公司的广告透露出一种都市街头社会的真实写照。

他用备忘录、演讲和有关他喜欢的广告的讲话使自己的广告哲学得以广为人知，拒绝谈论那些自己不喜欢的东西。伯恩巴克寻找的是原创的作品，“请给我看一些新鲜的东西”。他相信最具说服力的是艺术，而非科学，并说自己所做的一切不是在交流，而是在说服。他还引用亚里士多德的话来说明自己的观点，即人们不是被知识打动，而是被情感和欲望打动。

伯恩巴克非常清楚冲击力——吸引人们的注意力——的必要性。在他眼里，俗套的方法简直与此南辕北辙。“艺术家们要打破规则。令人记忆深刻的东西永远不是套用公式得来的。”如果你将一件事做了一遍又一遍，消费者就会感到无聊，于是广告就失去了冲击力。“如果你的广告不再被人注意了，所有的一切也都变得不切实际。”（奥格威表示同意：“你无法在一座空空的教堂里拯救灵魂。”）

大众汽车广告的成功吸引了其他的“挑战者”品牌前来洽谈合作——广告预算也因为是小公司而相应减少。与通用、福特、克莱斯勒动辄几十亿美元的广告预算相比，大众最初进入美国市场时只花了 2 800 万美元的广告费用。在安飞士汽车租赁的广告中，该公司把应对困境变成了一种美德：“我们只是第二名。我们会更努力。”伯恩巴克在布鲁克林的一家小面包店里尝了一款面包后说“如果不是犹太人，没人会吃这个的”，并由此得到了一个广告灵感——广告画面上有一个黄种人、一个黑人、一个印第安人，广告语是：“就算不是犹太人，你也会喜欢吃 Levy 牌黑麦面包。”还有一则广告上是一张古德曼牌“逾越节薄饼”[①]的照片，广告语则是以希伯来文书写的“逾越节的洁食”。他们为以色列航空公司做的广告，广告语很显眼：“在所有东西都洁净（符合犹太教教规）之前我们不起飞。”许多创意奖项都颁给了伯恩巴克的公司，此举作为一种彰显优异工作的信号而广受欢迎，并且帮助它赢得新客户。20世纪60年代，该公司没有新的业务演示，取而代之的是，潜在的主顾们看到了该公司一系列的商业广告简报，并与伯恩巴克讨论他的广告哲学。

伦敦的广告人大卫·艾伯特将奥格威和伯恩巴克做了对比，此人曾先后在这两家公司工作过。“我的第一位英雄是大卫·奥格威，当时我刚在美瑟－克劳瑟工作。每个人都收到了他关于制作广告的规则的单子，这些规则让我在40年后仍然无法忽视。”艾伯特说当自己看见伯恩巴克的广告时，他意识到还有另外一种做事的方式：

> 我完全被恒美的哲学吸引了。在某种意义上，它与奥格威的规则差别并不大，但加入了一种高于它们的东西：获得关注的需要。它也具有更随和友好、更机智风趣的魅力。大卫所做的就是给我语法书，比尔加进去的则是获得关注的额外需要，但仍然是基于大卫的那个规则的。

---

① 逾越节薄饼是逾越节期间犹太人所吃的一种不发酵的硬面饼。——译者注

艾伯特还认为，两人都是鼓舞人心的领导人和布道者，也是极好的推销员。“他们做事充满确定性，而这个行业很少有确定性。一次广告活动失败的原因常常是信心的丧失。但你不要认为比尔或大卫会丧失信心，你应当看到，如果把业务给了他们，不仅会获得出色的成果，它也会是商业广告中的成功之作。”

虽然奥格威和伯恩巴克在承诺客户收获广告效果方面的努力不相上下，但这两人及其各自公司之间的差异代表了两种不同的广告哲学。伯恩巴克以他运用情感的偏好出发：“你可以平平常常地讲述一件产品的好处，但是没人会听的。你得用一种让人们觉得仿佛被扯痛肚肠的方式去表达。如果顾客感觉不到它，那么什么事都不会发生。”他对提前研究事实并不那么重视，因为他认为“仅有事实是不够的，确定说什么只是广告进程的开始，如何去说并使得人们愿意观看和聆听才更重要，如果在这方面不成功，你就浪费了所有去确定说什么的工作、智慧和技巧”。他更注重针对心灵而不是头脑，“我提醒你不要相信广告是门科学”。想象和创意是他的检验标准，他认为“规则就是监狱”。

伯恩巴克的客户大部分是企业。客户们承认，他并不给他们多少评论其工作的空间。一位曾与他共事的前撰稿人这样描述：“他的想法基本上是，‘你做面包而我来做广告’。伯恩巴克可以朝制造 Levy 面包的家伙大喊，那个家伙再朝他喊回来，然后他们坐下来一起解决问题。”而当客户经理助理被派去与品牌经理助理吵架时，这种方法对经营包装商品的大客户并不那么有效。智威汤逊的杰里米·巴里摩尔说道，该公司的目标客户是他们自己：

> 中产阶层，富有而生活舒适，男性，可能居住在美国东海岸。他们在用一种自己可以欣赏的智慧和风格创作。但是当利华兄弟公司慕名而来，请他们为清洁剂做广告的时候，他们不知所措了。因为他们不知道家里有3个孩子，但是没有太多钱，还想把衣服洗干净的生活是什么样子的。

奥格威利用他在有名望的产品上取得的成功，从一开始就追寻大的广告活动。他创作广告的原则为一个利害关系太大而不能仅仅运用判断力的行业提供了一种纪律和确定性。他并没有无视情感的作用，而是以自己的方式将其运用到所创作的广告中，但是从骨子里，他是一个注重研究事实、相信直邮广告及其理性吸引力的门徒。

拿下包装商品公司的广告业务之后，奥格威公司制作的广告风格发生了一些变化。当时，这些客户倾向于依靠一种被称为“广告后记忆度”的研究方法，一家调查公司会在广告播出的第二天给用户打电话，以判断接电话的人是否在广告播出的时候正在看电视，然后会问一些有关该则广告的问题和广告表达的重点。这个办法高度考验被访用户的记性以及组织一段理性讨论和偏好倾向的表达能力，比如“生活片段”、产品示范和推荐证明。比如，一个例子就是“帝国牌”黄油的广告。当一家人品尝黄油的时候，喇叭声就会响起，同时屏幕上出现了一顶顶王冠，戴在了家庭成员的头上。尽管这样的广告有助于卖出许多人造黄油，但损害了奥格威公司在创意方面的声誉。尽管奥格威的公司有能力而且确实也做出了一些其他类型的广告（比如说为美国运通做的广告），但采用“广告后记忆度”的研究方法来评判，为其他客户所做的那种生活创意广告算不上成功。

奥格威很喜欢大众这则广告，他告诉伯恩巴克：“有记录的广告史上不曾有任何一家代理公司为客户做到这样好的业绩。大众的人应该送你一座莱茵河边的城堡，储备好食物和仆人，永久性质的那种。”这两个男人没有个人关系。伯恩巴克认为奥格威“爱出风头”，并认为他只不过是一个对广告技巧有些看法的工匠。奥格威觉得伯恩巴克的追随者们误解了他说的话。具有讽刺意味的是，伯恩巴克公司后续在与大众、安飞士、Levy 面包、逾越节薄饼、以色列航空的复杂案例上都取得了成功，而本应非常杰出的奥格威公司的业务只是在大众化产品上有所增长。

奥格威迅速抓住了为包装商品客户服务的契机。“1938 年，我爱上了两个广告学派。”奥格威在 1961 年给一位经理的信中说，“我们似乎要在不理性的天才派和乏味的现实派之间做选择。”1964 年，他给李奥·贝纳写信说，“1938 年的时候我陷入了对两个广告学派的仰慕。他们完全不相同。”一方被他描述为优雅和有趣的学派，以扬雅为代表；另一方是洛德－托马斯广告公司（Lord & Thomas，“博达大桥广告”前身）和鲁思劳夫－瑞安广告公司（Ruthrauff & Ryan，主营邮购广告），依据寄回的赠券检验其广告成效。“对这两个做法截然相反的学派的仰慕几乎将我扯成两半。但是我花了16年的时间试图证明，你可以将两者的精华之处结合起来。最后，我发现自己转向了有趣的那一方，至少在电视上是这样。”他接着说，1964年，伯恩巴克取代扬雅成了广告娱乐学派的领导者，而达彼思则“继承了霍普金斯的衣钵”。

奥格威有次告诉一位访问者，有些广告公司像“没有信条的教堂，它们起草自己的祷文，而我们才是真正的天主教堂”。《时代》评论道：“作为一个被誉为麦迪逊大道最大胆的破戒者，他的宗教理论却正统得令人惊讶。虽然以其大胆和英式魅力闻名，他却更喜欢强调基本的、老式的纪律。”当时，奥格威被看作一个革命者。《油墨》写道：“奥格威的广告使美国广告发生很大变化。”李奥·贝纳表示同意：“我将大卫·奥格威的文案看作我们时代最重要的文案，它证明了硬销售也可以非常‘美味’。”大多数人承认他已经将推销术与高品位糅合在了一起，这在美国广告史上还是第一次。

当今大多数广告的根源可以被追溯到伯恩巴克而不是奥格威。作为那个时代最有影响力的创意人员，伯恩巴克激励了许多成功的广告公司的领导者，他们有杰克·廷克、玛丽·威尔斯·劳伦斯、乔治·洛伊丝、杰伊·恰特、杰里·德拉·费米纳和卡尔·艾利。伯恩巴克和他的门徒们，以及后来的门徒们，引导了低调且讨人喜欢的广告风格，这种风格后来成为美国广告最主流的模式。

奥格威曾努力向他那个时代广告界的风云人物学习。他认为现代广告的出现是由罗必凯带动的，甚至在开设自己的公司之前想要到罗必凯的身边工作。后来他说他觉得自己太不够格，以至于没有去他最仰慕的公司——扬雅申请工作。他四处寻找罗必凯的观点，并向罗必凯汇报自己的进步。他说："唉，我从来没有在你的公司工作过，所以现在找不到什么东西来指引自己，但是我渴望建立另一个一流的广告公司。"

他毫无顾忌地赞美这个比他年长的人。1954年，他写道："一个值得注意的事实是，美国最好的撰稿人将依旧成为广告公司历史上最伟大的管理者和领导者。"罗必凯也回应了他，称他是"全美所有团队和任何广告时代的明星"。退休后，罗必凯曾于1944年自荐到奥格威的公司担任主席，遗憾的是没有实现。

奥格威非常尊敬斯坦利·里索，他经营智威汤逊长达50年，将它打造成了世界上最大的广告公司。他钦佩智威汤逊的目标——成为一所"广告业的大学"。《汤普森广告蓝皮书》出版于1906年。经营着英国智威汤逊的杰里米·巴里摩尔说，书中全是关于广告效用的内容，并指出大多数内容奥格威在50年后也能写出来。

奥格威与杰出的马里恩·哈珀也有过两次商业往来，哈珀出生于俄克拉何马，同样曾是上门推销员，同样在制作广告过程中注重研究事实。他从麦肯－爱里克森广告公司的邮件收发员一路成长为调查研究部总监，于1948年当上了该公司的总裁。他将广告仅仅看作市场销售过程中的一个部分，并首创了将几个广告公司用相关的服务，如公共关系和促销结合成一个集团的概念，这造就了市场推广领域的第一家控股公司——埃培智集团（Interpublic Group）。

20世纪50年代，哈珀一度想要拉拢奥格威，并希望以500 000美元买下他的公司。有一个故事说，哈珀利用了他们都注重事实研究的共同点，邀请奥格威观看一则商业广告，并用一架照相机对着他的眼睛，以测量其瞳孔是放大还是缩小。“那太令人惊叹了。”奥格威说道，“但是当眼睛闭上时你要怎么测量？”几年后，哈珀再次打电话，请求奥格威贷给他400 000美元来挽救埃培智的破产，那是由他糟糕的财务管理引发的危机，花费之大随处可见，公司甚至拥有自己的一组飞机，道格拉斯DC–7曾被他当成出租车差遣。奥格威否决了这两项提议。

《一个广告人的自白》大获成功后，伴随荣誉而来的还有到白宫赴宴的邀请、纽约阿德尔菲学院的荣誉学位、入选缅因州科尔比学院委员会，以及进入诸多名人堂。1964年，产业通信媒体

《加拉格尔报道》曾进行过一项调查，请广告公司主管、广告人、营销人员提名当年杰出的广告公司主管。

结果是：

1. 大卫·奥格威

2. 威廉·伯恩巴克

3. 诺曼·斯特鲁兹（智威汤逊公司）

4. 罗伯特·E. 拉斯克（本顿–鲍尔斯公司）

5. 马里恩·哈珀

他的朋友、前大使馆同事、作家罗尔德·达尔写信给奥格威，称《一个广告人的自白》一书娱乐并指导了自己，还说：

> 这是你为客户写过的所有文案中最长的一个，
> 也是最有效的一个，
> 客户会为成果感到欣慰，
> 对产品严格把关的人会比以前任何时候都要更多，
> 但是谁是客户？
> 我知道，你也知道，
> 你的客户就是你自己。

第九章

真正的教堂

20 世纪 60 年代是一个完美的时代，那时的美国是广告业的乐土，这些都那么令人怀念。那个时候，经济正在蓬勃发展，约翰·肯尼迪从白宫向外界传播着乐观主义精神。电视，作为大众市场第一个真正的沟通媒介，也进入了它的繁盛时期，帮助消费者在诸家新超市从数以万计的产品中进行选择。这一时期的广告常常在一种理想化的、十分荒谬的背景下勾画着家庭价值观。广告中的母亲总是以家庭主妇的形象出现，穿着裙子和高跟鞋烹饪和做家务。

对奥格威和刚刚成立不久的公司来说，20 世纪 50 年代是一个黄金时期。“7 年来我们总能得到每一个想要得到的客户，”他声称，“我们从未失手。我们是非常炙手可热的广告公司。”1962 年，在众多的广告公司主管中，作为广告界的“台前说客”，他登上了《时代》杂志的封面——“台前”是相对于范斯·巴卡的

《幕后说客》[①]而言的。《时代》称他为“文学鬼才”，说他“不但有趣，而且他那具有文学修养的广告创作天资拉开了人们系紧钱袋的绳子，使他成为当今广告业最受宠的鬼才”。

尽管奥格威在该领域获得了名声和接连的胜利，但其客户大多数都还是投资较小的客户。奥格威－班森－美瑟——公司自荷威特离开后的名字——后来被称为“精品店”。在20世纪60年代顶级广告公司的名单中，智威汤逊、麦肯广告、扬雅、天联、达彼思遥遥领先。“我们是显贵们的宠儿，”奥格威遗憾地说，“知识分子们在鸡尾酒会上找到我们，说我们的公司是唯一一家没有侮辱他们智商的。我没发现这种称赞可以带来利润，它会让很有经济头脑的制造商对我们产生怀疑。”他常说，没有哪家广告公司甘愿弱小，他准备开始发展壮大。

三件事促进了奥美公司在20世纪60年代的发展——其中两件带来了意料之外的结果——一场国际并购，一次公开销售，但最重要的是，大客户的到来。

在奥格威最想得到的5个客户之中，有4个是经营包装商品的公司，他认为它们不仅专业、文明，在支付广告费方面也比较慷慨，因此以猎人般的专注追逐着它们。他已经见识过优秀的创意是如何吸引到特定客户的，但他明白，玩大游戏需要大人物。“在做任何一个关键广告时，我常常在想，这会给通用食品留下

① 巴卡揭露了欧内斯·特迪希特、伯利·加德纳和其他“动机研究”从事者对消费者施以经过伪装的操纵。

印象吗？我做所有事都是想引起通用食品的注意。”

这一动力促使奥格威找到了埃斯蒂·斯托厄尔，他曾在本顿－鲍尔斯广告公司运作过通用食品的广告。“我向埃斯蒂详细打探通用食品的情况。我知道他们是怎么看待他的。在他进公司之前，我们类似于精品店，有点儿独特而势利，是埃斯蒂让我们变得可敬。”奥格威花了一年时间说服这位毕业于圣保罗大学和哈佛大学、抽烟斗的斯托厄尔，以执行副总裁的身份加入。斯托厄尔的贵族举止令他看起来像个总裁，或者很快会拥有这个头衔一样。

奥格威告诉他的新搭档：“我们已经有了一个不错的创意部门，我会来掌管它，你负责其他的事情。我对媒体和市场营销一无所知，而且也是个毫无希望的管理者。”斯托厄尔提高了录用雇员的标准，从本顿－鲍尔斯、麦肯、高露洁和宝洁等大公司引进了优秀人员，并用有着良好职业背景的市场营销人员取代了“客户助理”。奥格威称斯托厄尔是“上帝创造的人中最无法收买的”——他竟拒绝了通用食品公司总裁的儿子来公司工作的申请。虽然奥格威称他是好搭档，但有人却认为斯托厄尔很冷漠，有着让人印象深刻的排斥感。当一则商业广告被呈递给他批准的时候，这位前海军陆战队队员打量着屏幕，将烟嘴从嘴里抽了出来，给出了他的裁定：“在我看来，这是个什么玩意儿……”

斯托厄尔的到来使公司的大客户们能够同时拥有奥格威的魅力和精明的市场营销。很快，通用食品就将它旗下最大的品牌——麦斯威尔咖啡的代理权给了这家年轻的代理公司。而当该公司创作出一则商业广告、运作6年并使之成为一个经典的时候，充分印证了该公司对奥格威的信任是正确的。

> 一个过滤式咖啡机顶端的玻璃壶占满了整个电视画面，并几乎持续了全部60秒的广告时间。摄像机对准玻璃壶，咖啡沸腾后开始在玻璃壶中“跳跃起来”，音乐中贯穿着这样的旋律：bpppa-bpppa-BPPPA, bpppa-bpppa-BPPPA 。①

“跳跃的壶”证明了“精品店”也可以为包装商品创作有效的电视广告。该广告的主题是奥格威参观新泽西州霍博肯的咖啡工厂时想出来的。他被烘烤咖啡时四溢的香气所打动，于是想，它喝起来是不是也和闻起来一样好。“喝起来和闻起来一样好”加上“滴滴香浓，意犹未尽”——后面这句广告语来自西奥多·罗斯福总统在田纳西州纳什维尔的麦斯威尔酒店居住期间，品尝到第一道调和咖啡时的热烈赞叹。

他们在麦斯威尔咖啡上的成功帮助他们赢得了通用食品更多的广告业务，包括通用食品最大规模的新产品冻干咖啡②。由于对最初的创意工作不满意，奥格威让负责该项目的撰稿人带着一项不寻常的责任重新回去工作——像面对史克公司引进的一个新处

---

① 制作该广告时，咖啡是通过挤压橡胶球从桌子下被推压进玻璃壶的。

② 冻干咖啡，将液态制品冷冻及通过升华作用将冰除去而制得的速溶咖啡。——译者注

方药一样去撰写这个广告。该撰稿人立即明白了奥格威想要的，然后想出了对冻干过程象征性描述的创意，以渲染该产品与传统速溶咖啡如何不同。这是另一个成功。通用食品正在成为奥美公司最大的客户。

而最为显著和直接的差别来自1960年到来的新客户——壳牌。壳牌1 300万美元的广告预算使奥美的规模翻了一番。奥格威抓住了在一次苏格兰理事会午餐的机会见到了麦克斯·伯恩斯——壳牌的总裁，并在此后多年一直与其保持着友谊。他们的合作开始了：当时智威汤逊与壳牌的关系恶化，因为不同意壳牌用酬金代替标准的15%的佣金，并称之为“不道德”。伯恩斯大笑，指出付给医生或律师酬金并不是不道德，而抽取客户花费在广告上的总费用的一定比例作为佣金这种做法，会难免在广告公司要求增加预算时让人怀疑其动机。

“事实上我们更愿意接受酬金这种方式。”奥格威对壳牌说。他的公众形象被定位为道德，公司与客户的关系也最令人满意，因为报酬没有与他们说服客户去花费的价钱挂钩。但私下里就没那么乐观了。智威汤逊的总裁请求奥格威不要这样做，并警告说他会毁掉广告业。奥格威的合伙企业也都不想这样做。财务主管谢尔比·佩治说：“这是客户逼我们的，开始是太阳石油，然后是美国政府旅游办公室坚持用酬金而不是佣金。我们为得到壳牌这个客户，只能这么做——通过酬金给出折扣价格。”

奥格威坚持自己的做法，赞赏其“勇气”和“胆量”的市场主管们也表示支持。金宝汤公司和通用食品的前市场主管称之为一个重大突破，说“这一事件由于牵涉你们这样地位和名声的代理公司以及壳牌这样的大客户，而更具有重要性”。但奥格威的竞争对手们就不那么高兴了，因为酬金方式自此开始在广告业蔓延开来，尽管酬金方式显得更加“专业”，但相当多的利润也因此而流失。

当壳牌要求看一则广告样片以证明它可以相信一家小公司时，奥格威拒绝了，说“我们在结婚之前不做爱”。但这并没有伤害双方的关系，因为壳牌喜欢奥格威的劳斯莱斯广告，而不喜欢智威汤逊的电视卡通广告，即通过汽车驶向壳牌加油站来证明“汽车爱壳牌”。奥格威反其道而行之，评论说严肃的广告会将壳牌勾勒成一个由科学家指导其方向的公司。他说服壳牌放弃其珍视的电视广告经营权，而将其放在每一个主要的新闻广播中，并将所有预算花费在报纸上——用全篇幅、长长的广告文案描述关于汽油的事实。

> 公告：壳牌披露了现今“超级壳牌”中的9种成分，展示了它们如何使你的汽车表现出最佳性能。

“我没读过那则广告。”一个创意人员说，“但是我在想，任何一种能让撰稿人找出那么多可写内容的汽油一定是好汽油。”在此之前，从来没有哪位汽油营销人员介绍过汽油的成分，并把其中每一种都详细告知汽车驾驶者。后来，壳牌的报纸广告让位给电视上的生动展示，“超级壳牌铂重整汽油”的电视广告效果达到顶峰，打破了平面广告的局限，有力地呈现出壳牌能使汽车行驶得更远的作用。该广告成就了壳牌行业领袖的地位。壳牌公司的广告总监向另一家大公司的广告总监称赞了奥格威的公司，列举了一些关于它的创意工作、广告问题分析方法、研究和对事实持续不断探索的例子——“以及它取得的成果”。

负责运作壳牌广告是诱使约翰·埃利奥特从天联广告跳槽来奥美的鱼饵，他在天联广告时负责大客户杜邦公司，是位明日之星。奥格威能得到他是一个成功之举。和斯托厄尔十分相似，埃利奥特也抽烟斗，也曾是海军陆战队队员，同样毕业于圣保罗大学和哈佛大学。虽然他热爱天联广告，但在新公司里很快便收获了信任和工作激情，并评价说这里的人们收到备忘录的当天就会给予回复。

埃利奥特比奥格威更喜欢炫耀自己的苏格兰血统，将家里的周末舞会命名为“苏格兰高地舞会”，十分乐于让人们知道他与罗伯特·伯恩斯[①]是同一天生日。他买下了苏格兰北部一个小农场主的村舍，掌管着美国的苏格兰国民信托基金，并建立了圣诞节期间跟在风笛手背后在门厅散步、用烟斗庆祝公司大事的传统。他是一名出色的公众演说家，在员工会议上是个父亲式的人物，

① 罗伯特·伯恩斯（1759—1796年），用苏格兰语写作的著名诗人，被誉为“苏格兰之子”。——编者注

也是公司令人钦佩的发言人。

得到通用食品和壳牌后，奥格威还在继续他的狩猎行动。1962年，美国运通首席执行官克拉克的妻子简·克拉克使自己这位新丈夫对奥格威的公司有了兴趣。当奥格威负责林肯中心的公众参与活动时，她曾以志愿者的身份工作过，而且在格林尼治时他们曾是邻居。在妻子的敦促下，克拉克给奥格威打了电话——但奥格威说他不认为自己会感兴趣——如今这个客户对他来说已经太小了。克拉克很坚持，于是奥格威去他家进行了一次正式谈话。

简·克拉克回忆道："首先，他非常有魅力。我们坐在书房里，他把所有相关材料摊在地板上，然后开始描述他要做的事情。他的创意不禁令我激动。"这只是他为这个他没兴趣得到的客户所准备的创意。

斯托厄尔反对在接受旅行支票业务方面没什么潜力的小客户。等他去休假后，奥格威就接受了一桩180万美元的旅行支票客户，这桩生意之前曾由本顿–鲍尔斯广告公司接手。他将其看作一个旅游业务，与荷航、东方邮轮公司、美国旅游局、波多黎各和英国旅游协会的业务是一类。随即，公司迎来了广告史上最出名的两则广告——旅行支票的广告语是"出门可别不带它"[①]，美国运通的广告语则是一位熟名不熟面的人问"你认识我吗"。

① "出门可别不带它"（记账卡）的广告语，将旅行与旅行者支票灵活地联系在一起。

演员卡尔·莫尔登在旅行支票广告中的形象是如此权威可靠，以至于一些观众误以为他就是美国运通公司的总裁。不久，克拉克就把销售额的增加几乎全部归功于广告。美国运通随后取代通用食品成为奥美公司最大的客户，而且其广告也成为吸引其他新客户的创意案例。

美国运通得以顺利开拓基业，部分原因要归功于一份奥美直邮广告，它的开头是："坦白地说，美国运通卡并不是为每一个人准备的。"直邮广告是奥格威的"初恋"，他早在上门推销和向约翰·卡珀斯学习的时候就开始使用直邮广告。早在20世纪60年代，他就在公司设立了直邮部门，客户很快就发现了如何将直邮广告纳入其广告计划中。一段时间之后，奥格威的公司吸收了公共关系和促销的手法，并向客户提供这些服务，拓宽了公司在广告之外的基础。

正如奥格威曾坦率地向斯托厄尔承认的那样，市场营销不是他的强项。一旦新客户进入，他偶尔会参与创意工作，但是不撰写广告，当然也不写电视广告。比尔·菲利浦斯说奥格威很怕去通用食品。比尔是竞争激烈的宝洁训练出的一位市场专家，后来成为总裁的继任者之一。"突然间要为这些大公司工作，大卫常常感到害怕，那就像是将要为上帝工作一样。"一个星期天，奥格威去公司，发现人们在为麦斯威尔的一个新产品准备演示。他明显地感到宽慰："谢天谢地有人在这儿工作。"

西尔斯·罗巴克（西尔斯百货）已经尝试做过全国性广告，但结果令人失望。西尔斯的总裁不确定目前的做法是不是展现西尔斯的好方式。《生活》杂志认为，西尔斯百货或许应该在投放本地价格导向的广告以外另辟蹊径，经由时代公司总裁的帮助，该公司得以与奥格威会面。奥格威建议它与奥美公司一起合作 90 天，这段时间足以做好关于西尔斯百货的功课了。文案总监戴维·马可发现，西尔斯卖出的钻石和貂皮大衣要比其他零售商品更多，便制作出了 30 条以此为主线的广告："如何在西尔斯百货买貂皮大衣……为什么不为圣诞节买条披肩？"西尔斯的全国性广告预算破天荒地首次增加到 7 000 万美元。奥格威早期的许多成功创意都是依靠《纽约客》带来的有选择性的受众，现在不同了，该杂志不肯刊登这些广告——因为西尔斯不是位于纽约第五大道的零售商。而 10 年后的经济萧条期，《纽约客》又开始求着西尔斯刊登广告。

这些巨人公司欢迎奥格威的来访并邀请他在会面时发表讲话。"我见过的每家代理公司的总裁都许诺说，只要我把生意交给他们做，什么都可以。"金宝汤公司的首席执行官比尔·威廉姆斯回顾说，"唯一信守这一承诺的只有奥格威。"不过，奥格威的这些创意并不像为哈撒韦和舒味思服务时那样手到擒来。"他告诉我：'我明白你在寻找一条新的荣誉之路'——说的是通用食品公司新出品的一种狗粮——'这个周末我会处理它'。真令人难以相信，这个行业里最著名的撰稿人将要亲自处理我客户的产品！星期一早上，他来到我的办公室，在桌上放了一张纸，'整个周末我都在处理这个广告，我已经想出了几十个点子。它们都没什么好的，除了这个’。然后，他把纸翻了过来，上面写着‘狗粮总理’（prime minister of dog food）。这时我只好支吾着应付说，我们会认真考虑这一建议。”

对壳牌广告，奥格威建议广告语是：“超级壳牌有什么是超级棒的？”约克·埃利奥特告诉他，自己不认为这句话是个超级棒的主意。百事公司认为其激浪饮料广告应带有山乡背景，奥格威提议广告从敞开着一面墙的外屋看到人们分发这种黄色的瓶装饮料。撰稿人承认这是个聪明的主意，但是提醒他：“激浪看起来就像你卧病在床时护士从你身上接走的一瓶东西。”奥格威非常讨厌一则有水暖工哭泣的广告——广告中水暖工哭泣的原因是德拉诺液体公司不让他参与工作——他阔步走出放映室，气得用脚踢墙。当该广告使客户的产品销售量创历史新高时，他给那位撰稿人送去了一张便条：“你是对的，是我错了。祝贺你。”

他的目标是通过广告改进客户形象。在一场宣传攻势中，最初的广告都是他写的。他肯定非常喜欢自己为国际纸业公司写的那句广告词：“喜欢阅读的人来找我。”当从调研中得知荷兰航空有着非常值得人们信赖的声誉时，他建议荷兰航空采用广告语“值得信赖的航空公司，细致、准时的荷兰航空”——这一主题直到40年后仍在使用。荷兰航空的广告费用只有几百万美元，可奥格威却拒绝了规模大得多的美国航空公司，理由是“我在佣金上损失的，要从虚荣中得到”。

该公司的许多创意是从旅游广告中赢得的，特别是“到英国来”广告活动。虽然这其中最让人记忆犹新的威斯敏斯特教堂广告语“踏过久久沉睡的国王”不是奥格威写的，但该广告的创意及语调无不被认为是准确无误地烙有他的印记。

他不断努力地开拓新业务。因为“迟早有一天，所有客户都会离去”。其中一个来了又走了的公司是冠达游轮（Cunard Line），排在他最初那份目标客户名单上的第一位。在与奥格威的公司合作很多年后，它转投达彼思。罗瑟·里夫斯给他这位连襟送去了达彼思为冠达游轮做的新广告的样张。该广告引入了一则新信息——飞往英国，乘坐冠达返程——如果不是这样，这则广告就与奥格威的广告在类型和风格上非常相似。奥格威往里夫斯办公室打了电话，对电话那端的秘书说：“我非常感激你将新的冠达广告送来让我看。请告诉罗瑟，它到得正是时候。我正在写我的新书，要加上一章关于剽窃的内容。”

20 世纪 50 年代末，国际广告几乎不存在，知道或关心这项业务的广告公司寥寥无几。那时美国国内的市场已有足够多的业务可做，相比之下，全球市场规模小得可怜，也无从了解。在美国，国际广告业务被称为“出口广告”。到了 20 世纪 60 年代，情况开始发生变化。英国和美国的广告公司开始在海外寻找合伙机构，以服务其跨国客户。美瑟－克劳瑟公司自然将目光投向了纽约的奥格威–班森–美瑟公司，后者也自然考虑到伦敦的美瑟–克劳瑟。这株美国幼苗如今在客户数量方面已大大超越了母公司，但说到竞争力，英国的美瑟比起美国的奥格威–班森–美瑟公司依然要强得多。更重要的是，当奥格威–班森–美瑟公司随着自身的不断增长而日益独立于美瑟–克劳瑟的时候，弗朗西斯和大卫依然保持着兄弟间的互动，并一如既往地持续着相互理解。

1960年，奥格威–班森–美瑟公司迈开了它走出美国的第一步——在多伦多设立了一间办公室以服务于壳牌公司。奥格威很渴望在加拿大留下自己的印记，并计划要在多伦多花费一些时间，甚至有人发现他在那儿设了一个住处。为了节约这项计划的成本，他在多伦多给他那位颇具创意的代表乔·拉弗尔森找了一个非常小的公寓，勉强能住得下，并邀请乔到自己纽约的家里寻找一些品位——房间转角处设计为直角（不要圆角或其他），不要暗色，不要把房间全铺上地毯，最重要的是，绝不能在门厅闻到做饭的味道。

为了给自己在加拿大的“前哨”找一位负责人，奥格威招募了自己之前的一个客户——安德鲁·克肖。这个客户之前在伦敦时曾为英国旅游协会工作，与奥格威–班森–美瑟公司有过广告业务合作。克肖（又一位抽烟斗的人）出生在匈牙利，在第二次世界大战期间是英国突击队员，在移民到加拿大前就深深染上了英国人的秉性，后来入了加拿大籍。他性格果断，思维突破常规，是一个充满活力的领导者，对营销和创意有着精辟见地。他比除奥格威外的任何人都更支持新兴的直销方式。克肖以一个奥格威的忠实门徒开始，但是在发展业务的方法上，最终与奥格威分道扬镳。

有关一场纽约与伦敦公司全面并购的讨论，曾经断断续续进行了好多年。1963 年，它又被提上了议事日程。秋季的一天，美瑟的全体员工（大约 550 人）都聚集到伦敦的节日大厅剧院，聆听奥格威为这种更密切的联系提出理由。弗朗西斯给这场潜在的并购起了个代号——“巨人”，并夸张地解释说“它将跨越分隔陆地的海洋”。在双方关系密切时，大卫借用《亨利四世：第一部分》中豪斯伯[①]的话发电报：“走出荨麻丛生的危险地带，我们安全地采摘这花朵。”“巨人”成了豪斯伯。

这家英国公司不想与任何公司合并，但是担心一些美国机构想要收购它，权衡了一下，觉得还是加入弗朗西斯弟弟的公司比较好。公司里有些人觉得合并会改变公司的个性。总部设在伦敦还是纽约？谁是它的领导者？大卫说他会很高兴地看着哥哥做首席执行官，但这并没有解决真正的领导权落在哪边的问题。

当奥格威走上节日大厅剧院的舞台，脱下西装外套，放映第一张幻灯片时，好戏开场了：“我们学到的有关广告的最重要的就是销售。”他在潜在合作伙伴面前充分展现了自己用于广告业

---

① 这里指哈里·豪斯伯（Harry Hotspur），《亨利四世》中伯爵的儿子，被亨利四世长子哈尔（Henry，昵称 Hal）王子杀死。——编者注

务的一流思维和它所能产生的轰动效应。“这是我第一次见到这样的演示。”一位当时在场的美瑟－克劳瑟员工说。

> 我觉得这绝对让人难以置信——我被这观点深深撼动了。大卫提出了所有关于广告中什么有用什么没用的结论，并附以故事和许多好的广告案例。最后，他提出了一个问题：“它有用吗？”通过客户销售量以火箭般速度增长的一系列图表，他证明了这一点。我觉得这绝对是一出引人入胜的戏剧。

很明显，其他人也是这么认为的。这是一门绝技，它消除了针对并购的反对意见，讨论在索威酒店的密室里继续进行。

在谈判进行期间，60岁的弗朗西斯去世了。虽然他抽烟抽得很凶（一天两包烟，长达30年），并罹患肺癌，但他的同事宁愿相信他是由于酗酒而将自己送进了坟墓。就在大卫越来越成功的时候，弗朗西斯变得对一切感到厌倦和无聊。在弗朗西斯去世前，奥格威安排了一次行程，去看望哥哥。一个月后，在一次关于抽烟和广告的《CBS报道》节目中，奥格威说：“我看着这些商业广告，看着英俊而健壮的年轻人叼着香烟，把烟吸进肺里，我震惊地发现，自己竟然处于一个犯下如此罪行的行业。”他承认他的美国公司曾接手过一家烟草客户（斯普德薄荷香烟）的业务，直到《1962年皇家医学院报告》中“不可避免”的结论促使他的公司做出不接受任何香烟广告的决定，而伦敦公司则将这一带来滚滚财源的烟草广告业务保留了很多年。

弗朗西斯的去世不仅使美瑟－克劳瑟失去了领导者，也让两家公司失去了实现潜在并购的特殊纽带。英国公司的经理人曾期望弗朗西斯作为长者，可以成为合并后公司的指路明灯，而且伦敦一方可以处于主导地位。虽然大卫很有自己的风格、魅力，有一些销售经验，但他还不是经营一家大型国际机构所需要的那种重量级的权威。如果他不是弗朗西斯的弟弟，可能根本就不被考虑。不过，还存在其他可能。早在弗朗西斯去世之前，公司里一些年轻的英国广告人就发现，在纽约发展的抱负被大卫耳目一新地人格化了。

这家有点排外的英国公司崇敬弗朗西斯，但对他那古怪的弟弟的评价就没那么高了，尽管奥格威在美国取得了巨大的成功，但是公司从来就没有完全接受他。赢得他们青睐的是约翰·埃利奥特，他曾发表过一个即兴演讲，正如他的所有谈话似乎都是即兴演讲一样。他仔细谨慎、打动人心又带着庄重和幽默的言谈，给每个人都留下了深刻印象。最后，人们在想，如果这是公司在纽约的老板，我们将不介意为他工作。

弗朗西斯的名字在奥格威的自传里只简短地出现过几次。在弗朗西斯去世后，大卫最终给出了哥哥理应享有的赞誉：“奥格威家所有人的性格中的怪癖让我们无法谈论令彼此高兴的任何事，我们玩一种诋毁挖苦的费力游戏，以掩盖彼此的奉献。但是在他去世后，我会允许自己承认弗朗西斯是我生命中的大英雄和30年来最好的朋友。”他承认自己的哥哥非常受员工的尊敬和喜欢，而且是“比我曾意识到的还要伟大的人，上帝原谅我”。

弗朗西斯很是钦佩他的弟弟。到伦敦后，大卫发现自己的房间里放满了昂贵的鲜花。弗朗西斯总是很相信大卫会成功，有一次他写信给大卫说，希望他们的父亲还活着，那样就可以告诉他大卫在美国的成功，然后听到父亲心满意足地说“哦”。

谈判继续进行，合并协议最终在 1964 年 10 月签署。奥美国际公司在纽约成立，大卫·奥格威担任主席兼总裁，美瑟–克劳瑟的唐纳德·阿特金斯是副主席。弗朗西斯曾在 1938 年预言说，这家英国公司终有一天将踏上美国的土地。哥哥为公司在美国的发展开了头，合并则确保了它的未来。伦敦公司的员工公告板上写道：“大卫·奥格威不是美国人，也不是英国人；他很高兴由于各种原因，自己是苏格兰人。”

“如果说上帝是站在阵营较大的 方，这件事可能就是一个例证。”奥格威说，“当你成为阵营较大的一方时，智慧之路就会铺在你的脚下。”这场合并造就了世界第九大广告公司，也造就了欧洲最大的广告公司，这家公司有 1 600 名员工。这场势均力敌的合并对伦敦办公室来说是个辉煌的成就，是一个“真正平等的联盟”。

没有什么比上市更能改变一家公司的了。英国的外汇管制政策允许把美瑟－克劳瑟——一家英国公司，出售给一家新的美国母公司。佩伯特－科宁－洛伊丝（PKL），一家虽小但创办时相当引人注目的公司，成了第一家将自己出售给公开市场的广告公司。PKL 觉得负担不起创意人员日益高涨的薪水，便将股票视为一种解决办法。后来有 4 家公司跟进，而且这种方式并没有表现出明显的副作用。当时，恶意合并还没有被发明出来，甚至那些拥有不良资产的公司也不必有这方面的担心。对处于服务业的公司来说，资产每天晚上就像乘着电梯一样迅速起落，它们觉得这非常不可思议。

奥格威也想那样做。1963 年他开始写有关公开上市的备忘录，催促公司不要在这一进程中太晚行动以致失去市场。他指出，他曾将自己的所有本钱（ 6 000 美元）都投在了公司里，并在接下来的一年买了股票，而且希望出售一些股份以使自己的资产更加多样化和更具有流动性。“我所有的鸡蛋都在同一个篮子里”，他计算出自己总共持有价值 180 万美元（相当于 2008 年的 1 200 万美元）的“公共”资产。公开上市在他眼中唯一不好的地方就是公开利润和优先受偿权。无论如何，他强调：“我们不要错过这趟班车。”

奥美国际公司的公开发售在 1966 年开始了，其股票分别在伦敦交易所和纽约交易所上市，这对广告公司来说还是第一次。客户广告额为 1.5 亿美元，是 4 年前的 2 倍（是第一家上市广告公司 PKL 的 4 倍），收益为 2 400 万美元，税后利润为 140 万美元。

承销银行是位于纽约的第一波士顿银行、伦敦的罗斯柴尔德银行和克莱沃特·本森（Kleinwort Benson）银行、奥格威是公司董事会主席、总裁，也是主要持股人。虽然后来他只担任旗下纽约公司的主席，但仍然是奥美国际的创意总监。

1970年，奥美公司可以在《华尔街日报》运作一个整版的广告了，给股东的报告中称那是它盈利最多的一年。奥格威告诉证券分析师，公司与一半数量的客户是采用收取固定酬金的方式合作，而不是抽取佣金，酬金使公司可以更轻松自在地运作广告。“我喜欢找机会向客户建议增加广告花费，而不会让其怀疑我们的动机；我也喜欢找机会向客户建议减少广告费用，而无须向股东们道歉。”

公司公开发售股票得到即时财务回报并不是每个人都渴望的。斯托厄尔相信，一家专业的服务公司在伦理上无法兼顾股东和客户利益，因此辞职以示抗议。在奥格威的坚持下，斯托厄尔继续留在董事会并接受了分给他的股份，但他抽着烟斗侃侃而谈、不负担任何责任的作为，让公司里的人很不舒服。他的保守主义开始激怒奥格威，奥格威最后不得不派人去恳请他全面退出。

公众持股并没有使该公司的运作产生多大的不同，但它确实吸引了沃伦·巴菲特成为其早期的投资人。尽管奥格威一直吹捧酬金的好处，可巴菲特选择的理由却是“我喜欢基于版权的行业”，意指像收取版权费一样收取佣金的行业。巴菲特每年到访纽约一次，与公司管理层会面并提出很多问题。虽然对看到的一切感到满意，巴菲特还是坚持收购其他公司是明智的做法。“你为什么不买最好的广告公司，在里面拥有自己的股份？”在奥格威卖掉了自己在公司持有的很多股票后，他更愿意称巴菲特是“挣奥美的钱挣得比我多的家伙”。

斯托厄尔走后，其余的董事开始成为大胆的扩张主义者。下一个行动就是在1971年收购另一家英国母公司——班森公司。班森虽然在亏损，但在伦敦拥有一座很有价值的建筑。既然建筑的租赁权比公司更值钱而且可以卖掉，公司本身几乎就一文不值了。班森在东南亚还拥有一些分支机构，但在奥格威看来，这些分支机构微不足道，不值一提，奥格威称这些分支机构所在的国家为“米老鼠国家”。

奥格威是非常反对收购班森公司的，因为他不仅认为班森公司管理不善，更令他不喜欢的是公司的房地产部分。但他的意见遭到了强烈的反对。这是董事会第一次反对他，这令他非常愤怒。他走出会议室，也没有参加当天晚上为他准备的生日派对，而是去了德文岛看望自己的姐姐。后来收购得以继续，但很奇怪的是，其中并没有包括值钱的伦敦建筑——董事会认为那太冒险了（一段时间后，罗斯柴尔德家族买下了它并大发横财）。他们曾一度打算关闭班森公司在东南亚的分支机构。幸而，曾经成功地创办了奥美在澳大利亚和新西兰分公司的迈克尔·鲍尔，一位富有魅力的英国人，将它们转变成了一流的营利机构，并建成了亚太地区最大的广告机构网络。整个 20 世纪 70 年代，其他地区的“贵族”也开始建立欧洲和拉丁美洲的广告网络了。

奥美公司是由多家势均力敌的公司合并之后创建的，这个事实使它具有了一种国际化的精神，乐意为跨国客户提供服务。两家公司的员工觉得他们在合并后的公司里不应向对方发号施令——他们必须共同努力。国际管理监督员们监管着 17 个跨国客户，没有哪家公司为如此多的国际化客户服务。奥美起步较晚，但已成了三家最大的国际广告公司之一。

在实施大规模扩张行动后，奥格威并未对结果感到格外高兴。虽然业务原则通行各处，但它们的创立者却并非如此。奥格威害怕飞行，宁愿绕很远的路以避免乘坐飞机。比起更频繁的小出行——乘几个小时的飞机抵达休斯敦的办公室，他宁愿坐两天的火车穿越芝加哥和达拉斯，并在那里停留五六天。在印度，有大量的人睡在火车站的月台上，而他就选择乘坐火车从德里赶往钦奈（马德拉斯）——这可能是印度最长的一条火车线路，走完全程要 72 个小时。一路上，印度分公司的几乎所有负责人都陪着他，他就像带着一帮随从的国王。

他承认自己害怕坐飞机不是理智之举，却又没办法克服，只有在绝对必要的时候才会乘坐飞机。对于饮酒他通常是很有节制的，只是偶尔喝一两杯葡萄酒，但在飞机上，他会感觉有必要给自己倒上几杯马提尼。有一次，他因天气太坏而无法乘船去斯堪的纳维亚，上飞机前他发出一份电报："北海有暴风雨，飞去斯德哥尔摩。请为我祈祷吧。"

除了对飞行的创伤性恐惧，他在内心还是个殖民主义者，待在英帝国曾经统治过的地方令他感到最为舒服，特别是加拿大、印度、南非。他不但从未到访过公司在南美或日本的办公室，还嘲笑公司进入日本市场是进入了"污水池"。他也同样嘲笑公司进入俄罗斯市场："我们要卖什么？毛皮帽子吗？"

在纽约，奥格威将美国公司的领导层转变成了一支由埃利奥特任董事长，艾伦·西德南（来自本顿－鲍尔斯纽约广告公司）任副董事长，吉姆·海金任总裁的团队。吉姆·海金是一个热情洋溢的年轻客户经理，他负责的客户利华兄弟公司一度成为奥美公司最大的客户，他也因此得到了提升。海金虽然是一位天才般的客户经理，战略才能和创意本能是他的强项，但作为总裁，却做出了许多不明智的举动，包括在办公室实行高压政治，试图成为办公室里唯一的老板。奥格威解雇了他，然后将多伦多公司的安德鲁·克肖提升为纽约公司总裁。

克肖在纽约站稳脚跟后，与建立了欧洲网络的吉米·班森（与班森公司没有关系）联手，开始推动公司的发展，并与别人争论说要想使公司挣的钱一年比一年多，唯一的办法就是买下其他公司。佩治认为这是一项"庞氏骗局"，一种制造动态增长幻觉的方法。然后，克肖提出了将几个相互竞争的机构放在同一个公司旗下的想法，就像马里昂·哈珀的 IPG 集团那样。这种战略导致了对一家热门创意机构——斯卡利－凯布－斯劳弗斯（SMS）的收购，这是一家曾承诺过除财务问题外完全独立的公司。当奥格威公司的经理们聚集在多塞特酒店商议“联姻”事项时，SMS 勇于破除旧习的创意总监埃德·麦凯布扶了扶眼镜，回答道：“好吧。不过要记住，”他边说边左右晃动手指，“卧室要分开！”

奥格威既不喜欢这一理念，也不喜欢其被执行的方式。从一开始他就坚持认为，他的公司应该是“一个不可分割的机构”。（“是在上帝的保佑之下吗？”一位客户沉思道。）面对其他有不同经营哲学的公司被邀请到他的神圣领地，他排斥这些叛教者便是不足为奇的。他嘲笑 SMS 就像“一群在沙箱里嬉戏的儿童”，而且该公司的领导者将从出售公司的行为中获得巨额收益也令他愤怒（该公司每一位创始人可以获得 300 万美元，折合 2008 年的 1 100 万美元）。因此，奥格威在备忘录里、董事会上都旗帜鲜明地反对收购：“只能有一座真正的教堂。”

奥格威的立场是自己的一系列经营原则是奏效的，这已经得到了事实的证明，它们已经为公司的发展建立起了坚实的基础。“在一个致力于将客户利益放在首位的公司，我们为什么要以发展的名义欢迎这种本身就存在争议的分散呢？”

他不仅输掉了这次战斗，也输掉了整场战争——克肖和其盟友继续购买有着不同名字和不同经营哲学的公司，奥格威与这些前弟子的分歧也日益扩大。到了20世纪70年代，奥美公司距离之前的“精品店”的行为渐行渐远，奥格威担心它会走下坡路。它已成为世界上最大的广告公司，世界各地都有它铺着红地毯的办公室。在美国，它在收购一家洛杉矶广告公司后得到了美泰玩具公司（就是生产芭比娃娃的那家公司）。哈尔·雷里在旧金山开设了一间奥美办公室，用他的广告改变着盖洛葡萄酒的形象。奥格威钦佩雷里的广告，可能那让他回忆起了自己早期在塑造客户形象方面的成功。奥格威的直销理念堪称一项“秘密武器”，如今催生了世界上规模最大，也是获利最大的直接营销广告网络。

但是这个广告网络太大了。他将奥美国际董事长的位子交给了约翰·埃利奥特，自己则担任国际创意总监这一新职务，任务是提高公司在世界范围内几十个办公室的创意水准。他是一个有力的声音，但这个角色还不足以让他感到满足。他的公司正沿着一个不同的方向走下去——在他看来是越来越分裂了。

从20世纪50年代晚期开始，一直到60年代，奥格威开始退出实际的管理职责，他在外界要比以往任何时候都更为引人瞩目，因为他到处发表演讲、接受访谈和参加公益服务项目。他曾于1965年担任联合黑人大学基金会的主席，还担任了“维护纽约市清洁公民委员会”的主席，通过与卫生部门的合作以提高城市的清洁指数。（奥格威把埃利奥特有关“请勿乱扔杂物”广告项目的谈话改动了一个词语——将“在街上乱扔杂物的人”改成了“在街上乱扔杂物的野人”。《纽约时报》上该广告的题语成了“野人在街上乱扔杂物”。）

林肯中心刚刚建立时，他负责运作一个委员会，以唤起公众对这座综合艺术会场的关注。一年后，一项调查表明，67% 的民众知道林肯中心（林肯中心与金字塔的知名度一样高）。

他说服纽约爱乐乐团宣传其整季节目安排，这种做法还是首次。他写信给旗下的广告公司负责人，请求他们给予剧院支持，并保证：“伯恩斯坦就是票房，伯恩斯坦就是大热。”通过调研，他告诉美国汽车经销商协会，汽车经销商的可信度被认为低于殡葬人员、服务站管理员和管道工，建议他们向大众提供更好的服务（效仿优秀的外科医生——他们明白向病人提供完善的术后护理是有益的），同时更新他们的广告（叫停蹩脚、低俗、贪图便宜、赚快钱的广告，开始发布受人尊敬的广告）。

他告诉杂志出版商协会，电视商业广告已经让麦迪逊大道成了“无品位功利主义的象征”，呼吁更加严格的政府监管。哈佛商学院俱乐部聆听了他关于在广告业迅速发展的演讲：“我们奥格威–班森–美瑟公司副总裁的平均年龄只有 41 岁，他们几乎都是在 30 多岁的时候就成了副总裁，我们最年轻的副总裁只有 31 岁。”

他欣然接受入选广告文案名人堂：“我痛恨奖项，除非我自己赢得一个。”哈撒韦的埃勒顿·杰特使他得以入选科尔比学院的理事会，不久奥格威就向科尔比学院的院长提出了12条如何将学院管理好的想法。

美国中央情报局的负责人艾伦·杜勒斯，因奥格威在二战期间对战略情报局的贡献而自愿帮他申请加入美国国籍，但被拒绝了。后来奥格威解释说，他没有竞选公职的打算，所以没必要成为美国公民，但是也抱怨自己被英国政府忽视了。

> 女王陛下的政府需要增加出口，这就用得到市场营销，但又瞧不上英国市场营销界的那些执牛耳者。这是要刺激我改成美国籍吗？在美国，我以高级顾问的身份受雇于西尔斯百货、IBM、通用动力公司（GDC）、摩根大通、金宝汤和通用食品。还没有哪个英国人在美国商界拥有如此有影响力的职位。

1967年，奥格威终于在白金汉宫荣获英帝国爵士勋章，以表彰其促进英国出口的工作。当他接过勋章时，女王问起了他的工作。他说，女王对于他的回答所给出的回应，仿佛他从事的是一个“充满质疑、恐怖和兴奋的行业”。

他被邀请在一出名为《吼叫如鸽》（*Roar like a Dove*）的百老汇喜剧中担任领衔主演（该剧的背景是苏格兰高地）。他特有的不合逻辑的推论是：“我拒绝了，所以那出戏肯定失败。”（最终这出戏在1964年5月21日开幕，6月6日闭幕。）他两次被邀请到白宫。有一次，他跳了3个小时的舞后离开舞伴，加入了一个聚会，与特德·索伦森、阿瑟·施莱辛格以及曾为肯尼迪总统服务过的其他一些工作人员聚在一起。他说："那是我人生中最盛大的一个晚上。"美国商务部部长请他以总统的名义为在日内瓦举行的关税及贸易总协定"肯尼迪回合"谈判准备一个演说。该回合谈判被认为十分成功。

《读者文摘》付给他10 000美元请他写一篇"情书"——《一个杂志读者的自白》。奥格威说，《读者文摘》是他最欣赏的杂志。

> 他们知道如何以一种吸引读者的方式讲述复杂的题材。
>
> 他们站在天使那一边。他们与香烟做斗争，因为吸烟会置人于死地；他们与户外广告牌做斗争，因为它们会把世界变得丑陋；他们与拳击做斗争，因为那会让人变成植物人；他们与色情文学做斗争。
>
> 他们拥护消除种族差别，拥护有着各种信仰的人们不断前进，拥护公设辩护律师系统，拥护任何形式的人类自由。

他说他十分钦佩编辑用各种敏感题材解放读者思想的勇气，这些人很有幽默感，人们还发现这本杂志无论是封面上的篇目，还是里面洁净清新的语言都让人一目了然。该杂志的编辑们认为，“这是为《读者文摘》写过的最好的广告”。

他曾陪同罗纳德（Ronald）和马利塔·特里（Marietta Tree）这对国际社交界和政界的名流夫妻一起去巴巴多斯（在那里，他们与从英格兰来的贵族和当地地位很高的黑人举杯畅饮）以及蒙大拿度假（去观鸟，在约 2 600 米高处露营，一天行走六七个小时，据说这样做“非常有益健康”）。

但他依然无法忘记宾夕法尼亚州的兰开斯特，还写了一则广告称赞这个地区——“在宾夕法尼亚州，这是让你梦回 19 世纪的地方”。1963 年，他与第二任妻子在“肥沃的阿米什”买下了第二座农场。安妮很爱这座农场，用带爪脚的老式家具、在墙壁上悬挂锅碗瓢盆的方式，装饰这处有着两座房子的产业。大多数周末，他们都在这里过着一种没有社交的简单生活，园艺、散步、骑马、睡觉。对安妮来说家务更多了，但是她有一匹健壮漂亮的马可以骑。他们几乎每周都要带着安妮的两个小女儿去那里。

奥格威在峡谷的第一座农场曾经由朋友伊拉·斯托福斯（Ira Stoltfus）的儿子代为经营。伊拉是一位阿米什主教，也是奥格威遇见的“生命中的英雄”之一。如今买的第二座农场有 101 英亩（约 613 亩），由伊拉的孙子耕作和经营，他也叫伊拉。他与这位来自纽约的广告大亨关系非常密切，以至于他和妻子范宁（Fannie）考虑给第二个孩子起名叫大卫·奥格威·斯托福斯。最后，由于无法把两人自己的名字都恰当地加进去，他们就让儿子的中间名叫“大卫”。

奥格威买了6匹役马和1匹小马，给小马起名为庞培，并向伊拉解释说那是一位罗马将军的名字。庞培被用于拖一辆黑色的小马车，拉着小女孩们到处走。他们还有一头格恩西种奶牛，伊拉会坐在凳子上用手挤奶。“哦，每天早上都能喝到刚挤的新鲜牛奶，真是太棒了！”奥格威惊叹道。伊拉经常看到奥格威伸长手臂搂着女儿们的肩膀，望着天空，尽情地享受着乡村的气息。

他想像农民那样，不过还是新手。他的“周末农民”的新身份在一个当地人的派对上变得清晰了。他们中的一个人问：

“奥格威先生，我知道你有些绵羊。一共有多少只？”

“不是很多。我不是像您一样的大农场主。”

“你有多少只绵羊，奥格威先生？”

“只有一些。其实我是一个纽约的广告商。”

“你有多少只绵羊，奥格威先生？”

“我想大概有22只。”

“哦，它们都叫什么？”

当他1968年卖掉这个农场时，这位纽约的广告人将品牌名称放在了广告语中——“大卫·奥格威的休闲农场”。

虽然奥格威谦卑地将自己描述为一个糟糕的管理者，还挖来了斯托厄尔帮助其经营公司，但他其实是一位天生的领导者。“我管理奥美已经有20年了。”他在1968年写道，“我从自己的错误中学习，从伙伴们的建议中学习，从文学作品中学习，从乔治·盖洛普、雷蒙德·罗必凯和马文·鲍尔那里学习如何管理公司。”

那本红皮手册向全世界的奥美办公室传达了一种“目标统一”的理念。虽然在“管理原则”中谈论的是广告公司，但它们也适用于几乎所有专业服务领域。例如：

> 关于尽量减少办公室政治：“炒掉不可救药的政客，讨伐笔墨之争。”
>
> 关于士气：“当人们没有任何乐趣时，他们很少创作出优秀的广告。开除散布悲观情绪的家伙。”
>
> 关于专业标准：“顶级人才绝不能容忍草率的计划或平庸的创作工作。”
>
> 关于合作伙伴关系：“在每一个国家，高级管理层的运作方式就应该像圆桌会议一样，由最出类拔萃的人去主持，才能发挥最大的效果。”

诸如此类的内容概括了领导者、创意人员、主管、财务人员和调研人员的作用。

奥格威在公司成立多年后才开始使用“企业文化”这个词，而这一概念一直以来正是由他发展传播的。一位之前曾在很多家公司工作过的雇员发现了在奥美工作的不同之处：“我认识的其他广告公司的人只是有一份工作，而我们有一份使命，这是截然不同的。我工作过的其他地方没有哪个有这样超然的东西。”另一位雇员也表示认同，说：“这里不是一家广告公司，而是一家俱乐部。”俱乐部并不是指这里存在性别歧视现象（公司有许多女性员工），而是指该公司创始人及其多个经营原则与众不同。

奥格威的公司不仅在卓越的创意工作方面享有盛誉，而且还在鼓励员工发挥个性方面享有盛誉。奥格威在招聘手册的前言阐述了该公司的高水准以及人文关怀态度。

> 我们寻找的是脑子里有想法，胸中有激情的绅士。如果你加入奥美，我们会教给你所有我们知道的关于广告的东西。我们会付给你优厚的薪水并尽最大的努力让你成功。如果你有发展潜力，我们会让你挑大梁，而且很快。在我们这里，生活可以非常令人兴奋，你永远不会感到无聊。虽然很辛苦，但很有趣。

“魔力幻灯片”是奥格威为演示所用的幻灯片起的名字，旨在建立一个“知识库”，其中很大一部分是名人的观点。幻灯片中陈述一些广告原则，引用调研结果，展示销售成果，并用平面媒体广告或电视广告、广播广告加以说明。他的第一个魔力幻灯片《如何创作能促进销售的广告》，要求所有雇员必须观看。他们还有几十个像这样的幻灯片，主题是为客户和潜在客户谋利益。虽然幻灯片的第一目的是教授知识和培训，后来却证明，这也是一个招揽新客户的有力工具。

奥格威陈述其原则的方式和态度令公司里面的天主教徒们想起了天主教的“教义问答”。但不合常理的是，奥格威宣称自己是无神论者，却对天主教会的结构深深着迷，并经常借用其语言。他曾说罗瑟·里夫斯继承了克劳德·霍普金斯的衣钵；他在重要场合穿一件贵族蓝的背心，看起来有些类似于教会祭服；他还很陶醉于一家杂志将自己称为“现代广告教皇”。

在我1963年作为初级客户经理加入公司后不久，在一个晚上与朋友吃饭的时候，我被叫去接电话。“我正在看优惠券广告的样张。”广告编辑监督员说，“你知道两张彩页纸要怎么放吗？它们离得太远了——中缝有太多的空白。我们可以修改每个板块的1/8英寸（约0.3厘米），使它们更加接近。这要花300美元。”我对这种有益的修补表示同意，但指出这并不是主要广告，仅仅是一个优惠券广告，而且只是一种市场测试，改动可以以后再做，“况且客户也已经通过它了。”我加上一句。

这些话迅速遭到了指责：“大卫说（停顿），修改一则广告在任何时候都为时不晚——甚至是客户通过它以后。”我表示赞同：“花掉那300美元。”

该公司个性的另一部分可以在奥格威经常光顾的一家理发店找到。那是奥格威从纽约的柏宁酒店里解救出来的一家由比利时人经营的理发店，奥格威宣称柏宁酒店那些负责出租商铺的人是发横财的奸商。这个理发师叫埃米尔·韦森。奥格威给他提供了一间办公室作为理发室，韦森在里面摆上理发椅、镜子和洗头发用的水槽，这就是他自己的理发店了。奥美公司的内刊《旗手》宣称，这是“我们漂亮的大剪刀”。没有任何专门从事沟通业务的人会像理发师那样与人沟通，奥格威每次理发都会选择埃米尔那儿，而且总是要求埃米尔给他讲“最新的丑闻”。42 年之后，埃米尔的理发店还在那里，为公司的员工、客户、朋友和楼上的律师们提供服务。

对一些奥美人来说，位于公司东 48 街入口对面的那个灯光昏暗的餐厅“拉塔兹”本身就是一景，它以超大杯的马提尼而闻名。和李奥·贝纳不同，奥格威很享受和同事们一起度过的鸡尾酒时间，认为同事间的热忱和友爱应该用酒精来润滑。当他决定开办公司自己的餐厅后，就开始为它的名字征集意见。他最喜欢的有“东部查理曼”（据说奥格威是他的后裔）、“饥饿的眼罩”和“马屁大厅”，最后的这个名字源于他崇高的原则：“我们鄙视拍老板马屁的谄媚者。”奥格威宣布他计划定期来这里就餐，并劝说其他人也以他为榜样。奥格威是这里的老主顾，常常端着托盘，扫视整个房间，然后无一例外地坐在最漂亮的女孩旁边。他很少进入拉塔兹，除非是为了公务去找某个同事。

当公司后来增设了一间经理就餐室后，他去自助餐厅的次数就少了。一天午餐时间，在这更加排外和专享的环境中，他观察到有一个经理独自坐在桌边读自己的邮件。“桑迪，你和我属于两家俱乐部——我属于奥美俱乐部，你属于布鲁克俱乐部。”他冲着房间另一头的那人喊道，“因为我们俱乐部的人不会把自己的文件拿到饭桌上来，而且我认为你也不应该那么做。”

他的第二次婚姻也破裂了。安妮很自我，很顽固，总想按照自己的方式做事。而现在她嫁给了一个希望按自己的方式做事的男人。她努力想处理好，但他却以自我为中心，而且一点也不体谅她。在他们的早期婚姻中，她要参加巴纳德学院的课程，以便以后获得拉德克利夫学院的学位。在这个时候，当奥格威宣布他将邀请某人来吃晚餐时，她会说：“你不能在那天邀请他来，因为第二天早上我有一个测验，必须到巴纳德去。我还得做家庭作业，而且只能晚上做，因为我有三个孩子在这儿。”有一次，他们在雨中到达了歌剧院，他跳出劳斯莱斯走上楼梯，把她留在了后面。他创造出了一个婚姻的假象：有很多时间休息和旅行，然后在晚上带两个公文包回家去。

每个人都知道他是一个难以相处的结婚对象。安妮说：“当他好的时候，非常非常好；当他坏的时候，很可怕。他总是把事情小题大做。你不该抱有任何期望。”这对夫妇在法国享受了骑自行车旅行，这也是他们婚姻结束的开端。1966 年，他发现了一个庄园并买下了它，没把这件事告诉她。“那时我才知道，他们的婚姻开始动摇了。”他的朋友路易斯·奥金克洛斯律师说，路易斯是为他处理离婚事项的代理律师。

安妮从一开始就反对离婚。她觉得对他来说，他们还有一些事是值得纪念的，这种感觉阻止了她同意离婚，而且有些事的确是那样。她更喜欢他们在阿米什乡下的农场，在那里她骑着自己的马，或者待在马萨诸塞州北部租来的夏季度假屋，但不喜欢他向往的男爵生活。在共同生活了 16 年后，他们在 1973 年离了婚。62 岁的奥格威搬回了他的庄园，并在这个庄园里，开始用备忘录不断“炮轰”公司的经理们，这一收获要感谢公司公开发售股票。他称自己是“神圣的幽灵”。

第十章

城堡中的国王

当客人们安顿好住宿之后，多佛城堡的日子就在三支轻快的曲调中开始了，音乐由一种盛行于普瓦图地区的圆形猎号演绎。普瓦图是法国的“肚子”，位于巴黎西南方100英里（约161千米）处，靠近普瓦捷。猎号的演奏者站在桥上，在清晨的薄雾中若隐若现，桥下是干涸了的壕沟，背朝房屋，以使结束的乐音能流转回荡，为客众所闻。他的演奏曲目包括巴赫的《农民康塔塔》中的《饮酒歌》(《祝酒歌》)，这是奥格威教给他的。

晚饭过后，夜空朗朗，有时院子里会上演一场音乐会。几个从附近庄园赶来的猎号演奏者面对面围成一个圆圈，号角尾端恰好面对着身后。客人们站在那儿，伴着烛光谈天说地，迎接拂晓，直到又一个夜晚降临。

这是奥格威1973年退休后居住在他法国城堡的生活写照。如果说奥美公司是他的孩子，那多佛城堡就是他的爱人。他宣称“在法国，只有两座城堡，就是凡尔赛宫和多佛城堡”。多佛有些部分的历史可以追溯到12世纪。他称多佛“绚丽壮美”，并公开不屑一顾地声称后来建造的卢瓦尔河沿岸的那些城堡只是区区300年历史的“一夜成名的新贵而已”。

为什么选择居住在法国？首先，奥格威与他的一些英国合伙人相处得并不太好。他们崇敬他的哥哥，视他为暴发户，从未邀请他去给员工演讲。其次，他也很爱法国，爱法国的景观、食物、葡萄酒、建筑……法国的气候也很适合侍弄园艺。从担任巴黎公司的负责人（他不愿也很少提及）起，他就开始逐渐了解法国。法国以前没有资本利得税。他原本对法国的政治并没什么热情，而当密特朗和左翼赢得1981年法国大选的时候，他甚至希望苏联的坦克出现在巴黎街头，并给纽约公司的财务主管发了一份简洁的电传：“密特朗要向富人征税了。我就是富人。”

没有哪个法国城堡的规模大到有30个房间，多佛也不例外，它仅仅是一处乡间别墅。在多佛，可以从高山上俯瞰卢瓦尔河支流的维埃纳河，可以将周边连绵的法国乡村一览无余，视野中看不到电线或现代建筑，身在其中仿佛回到了19世纪。庄园里的弗朗索瓦一世卧室，是为了纪念广为流传的法国国王的来访。从博内小镇出发，沿着山路往下走大约1英里（约1.6千米），访客首先看到的是蓝灰色石板顶的塔楼，然后是磨损的杏赭色石头城垛。一些墙是中世纪时期为了抵御外来侵袭而建造的，其厚度超过了 4 英尺（约 1.2 米）。一条干涸了的护城河环绕着，城堡的前主人曾在护城河的壕沟里豢养过野猪。

奥格威说他借了 50 万美元才买下并装修了 150 英亩（约 91 亩）的多佛城堡。此外，他花费了更多的钱用于修葺和恢复其原貌。它从未被彻底毁坏——二战时德国士兵曾驻扎于此，虽然它在一轮英国皇家空军的轰炸中幸存了下来，但是它的房基和屋顶都需要大修。法国政府支付了一半的维修费用，但条件是作为一处历史古迹，其中一部分会对公众开放。奥格威可以站在高大的文艺复兴风格的窗前数到访楼下院子的游客。“1.5 法郎，3 法郎，4.5 法郎。今天真是个好日子。”他会这样评论，好像这是他自己的一大笔收入一样。

公开出售自己公司的部分理由，就是为了能有钱买下多佛城堡。很少有奥格威的合伙人会相信，他做出如此重要的一步就只是为了给自己买一个大房子，但是他很确定自己想要住比条件允许的更大的房子。一座很棒的庄园使他所认可的生活方式成为可能。一个合伙人解释说：“他有很强的超我精神，是一个有很大能量的人。他不是运动员，不沉迷于艺术或音乐。这给了他一片表演的土壤。”

庄园的卖家是艾格兰德·弗金，一家生产苏士酒的公司的老板。苏士酒是一种黄色龙胆开胃酒，法国人相信它在缓和肠胃方面具有很强的功效。一个挪用公款的雇员几乎让弗金的公司破产，而弗金大部分的个人财产也未能幸免，迫不得已出售了多佛城堡。作为销售合约的一部分，奥格威允许他继续留在那里生活。

奥格威喜欢告诉来访者："哥伦布出生的时候，这地方就已经有 300 年历史了。你想看看地牢吗？"当有人开玩笑问地牢里有没有人时，他承认它现在是空的，但他有一个"那些不能放过的人的小名单"——比如把字体印倒了的艺术总监，"把他们在地牢里关上几年"。那里还有一个与整座建筑的年代特征明显不和谐的游泳池，他一位不讲礼数的同事总是无法克制自己去谈论它："这是不是你练习履步于水的地方，大卫？"大卫会小小地还击一下："我不练习。"

弗金先生是一位成绩惊人的猎手，作为他的战利品，无数只鹿角被用来装饰这座城堡。奥格威成为新主人后，安妮把鹿角拿了下来，并开始对暗沉的室内环境做出一些改变，后来她觉得这里又湿又冷，就搬回了家。不久，奥格威将有着高高天花板的房屋打理得明亮起来，摆上英国和法国的古董，又在厨房的墙上挂满了收集来的大量铜锅，并装上了一个烧煤的 Aga 炉具。这一番改动出人意料地让这里感觉像个宜居的家。

城堡所辖的葡萄园除了种植葡萄外，还有一段经典的故事。奥格威站在阳台上对客人说："你喝过我们在午餐时喝的葡萄酒吗？它就来自河对面那个葡萄园里生长的葡萄。"客人说："那似乎这些葡萄的跨河之旅不太顺利啊，不是吗？"此后不久，那些葡萄藤蔓就被移走了。

在园林设计师的帮助下，奥格威在这样一个法式风情背景里建造了一座不拘形式的英式花园。一系列的花园“屋”，被迅速生长的崖柏瘿木树篱封闭起来，里面有香气馥郁的深色玫瑰，以及金牡丹、羽扇豆、飞燕草，还有为了纪念他母亲而栽种的“斯金斯夫人”石竹。其中两个花园“屋”是为了方便到游泳池游泳的人更衣的。正常情况下由于光线角度的原因，这个泳池是不可见的。由于该处地面有斜度，因此从不远处看在池中游泳的人，就像是被切下的头颅在草地上滚一样。

这座花园被提名为法国最好的25个花园之一，园艺书中也有对它的专门描述。在一条两侧种满菩提树的小径的尽头，希腊神话中的女神黛安娜拿着弓箭的雕塑静静地伫立在那里。奥格威骄傲地展示着他的花园，让游客们尽情游览，还向大家讲几十种花和矮灌木的拉丁文名字。虽然成为英国皇家园艺学会的终身会员并不一定能证明园艺技术高超，但他确实懂得园艺。有一次参观威斯利花园的时候，他评价那两排长长的多年生草本植物：“这是我所见过的最好的边线设计。”他母亲告诉过他：“你已经继承了我对园艺的热爱，但品位却非常粗俗。你对植物本身并没有兴趣，你只是想借它们作秀罢了。”

庄园需要女主人来经营。奥格威1971年与安妮分居，从纽约东区的住所搬到一个精装公寓里，两年后他搬到法国。1967年买下多佛庄园的时候，他认识了住在附近的赫塔·兰斯·窦奇（Herta Lans de la Touche），一位纤瘦优雅、肤色浅黑的女子。弗金介绍他们认识彼此。现在，他孤独地住在这座巨大的庄园里，敏感而脆弱，而她刚离婚不久。他说只需要看看她，就能知道她并不是特别开心。这次奥格威的浪漫追求以一封被她称作是商务信件的情书告终。奥格威在开头写“你应该嫁给我，因为……”。他在其中列举了一个又一个事实来给自己助力。他成功了，他们在1973年结了婚。

赫塔带着三个10来岁的孩子搬了进来，包括儿子盖尔以及两个女儿伊莎贝尔和劳伦斯（人称米兰彻）。奥格威是个溺爱孩子的继父，特别是对最小的女儿米兰彻。他会嘲弄她，她也会迅速予以还击。这是段很美好的关系。赫塔比奥格威小25岁，但在许多方面与他相当，包括智商。他们都曾做过他在一本书后面找到的智商测试，他得了96分（“水平相当于挖沟的工人”），而她得了136分。这改变了他们的关系，奥格威觉得：“突然间她漂亮又聪明，而我却又丑又笨。”赫塔的父母有德国、荷兰、瑞士、英国血统，她出生在墨西哥，并认为自己是墨西哥人。她认为奥格威是她所见过的最美式的英国人。

大家都认为奥格威认识赫塔是他的幸运。赫塔知道怎么应对奥格威，这是一种难倒了他前面两位妻子的技巧。“她不纵容大卫的任何胡言乱语。”一位朋友说。当他在吃饭的时候因为无聊想起身离开，赫塔制止了他，跟他讲晚饭还没吃完他不能独自离开，不然孩子们会认为这样独自离开饭桌的举动是得体的。当他表现失礼时，她会好言相劝：“大卫，你不能那样做。你应该这样做。”

她说，与他住在一起就像在一场接一场的暴风雨中生活。不过，赫塔没有为此心烦意乱，反而变得想法清晰，带着心照不宣的微笑处理着他的情绪和要求，也没有抱怨，即使是在她为准备一顿可口的晚餐在厨房里已经忙了一整天，他却要吃葡萄果仁谷物脆片的时候。她通过先给奥格威点菜来化解他常常在餐厅不耐烦甚至举止粗鲁的问题，先给他点菜，他就不用等，问题就化解了。她完美地处理着他的种种问题，而且他也得以去他想去的地方。在她到来之前，他总是跺着脚离开会议。她让他变得平静起来。

在一位雇员的帮助下，多佛庄园按赫塔的规划运行着，她用幽默和四种语言与源源不断的游客们打着交道。她决心把这座中世纪的古堡变成一个舒适的家，软化其沉重巨大的形象并赋予其魅力和风格。她是刺绣专家，能创意爆棚地把破旧床罩改成窗帘，把闲置不用的屋子加以有效利用。她是和蔼可亲的女主人的代表。

而奥格威则是一位有思想的男主人。他把惠灵顿公爵对细节的关注列为自己成功的原因之一，在客房里根据访客的个人兴趣放书。他穿着旧靴子和宽大的灯芯绒长裤，在火车站与客人碰面。如果有人从火车站接走了客人，奥格威就会出现在城堡的二楼阳台上，张开双臂非常夸张地表演“欢迎”。

此地不乏客人——仅仅第一年就有348个，每人待了至少两个晚上。他的苏格兰侄女们打算来待两周，后来待了1年，以便学习法语。他在阿米什的老朋友也曾来看望他。面对着桌子上的水壶和葡萄酒，那个阿米什男子走向了葡萄酒——照“老规矩”做。奥格威发邀请，让奥美几百名员工到法国出差的时候来看他，虽然这样做显得轻率任性，但确实是他的行事风格。数十人接受了邀请来到城堡。人们会不请自来地到这里喝茶并被劝留下过夜。一对年轻夫妇曾询问他们是否可以过来住一晚，然后一来就待了6天。他组织了一些客人清理干涸的护城河，这是又脏又累的工作。他吐露说，如果让客人们加入劳作，他们就不会担心自己因为住得过久而使主人讨厌。屋子总是满满的，他喜欢自己周围有很多人。

在赫塔的指导下，城堡内以旧式的礼仪招待客人们。床罩被取掉了，早餐往往是自制面包、自制果酱和蜂蜜，用托盘送到卧室的门口；夏天天气好的时候，大家来到一个可以俯瞰山下河流的阳台上，围坐在长长的木桌旁享用田园式的午餐；晚餐是在一个摆放着搁架的房间里，有灯光照射在搁架上，上面放满了奥格威大量收集的东印度公司出品的青花瓷；晚餐后，大家可以坐在宽敞的客厅里舒适的软垫沙发和覆盖着结实耐用的白色织物的椅子上喝咖啡。每位客人的房间里都摆着鲜花。

访客在城堡度过的一天可能包括观赏这里的花园、在河上划小船、骑自行车穿越乡村、打门球（使用长球棍，穿着白色长裤）、爬山、在林中散步、在普瓦捷或其他附近的市场购物，但大部分活动还是聊天交流，内容和多佛庄园的一个户外运动项目相关。伦敦办事处的一位艺术总监，受邀来住一周，每天早上都在奥格威的办公室和他碰面，谈话谈到午餐时间。然后他们坐在奥格威的黑色奔驰（直到奔驰公司不再是他们的客户）上观光，回来后继续谈话——关于广告、公司，经常一直谈到晚餐时间，甚至到凌晨。奥格威精力充沛，许多年轻人都很难比得上他。

他成了该地区的一景，类似于一方乡绅。他驾车穿越小镇，从车窗向外望，并不时向一些路人挥手，像名人政要一样。带着巨大的满足感，他会扭头面向自己的访客，说道："那是镇长，他恨我。"但是邮政局长爱他——在巴黎办事处一位秘书的协助下，奥格威待在多佛庄园，同时与外界保持着活跃的互动，以致当地邮局的信件数量大增，邮政局长不但得到了提拔，还涨了薪水。在最初几年，他会去巴黎，到自己位于波尔多左岸法翰街，毗邻罗丹博物馆（得名于罗丹的"地狱之门"）的公寓。他不去公司驻巴黎的办公室，因为他和那儿的总经理不太合得来。相反，他在自己的"精神家园"远程工作，虽然工作地点不同，但依然通过邮政系统保持直接领导力。

冬天，他陪同妻子和朋友们来到瑞士阿尔卑斯山的鲁日蒙滑雪度假胜地，以"逃避法国的收税员，他们已经疯了"。（逃避意味着他在法国以外度过了六个月零一天。）这个不是运动员的人在一个滑雪胜地感受如何？他读书、写作、散步，认识周围的每一个人。赫塔是个可爱的滑雪运动员，雪坡上穿着最好看套装的就是她。“他可能已经在月球上了。”她说，“他有一位他崇拜的朋友，J. P. 摩根家族的伦纳德·伍兹，是他那个岁数最好的朋友。他们一起散步、谈话，只讨论知识，还都穿着里昂·比恩品牌的户外服装，读同一种书。他们陶醉其中。”

奥格威越来越喜欢在多佛庄园的生活了。在那里，他大部分日子都待在书房，书房是一个宽敞明亮的大房间，几把椅子，一张大古董书桌，仅仅以一束花装饰着。没有通常意义上的桌面摆设，就是一个单纯的工作桌面。隔壁房间的新型传真机取代了前些年的那种震动感较大的电传机。他每天都要工作，通过备忘录、信件和不时的演讲，通常一天有 30 到 50 封备忘录和信件。在床上吃过园丁用托盘送来的早餐后，他会出去散步。随后来到他有着高天花板的办公室，风不断从开着的窗户外面吹进来，翻动着白色的窗帘，他会看看收到了哪些传真，坐下，点燃烟斗，然后从桌上的银制蒂芙尼盘子中拿过一支削尖的铅笔开始写。“我不抽烟斗就没法工作。”临近中午，他会出来喝杯咖啡，再回去看看是否有回复的传真，然后吃午餐、听音乐、小睡、阅读和工作——往往直到晚上 10 点。他睡觉时会戴着狄更斯时期英国人戴的那种白睡帽。

晚上，当不工作的时候，他就和赫塔一起看电视。许多商业广告激起了他的愤怒，他会夸张地质问：“他们的广告是什么——茶、咖啡、乐兹酒店的一个房间，还是一个半裸女孩的创意？”在接受《新闻周刊》的访谈时，他说：“现今大多数写广告的人根本没想向任何人销售任何东西，他们在想：‘这条广告看起来聪明吗？有魅力吗？文明吗？’”

赫塔说，他总是在写，写，写。他阅读所有与公司有关的东西，并在便条里炮轰每一个人。他回复每一封看上去比较聪明的读者来信。有人写信说他们之所以从事广告业是因为他们曾写信给他得到了回复，或者是他们去听了他的演讲，曾递给他一张便条问问题并得到了他的回复。赫塔说：“在他最后的25年里，他打理园艺、写作、阅读、接待来访的人，就这些。他非常辛勤地工作着。和他在一起，每件事都被写了下来，每件事，真的是每件事。但是数字除外，他是处理文字的人，不处理钱。”

但他还是不断为钱担心，抱怨美元对法郎的汇率下跌（当时他用美元支付）：“我应该是富得可怕，但事实上没有，因为我这一生总是把自己的财务事项搞砸。”路易·奥金克洛斯来多佛庄园拜访过他，告诉他应该停止为钱的事发牢骚：“你健康状况良好，拥有这座声名不菲的城堡，还有一位忠实的妻子和每个人的钦佩。不要再发牢骚了。”他照做了……坚持了15分钟。

现在有了更多的时间，他可以四处旅行。奥格威一直希望前去拜访父亲在阿根廷的出生地，并最终得以搭乘“奥古斯塔斯”——一艘从戛纳启程的意大利班轮前往。几天后，他发出一封电传：“奥古斯塔斯令人作呕，我已上岸。”他被说服，又改乘飞机再试试这趟旅程。在里约热内卢铺着红地毯的机场，他俯身跪下，亲吻了地面。在他父亲出生的潘帕斯牧场，他哭了。

在唯一一次到东南亚的出游中，他先是乘坐“伊丽莎白女王二世号”来到纽约，乘火车游遍美国，并拜访了妻子赫塔在墨西哥的出生地，然后又乘“伊丽莎白女王二世号”前往悉尼。“和我们同乘一条船的很多人都是声音洪亮而富有的耄耋老人。”他说，“有一位女士带了 69 件晚礼服。”他面见了新西兰总理，做了一场美国商会在澳大利亚土地上听众人数最多的一次演讲，还接连和 27 位客户会面，花“漫长而快乐的时间”审查公司在各地办事处的创意作品，并忍受了 3 个小时的鸡尾酒会，“我对地狱生活的想象总是像一个鸡尾酒会”。他访问了 16 座城市，做了 46 场演讲，上当地的电视新闻频道，并占据了报纸头版。

没有其他选择，他只能乘飞机回去。返回当天，曼谷公司的经理帮他办理了一家新加坡航空公司的登机手续后便回家了。结果第二天早上，奥格威却又给他打来了电话。原来，当天发生了一场暴风雨，奥格威走到驾驶舱，问飞行员是不是依然准备起飞，飞行员向他保证没什么可担心的，随时都可以起飞。“我不陪你们了”，奥格威说道，然后下飞机回了酒店。

1972 年，他已经开始考虑辞去公司董事会主席的职务了。他告诉董事会自己并不急着退休，但是列出了17个标准以帮助公司确定继任者——从拥有良好的判断力到能够四处出差：“这个可怜的家伙不应该害怕乘飞机。”他总结道，“我已经用这些标准衡量了我们现任的主席（他自己），其中的12条标准他似乎能得到合理的高分。但这17条，我们没人能全部拿到高分。”

3年以后，在63岁的时候，他卸任了，承认“最后两年我一直是个不下场参赛的队长”。不出任何人的意料，他提名“一位有头脑的绅士”约克·埃利奥特为主席。“他比我稳重得多，比我更有智慧，人际关系也处理得比我任何时候都要好。我脾气很差，他不；他是一个抚慰者。他沉着冷静，而我总是风风火火。”

即使不再是“队长”，他也并没有完全与赛场绝缘。由于在法国花费了太多时间，他在纽约的存在感反而不那么明显了，他除了参加董事会和执行委员会会议以外没有了正式的职务。接下来的15年，随着对自己创立的公司的努力引导，他的能量似乎增加了，间断性地做一些访谈，偶尔写一篇广告（包括为法国官方旅游办公室），接受更多的荣誉或奖项。

在接受由美国市场营销协会颁发的帕林奖时他探讨了领导力问题，他在美国国家酿酒公司大会上说“你们不是在销售威士忌，而是在销售形象”，在专利药品协会大会上说“你可以扔一瓶药给一位好的药品广告撰稿人，如果他不自觉地读标签上的成分，那他就是专业的，如果他没有，那他不行”。在与人谈话的时候，他一如既往地脱掉外套露出里面的红色背带：“这样人们就不会认为我是个老鬼了。”

《纽约时报》将他在美国广告机构联合会一次会议上的讲话宣传为“奥格威的告别”。他说，那其实有点夸张了，但是这则新闻因告别的名义而具有了价值（“就像弗兰克·辛纳特拉发现的”），并且说他考虑在今后的每一个演讲上都说“告别”。他在一封给麦迪逊大道的言辞友善的“感谢信”中，赞扬了推进这个行业发展的同事们，“他们大多数人可能像水果蛋糕一样普通，但绝不沉闷无聊”。

他让世人清楚自己并没有真正退休，只是从董事会主席的位子上卸任。“现在我完全致力于创意领域，这也是我最擅长的。”他将自己任命为国际创意总监，并到世界各地的办公室审查广告。他召集了一些顶尖的创意人员组建创意理事会，每年碰面一次，评估全球范围内的创意作品。他写了创意理事会的许多关键文件，主题涉及雇用更优秀的人才、版式、视觉疲劳、奖项、美国广告协会设计奖与编辑体例、无聊照片、直销培训、避免成见和大量其他种类的问题。

他认为自己的经营理念才是正确的，持续反对收购与自己理念不合的其他机构，并且反对单纯地通过扩大规模去实现增长，与客户服务理念本末倒置。但他没能阻止列车脱轨的趋势。“我如今似乎成了一个总是在泼冷水的人。上了年纪以后我发现自己倾向于维护和完善我们已经建立的体制，并且抵制创新，在我看来那会把它弄糟的。”他把自己的看法发给了约克·埃利奥特：

> 如果我们要阻止全世界的教堂瓦解成巴别塔[①]，就必须继续传道，确保每一个办公室都是由一位来自“真教会”的成员在领导，而不是一个陌生人，而且，永远不再把对办公室的监督委托给外部或凡人修士（没有得到“真教会”任命的）。这些错误将导致分裂、各自为政、叛教、破产以及解体。

他不赞同奥美现任管理者制订的长期发展规划，并总结说，公司现任管理者的所作所为都是为了讨好证券分析师。他还引用了保罗给提摩太的《哥林多前书》中的话：“对金钱的热爱是万恶之源。”他反对多元化，看不上收购一家女性演讲咨询公司的价值。“读读我们下一年度报告中这些惊人又毫不相关的多元化举措，证券分析师们都要哄笑了。”

他还反对奥美现任管理层在现有公司架构之外新建一个广告公司的想法。奥美现任管理者原本设想通过新建一个诸如斯卡利·麦长基·史洛斯广告公司那样的新公司与奥美公司展开竞争。奥格威认为这样做不会给客户带来好处，而且还会激怒客户。相反，奥格威敦促奥美公司的现任管理者卖掉那些收购来的机构，用这些钱回购公司股份。“我的抱负是使奥美成为最好的广告公

① 巴别塔是《圣经·旧约·创世记》第 11 章故事中人们建造的塔。根据篇章记载，当时人类联合起来兴建希望能通往天堂的高塔。为了阻止人类的计划，上帝让人类说不同的语言，使人类相互之间不能沟通，计划因此失败，人类自此各散东西。——编者注

司，没必要是最大的。”他在一个备忘录（该备忘录没有发出）中若有所思地写到了为什么他还留在董事会：“因为在外界看来我与公司一体，因为我需要钱，因为我还有用。公司是如何用我的呢？作为一个创意的象征、仪式中的名人，我的判断却被执行委员会无一例外地拒绝了。”

在试图对公司发展战略施加影响的努力失败之后，奥格威开始把注意力放在了人上。在1984年旧金山的国际“狂欢活动”中，他告诉公司100名左右的员工：“如果你们问我什么是我们的主要目的，我会说，不是为我们的股东赚取最多的利润，而是让我们的公司继续按照让员工快乐的方式经营下去。”他很清楚什么能让一个组织对员工保持吸引力：排除公司政治是第一位的；让员工为成为最好公司的一分子而骄傲；把为客户做好工作作为工作目的之一；新业务的成功；解雇“乘客”（做事不积极的人），因为如果让这些人的名字继续待在工资簿上，会激怒那些真正在做事的人；解雇专搞办公室政治的人，因为他们是“溃疡”（腐败的缘由）；公平是第一位的；正直是第一位的；有趣，“用笑声杀死严酷”。

他喜欢发掘新型人才，并写过一则不同寻常的招募广告：

奥美国际招募：“黑嘴天鹅”型人才

广告中说，“黑嘴天鹅”型人才是指那些结合了“个人的天赋与鼓舞人心的领导能力”的稀有物种，鼓励“这种稀有的鸟儿”

与他通信。这则广告吸引了外界的注意力，却没吸引到找工作的人。看起来似乎很少有“黑嘴天鹅”选手回应招募广告。奥格威游说公司的经理们招募更多“抱负极高的人”，并指出自己在一年前就已经写过一份一样的备忘录了，但是什么都没发生。他说“我绝不会放弃的”。

金宝汤公司邀请他为该公司旗下所有品牌进行咨询。他告诉金宝汤的经理们他们在广告上花费得太少了，他们的产品需要改进，而且他们那著名的红白相间的商标（由安迪·沃霍尔设计制作）勾不起人的食欲——“它看起来就像个石油罐”。在测试结果证明奥格威所说是正确的之后，该公司更换了几种产品的商标，还设立了“大卫·奥格威市场营销奖”，用于奖励那些为公司营销做出贡献的广告公司。该公司相信奥格威虽然担任这个奖项的评委，但依然会保持客观，该奖项可能会被颁发给别家广告公司（事实的确如此）。

那个时代最优秀的脱口秀节目主持人戴维·萨斯坎德对奥格威进行了四个小时的访谈。该节目在连续两个周日的晚上播出。奥格威讲述了自己作为一个苏格兰人的优点（这令他与众不同）、在盖洛普的经历、如何获得创意、糟糕的理财决策，以及对失败挥之不去的恐惧——“我从不认为自己现在所做的事情像以前那么好”。

奥美英国公司的一位经理——盖伊·芒福德听取了奥格威的建议，去广告业以外追寻自己真正的兴趣。他告诉芒福德：“我们广告人一毛钱就能买一打，而你们鸟类学家是珍稀物种。”芒福德后来继续为世界野生动物基金会（WWF）筹款，并将奥格威聘请到该基金会极具声望的董事会和执行委员会。尽管那里会议很多，但奥格威很少缺席。他在多佛城堡为WWF组织了一场为期两天的“头脑风暴”活动，自告奋勇为该机构服务，并在他最具说服力的长篇广告之一（“起死回生”）中为其寻求财政支持。“我已经为几十个客户写了几百个广告，”他说，“这是我的最爱。看见它的人越多，就会有越多的鸟和其他动物从灭绝边缘得到拯救。”引用广告中的一句话：“记住，灭绝是永远的。”

他热爱这份事业和那些让人兴奋的伙伴们，也同样为在白金汉宫举行的会议而感到荣耀。这个会议由爱丁堡公爵菲利普亲王主持，他公开认可了奥格威的那些好创意：“虽然他自己不是个自然资源保护主义者，但他能看到保护自然资源的重要性并为它做出了巨大贡献。”

私下里，这两个男人似乎总是相处得不好。据说菲利普曾说过奥格威一些好话，而奥格威则说在自己的印象里，菲利普认为他是“一个胡扯的白痴”。奥格威对于WWF应当做些什么有强烈的主张，而菲利普有时候不同意这些观点。当这位爱丁堡公爵出现在房间里时，他不可避免地成为大家注意的焦点，而奥格威恰恰是个觉得自己才应该是焦点的人。他觉得菲利普有点恃强凌弱，并且开始说他的坏话，但这个感觉并没有得到WWF其他董事会成员或雇员的认同。不管出于什么原因，奥格威退出了WWF董事会。这多少有点讽刺，毕竟他曾经为WWF做了那么多杰出的工作，而且他的理念和 WWF 的工作目标高度契合。和公爵闹得不开心可能无助于奥格威候选“爵士”的事情。

对于一个自大的广告业领导者来说，要在退休以后不写写他在这一领域里的经历，可是不寻常的，奥格威卸任公司董事会主席后不久就开始着手写了。与自传《一个广告人的自白》不同，他承认《血液、大脑与啤酒》是“一个败笔”——不管是它首次出版还是17 年后以新书名《大卫·奥格威自传》再版。书中附有他最好的朋友的名单，还有他喜欢的花卉列表以及最重要的广告写作技巧。

他的合伙人劝说他考虑更新一下《一个广告人的自白》。他说公司需要的不是另一本畅销书，而是一本可用于商业用途的、全新的书。1983年，克劳恩出版社出版了《奥格威谈广告》(*Ogilvy on Advertising*)，书中配以极其丰富的广告插图（第七幅是用裸体女人去辅助阐释欧洲广告），与《一个广告人的自白》不同的是，这本书还讲述了奥美与其他公司的业务竞争。这比前一部作品更像是一本“如何做……”的书：如何制作出有助于销售的广告，如何在广告界得到一份工作，如何经营一家广告公司、得到客户、挑选广告公司、与宝洁竞争，以及如何制作更优质的广告，如何营销、调研和晋升。

其中一章描写了创立了现代广告业的 6 位巨人：阿尔伯

特·拉斯克[①]、雷蒙德·罗必凯、比尔·伯恩巴克、李奥·贝纳、克劳德·霍普金斯和斯坦利·里索。“他们6个全是美国人，在进入广告业之前都做过其他工作，其中至少有5个人是工作狂和绝不妥协的完美主义者，4个以广告撰稿人成名，只有3个人有大学学位。”也就是说，除了出生地以外，他们跟他都很像。书中猛烈抨击户外广告牌（“谁喜欢它们？只有那些用它们赚钱的人”）、政治广告（“你能想象亚伯拉罕·林肯雇用某广告公司制作一条关于奴隶的30秒广告吗”）和用唤起回忆法测试商业广告效果（一位创意总监声称通过展示大猩猩穿着下体弹力护身绷带的方式也能得到较高的回忆指数）。

“大卫的那本书”——《麦迪逊大道》一书里这样称呼它，“是所有广告业入门书中最好的一本”。约翰·卡珀斯说它是“我曾读过的最令人兴奋和最具有指导意义的一本有关广告的书”，“每一个有抱负的广告人必读之书”。《伦敦标准》将奥格威做了一个特别的类比，称他是“广告界的爱因斯坦”。奥格威还承认了一个明显的事实：“我的所有书都是为奥美做的稍加伪装的广告。”

“刚去IBM的时候，我觉得文化只是像财务、营销一样，是

① 拉斯克的故事可参考《不做总统就做广告人》一书。——编者注

机构中正常运行的一个部门。”郭士纳（Lou Gerstner）说。在为美国运通工作期间，郭士纳曾为美国运通与奥美建立起了主要的业务往来，他也因此对奥格威十分友好——非常崇敬奥美制作的广告。后来郭士纳在 IBM 出任 CEO，并使该公司的状况有了很大转变。“在我作为 CEO 的日子快结束的时候，我意识到文化不是游戏的一部分，而是整体建立并维持企业成功的游戏。”在郭士纳的眼中，奥格威通过创建强力的文化和一套适应当前环境的原则而建立起了一种机制。“它们是永恒的，”他说。

1985 年，在伦敦鱼商会馆一场面向机构高管的晚宴演讲上，奥格威开始正式对外提及奥美文化。他说自己读过了一本关于企业文化的书，在想奥美公司是否也有企业文化。“很明显我们有。我们似乎已经有了一种超常强劲的文化。事实上，它比任何其他事物都更能把我们与同行竞争者区别开来。”从工作氛围开始，“有些人的整个职业生涯都是在我们公司度过的，我们要尽最大努力使在奥美工作成为每个人都觉得快乐的一段经历”。

> 我们悉心对待我们的员工。当他们陷入麻烦时，我们会去帮助他们——不论他们面临的问题是工作、疾病，还是酗酒，等等。
>
> 我们帮助员工发挥出他们最大的才能。我们在培训上投入了非常多的时间——也许比我们任何一个竞争者都多。
>
> 我们管理制度的民主是独一无二的。我们不喜欢等级制

度的官僚主义。

我们憎恶冷酷无情。

我们喜欢行为举止温文尔雅的人。我们纽约的办公室甚至设立了一年一度的“专业与文明奖”。

我们喜欢诚实的人。在争论中诚实，对客户诚实，对供应商诚实，对公司诚实——最重要的是，对消费者诚实。

我们钦佩工作努力的人，钦佩看问题客观又全面的人。

我们不敬重肤浅的人。

我们鄙视办公室政客、谄媚者、恃强凌弱者和浮夸自负的人。

公司的晋升之梯对每个人开放。我们不受任何形式歧视的影响——不论宗教歧视、种族歧视还是性别歧视。

我们痛恨裙带关系和其他任何形式的偏袒。

在提拔员工时，我们对个性的重视比对其他任何东西都多。

最后一部分是奥格威制定的“圣谕”（EX CATHEDRA），上面列出了他的一些“附带意见”，很引人注意，但这些意见已经不是第一次提出了：“我们雇用有头脑的绅士”以及“绝不发布你不想让自己家人看见的广告”。他的观点是，广告就像一个被邀请到家里的客人，应该有良好的仪止形象。

乐趣也是奥美文化的一部分。奥格威很享受笑话，在他的便条和备忘录中，大多数情况下都能看到他的幽默。他觉得创意性组织在一种有乐趣的精神氛围下才能运作得最好，就像优秀的实验室里科学家们互相搞恶作剧一样。

奥美公司继任者之一比尔·菲利普斯在奥格威的格言中捕捉到了一些精神："努力工作，努力玩耍，迅速入眠。"负责通用食品广告的小组工作很辛苦，常常忙到很晚，因此他们用一个乒乓球桌代替了会议桌，不用的时候把它盖起来就可以开客户会议了。许多办事处都编排了圣诞滑稽剧；公司撰稿人萨尔曼·拉什迪为伦敦"红支架 1977"活动撰写广告文案；纽约的红支架活动成员则穿着白色 T 恤，上面印有红支架的图案。当南非办事处的慢跑队请奥格威为他们的 T 恤写点什么时，他回信说自己讨厌 T 恤，于是这个团队就定做了印着他的拒绝信的 T 恤。

奥格威坚信，留住最好的员工更多考验的是领导力，而不是你能给多少钱。

"不得不让我们注意的是，奥美公司高层的每个人都懂得写作，而且写得非常好。"一位新近被收购进来的公司的负责人这样说。写作的纪律是奥美文化的一个标记。当曾在天联广告工作了 20 年的约克·埃利奥特被人问起，奥美与天联广告有什么不同时，他说："我们（奥美）把我们知道和相信的都写下来。"

奥格威首先是个作者，而且他的公司也有写作文化。戴维·马克狂热地说："他像个天使一样写作，甚至他的备忘录都值得保存。他很善于将想法组织成才华横溢的散文，甚至在发号施令的时候也是如此。他的广告方案来得很不容易。"奥格威总是把自己当作一个广告撰稿人，除此之外再没有别的。"如果我真的是一个有创造力的作者，像我的表妹兼好友丽贝卡·威斯特那样，我可能更愿意追求作为一名作家的名望，而不是让我的钢笔致力于为林索肥皂服务。"但他不是作家，而且也没有那样做。

他从不在办公室写广告，因为"干扰太多了"。他从浏览过去 20 年里每个类似产品的广告开始，"学习先例"，然后才制作出一则广告。最终，当截稿时间不能再延迟的时候，他就会开始写文案，而且常常把想到的前 20 个创意抛在一边。"如果所有这些都不奏效，我就喝上半瓶朗姆酒，在留声机里放上亨德尔的清唱剧。这一般都会让文案的思路喷涌而出。"第二天早上，他早早起床编辑这些昨晚奔涌而出的文字。"我是个糟糕的撰稿人，"他说，"但我是个优秀的编辑。"

让奥格威做编辑就像是让一位优秀外科医生做手术一样，他能准确地将手放在你体内唯一一个一触就痛的器官上——你都能感觉到他把手指放在错误的字词、无力的短语和不完整的想法上。但他丝毫没有为作者身份感到骄傲，而是十分善于自我批评。有人曾在他的一本书中发现了一则画着符号标记的文案，上面写满了他对于自己文稿的评论——"垃圾""蠢话""胡说八道"。

他还会把自己的文稿送给周围的人评论，并附上一张便条：“请斧正。”

像哥哥弗朗西斯一样，奥格威也习惯用铅笔写草稿，既不用打字机，也不用圆珠笔，只用刚刚削尖的铅笔。一位从前的秘书说，他总是用铅笔，因为他觉得没有人能用钢笔把文字写得完美无缺而不需要做出改动。只有偶尔为了炫耀，他才会用红色的钢笔签上自己的名字。在秘书将他难以破译的手稿转录下来交给打字员后，他却又小心翼翼地要使它看上去既吸引人又易读：双倍行距，段落短小，关键语句标出下划线，每部分缩进排印以进一步强调，并用一排星号隔开。对于紧急事项，他会附一张红色的小卡片，上面写着“紧急”，这是他在华盛顿学到的做法。

所有稿件都被修改得满篇都是，然后誊写，然后再被修改得满篇都是。他审阅文稿的时候会挑出形容词和副词，留下名词和动词，以使它看起来更简洁，可读性更强。短小的句子、短小的段落，没有迂回累赘的陈述，所有这些纯粹而短小的作品背后都是辛勤的劳动。一位与奥格威共事过的文案人员说道：“当你读它们的时候，会想这些句子肯定像莫扎特的音乐一样，是从他的脑子里直接涌出来的。但事实不是这样的，我不敢相信他为得到自己想要的句子而不嫌麻烦，花了多少精力。”甚至为了得到一个完美的恰如其分的词语也会如此：一位朋友的遗孀说她丈夫去世后，奥格威写的“他是黄金般的人”堪称最佳悼词。

正如他希望公司的广告清晰而诚实一样，奥格威希望备忘录、工作进度报告和计划也是如此。"你写得越好，在奥美就走得越远。想得好的人，写得就好。头脑糊涂的人会写出糊涂的备忘录和糊涂的信件，做糊涂的演讲。"

广告业历来都是在撰稿人出版了自己的书之后，或用自己的写作技巧把产品销售出去之后才会向撰稿人付钱，而奥格威的公司为相当一部分以文学声誉为目标的作家们提供了生计保障。奥格威自己在许多备忘录中都明确地指出了这一点。

在萨尔曼·拉什迪还没有成为文学界力捧的作家的时候，曾经因为他的书《撒旦诗篇》收到死亡威胁。他曾是奥美伦敦公司的一名撰稿人。他为牛奶销售委员会写的促销奶油蛋糕的广告语"淘气但美好"，取自英国一句古老的讽刺语。为雀巢 Aero 巧克力棒写文案时，这位文学名流创作了"irresti-bubble"（来自单词 irresistible，意为"不能抵抗的泡泡"）和"delecti-bubble"（来自单词 delectable，意为"美味的泡泡"）这两个巧妙结合的广告词。

另一位在印度出生的作者英德拉·辛哈也曾在奥美伦敦公司工作，因翻译《印度爱经》和撰写小说《爱先生的死亡》及《虚拟吉卜赛人》而出名。辛哈曾为金属箱盒公司撰写三页广告，宣传罐头食品的优点。他用"每打开一只罐头，你就节约了你的一部分生命"纠正了大多数人对罐头食品的错误观念和食用时的罪恶感。

20 世纪 50 年代末，唐·德里洛在纽约奥美公司曾有一段被他自己称作是"短暂、无趣"的撰稿人生活。他的第一本小说《美国文物》中的一些场景就是以其广告业经历为背景的。他为纽约市写过反对乱扔垃圾的广告，为西尔斯百货做过广告，为阿姆斯特朗软木塞公司制作过天花板瓷砖和隔热层的广告，为国际纸业丛书制作的广告使他成了众所周知的撰稿人，该则广告的题语“喜欢阅读的人来找我”可能是奥格威写的。

在去法国并写作《普罗旺斯的一年》以前，彼得·梅尔在奥美伦敦公司工作。在成为哈撒韦衬衫、“到英国来”（Come to Britain）和史都本玻璃公司的初级撰稿人之前，他曾与奥格威保持联系6个月，之后来到纽约，开始在“贸易广告和产品宣传册的盐矿”中掘金。那些广告主虽然都不是大客户，但都是奥格威的宠儿。梅尔曾这样描述他向奥格威交上重写过几十遍的第一则哈撒韦广告时的情景：

> 他的秘书告诉我可以进去了。进去之后办公室空无一人。我很迷惑，正在琢磨该怎么办的时候，一个声音从办公室的角落里传来：“我在大便。把你的稿子从门下面塞进来。”大卫正在他的私人盥洗室里轻松自在呢。我把稿子从门下面塞了进去，然后等待着。终于，稿子被塞出来了，上面用红色铅笔重重地做了各种标记。“你可以走了。”那个声音说。然后我便离开他的办公室，回去研究我那小心翼翼打印出来的稿子上的铅笔评语。
>
> 大卫在我特别喜欢的一句话下面画了线，写道：“嘎嘎。纯文学。删除。”这篇短短的稿子上还遍布着很多同样辛辣

的指导。

埃德蒙·莫里斯是普利策奖得主，并因《西奥多·罗斯福的崛起》一书获得了美国国家图书奖。他曾以撰稿人身份被奥美雇用，负责公司“最没劲儿的案子”—— IBM 人才招聘以及 IBM 设备在全世界的广告工作。他恳求奥格威，从而得到一个在电视上做点工作的机会，最终负责了“好季节”牌（Good Seasons）沙拉酱广告，但他在别人眼中总是一个会写“长文案”的人。

作家和插画漫画家布鲁斯·马可（与戴维·马可没有关系）经常带着他幽默的作品、反映现实的论题和独特的艺术风格到纽约。有人认为他将奔驰引进美国的广告是那个时代最有影响力的汽车广告，该广告展示了奔驰汽车在测试道路和开放道路上卓越的引擎性能。马可承认他是借鉴了奥格威的广告写作方法。马可为奔驰公司最贵的一款车——奔驰 Grand 600 撰写的一则广告，被奥格威附了一张便条后退回：“文盲 !!!”奥格威告诉马可，在对百万富翁讲话时不要油腔滑调：“我就是个百万富翁，你该怎么跟我说话？”马可后来说，那激活了他瘫痪的中枢神经系统。

伊恩·基翁是英国旅游管理局、波多黎各和荷兰皇家航空公司的广告撰稿人，以及 4 份荷航旅行指南的作者，后来又编写旅游书籍。他为英国旅游所做的一则双页伦敦“皇家卫队阅兵”广告，展现了皇家卫队在林荫大道上行进的场景，基翁用《吉尔伯特与沙利文歌集》中的一句歌词作为广告语：“ Tan-tan-tara, zing boom, zing boom. ”奥格威说：“不要用 tan-tan-tara，用 tin-tan-tara 。”事实证明，奥格威是对的。

将奥格威异常精彩的备忘录集结成书进行出版的想法已经在好几个场合被讨论过了。有些人提出质疑，说这些备忘录太好了，而好东西不具有可出版性，具有可出版性的东西并不是那么好。1986 年，为了庆祝奥格威的 75 岁生日，大家决定无论如何要尝试一下。最终产生的是一个风格鲜明的作品，由乔·拉弗尔森组织并编辑。这本书超越了备忘录，还包括了演讲、一部分 Aga 操作指南、关于管理和公司文化的论文。拉弗尔森为它起了个完美的名字——《广告大师奥格威：未公诸于世的选集》，意思是这本书没有在公共出版社出版过。

这个备忘录集锦中很多篇幅讨论的都是关于领导力的内容，还有关于奥格威自身的缺点、他出访各办事处时做的工作、如何写作、一个有创意的头脑应寻找些什么、广告方面有用的书籍，以及向他的创意总监们提出的 37 个问题的内容，并以“你写的广告打动你老婆了吗”结束。该书是私下印制，在泰晤士河的游船上举行的一个盛大的生日聚会上作为礼物送给了奥格威。经过两星期不安的等待后，奥格威的“裁决”送达了：“这是我收到的最好的生日礼物。”该书最终被皇冠出版社（Crown）公开出版了。

与他关系紧张的伦敦办事处用一则广告来庆祝他这个生日。在“固执、无礼、强硬、难以捉摸、才华横溢、放肆、乖戾、挑衅、令人发怒”的长长的广告语后面，是一句赞美：“幸运的是，他的员工们追随着他。”

在快到70岁时，奥格威仍然为没有以正式的身份为公司发挥余热而内疚，“当我意识到至少有一位合伙人觉得我老糊涂时，更是加剧了这种感觉”。不久，德国公司的负责人去世了，一名年轻的客户总监被任命为接班人。董事会问奥格威是否可以帮助那里过渡一下，这令他“感觉好像是一个苍老的大主教忽然有机会获得一个教区似的”。一年中的大多数时间，他都在多佛和法兰克福之间奔波。每个星期一，他都乘火车到巴黎，再乘地铁（带着手提箱）穿越巴黎——从卢森堡火车站到巴黎北站，登上开往德国的火车，然后周五再按原路返回。他把在法兰克福的时间花在为德国公司新上任的总经理提供咨询、会见客户、与创意人员谈话并审阅他们的创意作品上。他很开心，他的备忘录显示了这一点。

几年以后，一个类似的吸引人的机会来了：负责印度和南非区域的分公司负责人离开了奥美，奥格威很快接受了暂时顶替空缺的邀请。虽然这更多是精神领导而不是实务操作性质的领导，但他完全沉浸其中。他在这两个国家都花费了很多时间，每天工作很长时间，几乎天天晚上都和公司里的年轻人共进晚餐。南非公司的经理说，随着他的每次到访，公司发展得越来越好。在印度的两次大规模出行期间，他被人们像上帝一样对待，或者更确切地说，像一位“古鲁”（Guru）[①]。一位印度的同事说，他不仅仅是“古鲁”，还是一位“登峰造极的古鲁”“伟大的古鲁”，“他提炼出知识并与每个人分享”。去印度没有其他现实可行的选择，只能从法国乘飞机前往，而在印度当地主要是坐火车——印度的汽车已经把他吓坏了。

各种荣誉还是不断朝着奥格威而来，他入选了广告名人堂、直接营销名人堂和美国商业青年成就名人堂，成为美国大学驻巴黎理事会的理事，并被授予了法国“艺术文学骑士勋章”。他公开说自己是入选美国商业财富名人堂的人中第一个没有亲自领奖的活着的得奖者，“我也是第一个生活在欧洲却饱受对飞行的强烈恐惧之苦的人。这位活着的得奖者在经历了4个航班之后可能就不在世了——他可能已经死于飞行了。”

但是奥格威也感到，自己的意见在公司里已经越来越被人忽视，特别是他有关公司如何发展成长的看法。他与那些对他的保守感到沮丧的前下属们争吵不休，并为新一代的创意人员抛弃了他的广告原则而深感挫败，但他同时又发现，自己从情感上很难离开奥美这个他曾亲自哺育的孩子。“30年来我一直私底下觉得，‘国家即朕，朕即国家’[②]。”在他70多岁的时候，让他觉得自己

① 古鲁，印度教或锡克教的宗教导师或领袖。——编者注

② 原文是 L’ etat c’ est moi, et je suis l’ etat，大卫·奥格威在这里引用的是法国国王路易十四的一句话。——编者注

有用和被需要是非常重要的，但是除了作为仪式上的名人，公司又很难再将他融入进来。赫塔央求公司说：“请找一些什么事让大卫做吧。”他仍然前往伦敦和纽约，会见客户并给他们留下深刻印象，但次数比从前少多了。

曾经有两次，人们试图捕捉他特有的神采，为他画一幅正式的肖像，再加一个半身雕塑，但没有一个令人特别满意的。后来，在20世纪80年代，公司为美国运通制作的广告取得了很大的成功，该广告是由一组人们熟悉的运动、政治和娱乐界的名人的照片组成，摄影师安妮·利博维茨让这些名人摆出一些有创意的造型，然后进行拍摄。让利博维茨在多佛庄园给奥格威拍张照怎么样？奥格威对客户感到亲近。照片可能比画像要少一些主观性。

他同意了，利博维茨带着许多为他准备的拉尔夫·劳伦衬衫抵达了多佛。“我不想穿别人品牌的衣服。”他抱怨道。然后她问他想在哪儿拍照，他的回答是“在四匹马拉着的马车里”。由于没有合适的马车，她提议在工具棚的门口拍照，穿着她带来的衣服，并坚持让他解开裤子的第一个扣子。她矫揉造作的想法激怒了他，麻烦开始了。他们吵了两天。他拒绝穿着苏格兰短裙照相，而她拒绝听到“不”的回答，并最终在多佛庄园留下委屈的眼泪后回去了。在她离开后，他写信给公司：“卡什曾给温斯顿·丘吉尔拍过一张很棒的照片，我打赌拍那张照片没用两天，而且那个卡什也没有像个设计师一样打扮那个老男人。”当样片寄回法国时，他的家人觉得这些照片让他看起来很显老，而纽约的每一个人都在评价他看起来有多么年轻、多么生气勃勃和英俊潇洒。那时，他 75 岁。

那部片长 38 分钟的电影以他跨越一片田地开始，然后他停下来对着镜头开始讲述。奥格威穿着衬衫和羊毛衫，打着领带，讲述着他对柔和的自然景观的热情，就像在英国南部那样——他在那儿长大，后来到了兰开斯特、阿米什农场，现在到了法国。“我是大卫·奥格威，这里是多佛庄园。”这部片子是在奥格威 70 岁的时候制作出来的。

在那段开场白之后，奥格威走进屋内，坐在起居室里的一张沙发上告诉观众，他将从自己生活中的故事开始讲起（“70 年浓缩进 7 分钟”）。接下来的部分是在他的书房当中取景拍摄的，他重申了对广告的信念，并列举了他最喜欢的电视及平面广告案例。然后他来到外面的花园，坐了下来，影片最令人感动和不朽的部分开始了。

好的，我们开始。我希望你不要像我一样犯那么多错误。我犯过一些可怕的错误，比如拒绝了一家没有听说过的不起眼的小公司。那家公司叫施乐。

我在解雇无所作为的员工方面是个可怕的懦夫；我在许

多不重要的事情上挥霍了太多的时间；当一些金点子来造访的时候，我没有认出它们来。

我放弃了创意工作而集中精力搞管理，这是一个错误。我后悔那样做。

我总是对失去客户感到无比恐惧……现在我会去等待下一个客户，在全盛时期我辞掉的客户是客户辞掉我的数量的5倍。

在多佛，我已经成功地忘记了一切公司业务中不愉快的方面，比如失去客户，或者更糟的，失去人。

我已经忘记了地狱般的压力：一天工作16个小时，一周6天，3个公文包。

我收获了广告之外的很多快乐，比如看到我们的广告使穷困潦倒的波多黎各变得不那么穷困。

我从不厌倦自己的工作。最重要的是，我有很多很棒的朋友：合伙人中的朋友、客户中的朋友以及我们的竞争者中的朋友。

我想要被人们记住。以什么身份呢——一个有些超级创意的撰稿人。超级创意，那是广告业的全部意义所在。

他还描述了《从多佛庄园的视角看去》这本书，该书作为最后的意愿和遗嘱，写于他70岁的时候。它并不是所有东西的终结，但是该遗嘱在他生命的最后18年里一直就没有变过。

75 岁的时候，在一个访谈中奥格威被问道，应该把成功归因于什么，他回答道：

> 第一，我是个最客观的人，包括对自己的客观；第二，我是一个非常非常辛勤的工作者，我在做事的时候真的是非常努力；第三，我是一个优秀的推销员，过去很擅长争取新客户。
>
> 我有一个具备适度独创性的大脑，但也不是太多。帮助我成功的并不是我的独创性，而是我会站在客户的立场思考，也会站在女人的立场思考。初到纽约创办公司的时候，我有一个极好的优势、一个秘密武器，那就是我的英国口音。我始终在搜寻重大的机会，当参加某个会议、晚宴、欢迎会或鸡尾酒会时，如果在场的人中有任何一个是我想要争取的客户的话，我能够一直对着他微笑。
>
> 我从调研转行到广告也给了我很大的优势，而且我生命中有很小一段时间，也许是 10 年，是在广告业之外的，那时我几乎是一个天才。后来，我的天赋用尽了。

就像他的花园一样，奥格威的一生也可以被分成几段：在英国长大；当过厨师、推销员、研究员、农民和情报人员；创立了一家广告公司并被世人认可；在生命的最后一程，多佛庄园为他提供了一种被他认为是“接近天堂”的生活方式。

第十一章

超级兼并与超级自大狂

每年中国农历新年将至，奥美香港办事处有个传统：根据当年的生肖进行演绎，设计一幅小画。1989 年是中国的蛇年。在纽约，这一年，奥美公司计划将总部搬迁至环球广场——一座矗立在以前为人熟知的“地狱厨房”[①] 西侧的新摩天大楼。香港办事处非常有预见性地把中国农历新年和奥美迁址这件事融合在了一幅作品里，画面里用黑色和金色绘制的有进攻性的蛇盘桓在红色的环球广场上。

20 世纪 60 年代，美国广告业开始出现大宗并购浪潮。奥美就是这些弄潮儿里的先锋之一。但 20 世纪 70 年代，伦敦上演的并购浪潮的规模远远超过美国。受益于英国股票市场的高估

① “地狱厨房”的正式行政区名为克林顿，俗称西中域，是美国纽约曼哈顿西岸的一个地区，早年是一个贫民窟，以杂乱的居住环境、严重的族群冲突与高犯罪率而闻名。——编者注

值、英镑强势以及极具创造性的金融工具，查尔斯·萨奇和莫里斯·萨奇两兄弟开始大举收购美国的广告公司。在此举之前，上奇广告公司（香港称为盛世广告公司）就已经因为英航和玛格丽特·撒切尔领导的托利党（“工党不作为”）这两个客户的案子，而被公认为伦敦炙手可热的创意公司。兰德尔·罗森伯格在他发表在《纽约客》上的文章里写道：在这样一场并购狂潮里，萨奇兄弟的公司将目标瞄向了美国的康普敦广告公司、唐瑟–菲茨杰拉德–森普公司，以及贝克–斯皮瓦格尔公司，而这些公司的所有者也纷纷愿意将公司出售变现。自此，业界戏称萨奇兄弟（上奇广告）公司为“攫取–攫取”公司。全程参与资本运作内外事宜的首席财务官马丁·索瑞尔也有了一个昵称，叫作“萨奇家老三”。

在这场狂潮中，也有人因为不想成为被并购的靶子而主动作为，发起并购壮大自身。1986年，天联广告公司、恒美广告公司和尼汉–哈伯国际公司（NHW）三家大型美国广告公司联合起来成立了奥姆尼康集团。这次众所周知的“创世大爆炸”造就了全世界最大的广告公司，但这个名号只存活了两个星期。莫里斯·萨奇说服达彼思公司的首席执行官兼主要股东鲍勃·雅各布以5.07亿美元的价格卖掉他的公司。这次兼并重新将萨奇兄弟公司的规模推向了顶峰。雅各布吞下了其中1.1亿美元。这样大数额的一笔横财，不禁使得广告客户怀疑他们之前向广告公司支付了过多的费用，其中一些客户还因此下调了广告代理费。业界流传着一个笑话：所有广告公司最终将合并成一家，所有客户也将合并成一家，最后唯一的客户解聘了唯一的广告代理商，关起门来自己给自己做广告。

这些事件激起了奥格威的尖刻评论："只有超级自大狂才会醉心于这种规模的超级兼并。职员并没有从这些资本运作中收获任何利益，具有讽刺意味的是，客户也没有。至于是否为股东做出了贡献，尚待分晓。所以，我反对这些合并。"

马丁·索瑞尔后来离开了萨奇兄弟公司，独辟天地。他一开始投资了英国一家小型的超市购物筐制造公司——WPP 公司。拥有哈佛大学工商管理硕士学位的索瑞尔身材矮小，精力充沛，记忆力绝佳，是个工作狂，对购物筐实际上毫无兴趣。WPP 公司，如它重组后的名字（Wire & Plastic Products）所示，于索瑞尔而言，只是一个实施并购的金融工具。在 WPP 名义下，他很快完成了 15 起收购，收购对象主要是一些业务很小、不起眼但是利润丰厚的市场服务提供商，如促销服务供应商等。

一切才刚刚开始。1987 年，WPP 开始开展大西洋两岸的广告业务。它的开展策略是，出价 5.66 亿美元，向智威汤逊集团发出了收购要约，包括该集团旗下的智威汤逊公司——一家在伦敦、纽约和芝加哥都有很深业务根基的全球广告公司。小鱼向巨鲸发起了进攻。此时的智威汤逊集团正值管理不善期，接二连三地流失客户，财务漏洞频现，变得不堪一击，并最终轰然倒闭。在广告业历史上，这是第一次恶意收购。理查德·摩根在《智威汤逊收购案》一书中写道："终于，收购广告代理公司进行资本扩张的时代来了。"

智威汤逊集团旗下有一家名为罗德－盖勒－菲德里克－爱因斯坦的创意公司，负责 IBM 个人电脑的案子，是集团里盈利最好的一家公司。在与索瑞尔的初次会面中，迪克·罗德要求买回这家公司，索瑞尔的回答是："我是买家，不是卖家。"他要求罗德将该公司的分红比例从利润的 15% 削减至 4%，并把获得分红的人员名单交给他。多次正面交锋无果，罗德觉得自己像个契约佣工，于是他选择了放弃挣扎，离开集团，和跟随他的 43 个职员重新成立了一家公司。但他的老客户——IBM——没有追随他而签约新公司。索瑞尔断言这是有预谋的行动，目的就是挖他墙角摧毁他的事业，他以阴谋策划企业破产的罪名向法院起诉了罗德等人。这场官司打得几乎尽人皆知，最终的结案也是轻拿轻放。经此一役，WPP 的管理风格可见一斑。

1987 年，奥美公司可能被收购的传言甚嚣尘上，公司股价剧烈震荡。在伦敦，包括曾因具有争议的贱卖事件而被挤出局的雅各布在内的一群达彼思前高管，正在集资收购奥美。奥美公司召集了一群法律界和金融界的顾问，开始以"约克镇"（暗指"英国人来了"）为代号策划应对方案。然而，这个看起来颇为戏谑的计划从未落地过，它只是一种预防演习。

到了 1988 年年底，令人不安的流言再次传开，不过这次指向了 WPP 。在收购智威汤逊之后，WPP 又陆续将 10 家广告公司收入囊中。索瑞尔告诉分析家，他的目的在于使 WPP 广告集团成为世界上最大的营销服务公司，智威汤逊经营状况的好转也早于预期。他已摩拳擦掌在策划新的收购案，并根据奥美集团的情况列出了一系列收购标准。

奥美公司是否真的不堪一击，索瑞尔是否有这样的实力一举收购成功，金融界不置可否。潘恩－韦伯公司的阿兰·戈特斯曼认为："奥格威是不会坐以待毙的。"从搞砸公司这个角度上来说，奥美公司和智威汤逊毫无可比性。他说："在奥美，没有冗余的人和事，（也不存在不必要的成本）。"《华尔街日报》指出："金融界过分吹捧索瑞尔，几乎到了盲目的程度。"在伦敦证券交易所，WPP 广告集团的市盈率是 1986 年的 60 多倍，戈特斯曼对此评论道："即使上帝发售股票，想达到 60 倍的市盈率恐怕也有难度。"

与智威汤逊不同，奥美公司的管理井井有条。尽管有持续多年的良好经营，但奥美的股价却停滞不前，利润率由于之前并购促销类和市场调研类公司反而下降了。此外，与其他广告公司一样，奥美也由于客户要求削减广告费用而面临利润缩水。尽管如此，年报显示奥美公司该年度营业收入为 8.38 亿美元，创下了公司的历史新高。依靠在自身直接营销领域的领导地位，以及涉足其他服务领域获得的利润，奥美公司正与它的 3 500 家客户一起稳步成长。

之前为了反对被收购而组建的“约克镇计划”团队重新集合了起来。1989 年 1 月，股东大会通过了股东权益计划。该计划被不吉利地称作“毒丸”[①]。整个冬天，随着奥美公司股票价格的反弹，投机活动持续上演。这并非演习，而是确实有人正在买进奥美广告公司的股票。当时，我已经接替比尔 · 菲利浦，成为奥美集团的董事会主席，我将领导这场保卫战。

3 月，在顾问的力劝下，我接受了索瑞尔定于纽约天空俱乐部的午餐邀请。索瑞尔在承认已经买进了奥美公司的一些股票之后，提出了兼并议题，方案有 4 种，还谈论了他所谓的兼并行为中的“无情逻辑”。我回应道，可能存在逻辑，但并不是无情的。

1989 年 4 月 29 日是星期五，天色阴沉。我刚从伦敦回来，在那儿我会见了金融分析师，为了澄清两个谣言——奥美公司是一家表现欠佳的公司，它可能对 WPP 集团的收购行动做出响应。我的陈述似乎进展顺利。我以“苹果和橘子”做比喻，来表明我们的广告利润率与表现最好的公司旗鼓相当（“苹果对苹果”，具有可比性），而且当时我们从联合利华收购的调研公司（这是橘子，而不是苹果，它们之间没有可比性）仍然在学习如何独立自

---

① 纵观历史，间谍都随身携带毒药丸，以应对被俘后的严刑拷打。在华尔街，这是指在发生收购时，提供给股东购买更多股票的权利，使收购者的敌意收购行为花费的代价更大。

主地运营。我认为兼并不论是对于股东还是客户，都没有任何利益可言。

当索瑞尔得知我在伦敦时，他表达了再次会面的意愿。我搁置下来，同时打电话到纽约，向与奥美合作并购事宜的德普律师事务所（我们长期的法律事务合作方）寻求建议。他们的建议是："你应该打电话给他，让他清楚你的立场。告诉他奥美公司的计划是保持独立，这是董事会的决定，你的工作就是执行董事会决定。你的策略是不卖公司，不希望他有任何误解。告诉他你不想无礼，只是在合并这一点上双方无法达成共识。"于是，我打电话给索瑞尔对他讲明了我的观点。他听后说："这种说法听起来就是（脱离实际的）空中楼阁。你的公司是一家上市公司，它属于股东和你，而我的出价是完全能够体现奥美价值的。"

随后，索瑞尔抛出了重磅炸弹。他说："我从你们公司的内部员工那里得到间接消息，他们很愿意我们洽谈一下兼并的事。"索瑞尔的策略之一就是尽量使他的对手产生动摇，那样他便更容易进行攻击。索瑞尔已经知道了在纽约的奥美管理层的一些内部矛盾；另外，我们的一些高管开始质疑兼并对奥美股东和客户利益不友好的论断。我坐协和飞机准备回纽约，索瑞尔想与我同行，一起去纽约商议收购案。我很坚决地告诉他，奥美不接受兼并，我们没有必要同去纽约进行后续讨论，奥美不会掉以轻心。

索瑞尔没有就此善罢甘休。他继续说："我的收购条件非常简单，不存在高杠杆。我们两家公司战略方向类似。"然后，他抛出另一枚炸弹："我们准备支付每股 45 美元的价格。"奥美公司的股价一直以来维持在 20 美元上下；由于谣言，在几个月内曾涨到 27 美元。这是第一次，双方公开议价。我回答"好，我了解你的意思了"，随后挂断了电话。

第二天早上，索瑞尔再次打电话给我，表面上看起来就像是回复一个我不曾打出去的电话。他说："我感谢您打电话就一些可能的误会做出澄清。我想清楚地表明，除非奥美公司希望有所变动，否则任何提议都将以保持公司现有的管理结构为基础。人员会继续留在原来的位置，除非奥美公司希望有所变动。我很期待与董事会和您本人进一步沟通。在商言商，每股 45 美元的价格，如果你们觉得不满意，我们还可以谈，其他激励性质的奖金计划也一样可以谈。"我再次审慎地拒绝了他，并告诉他我对股东有受托责任，有必要保护股东利益，此事公司董事会会慎重考虑。

结束伦敦的金融分析师会议返回纽约后，我驱车前往车程不远的特鲁特贝克，那里有奥美的一个会议中心，距离市区几个小时车程。奥美的高管们要在这边开会讨论一场早就计划好的工作回顾会议，主要是针对公司核心人员。但由于公司这段时期面临的压力，它已被推迟数次；由于这次突如其来的流言，它差点儿又被取消了。但是我们毕竟还有业务要继续做下去，会议还是要继续。

在举行会议的第一天下午，我们就收到了“熊的拥抱”——一份传真。正如安德鲁·罗斯·苏尔钦在《时代》杂志上写的，对华尔街而言，“熊的拥抱”不是情书，而是由一部分艾米丽·波斯特①（礼仪）和一部分马基雅维利②（傲慢、威胁）组成，这些措辞异常热烈的言语是由不受欢迎的追求者发出的，他们试图促成和平协议。但是，他们的行为始终有一个隐含的威胁：如果拒绝这一提议，你只有迎接打击的分儿”。

这份传真发到了我在纽约的私人传真机上。5分钟后，有人从伦敦打来电话，询问是否已经收到他们发来的传真。这是索瑞尔在向我施加更大的压力。我请秘书将传真的复印件分发到世达律师事务所（它是最优秀的处理并购事宜的律师事务所，也加入到了我们的法律团队中）和我们的两个投资银行——希尔森·雷曼公司（它后来被美国运通公司收购）、史密斯·巴尼公司（该公司也是我们的客户，其广告语是“我们用老法子赚钱，结果赚到了”）。我们信任我们客户的产品和服务，在这次紧急情况下也不例外。我们的银行团队还包括伦敦的华宝银行。

---

① 艾米丽·波斯特（Emily Post），美国礼仪专家，以《社交规范蓝皮书》为所谓的“美国风范”建立起一套礼仪标准。——编者注

② 马基雅维利（Niccolò Machiavelli），意大利政治家，其著名的作品《君主论》问世后引发激烈争论，而他一度被认为是“暴君的导师”。——编者注

保卫自由和独立的战斗打响了。在传真中，索瑞尔重申了每股 45 美元的报价，并指出 WPP 集团和奥美集团的合并是“天作之合”。传真中还提名了兼并之后公司的管理人员的职位，以及奥格威的职位：

> 为了这次合并的圆满完成，我们将非常希望邀请大卫·奥格威担任 WPP 集团的主席。如果他愿意接受，我们将甚感荣幸。奥美集团和 WPP 集团的客户、员工、股东将受益于他无与伦比的经验和远见。这将有助于确保维护奥美集团的创意遗产，也提供了与广告业最伟大的人物更密切接触的机会。

如果说有一点是所有人都会同意的，那就是奥格威不可能接受这一邀请。这明显是一个捕食者的狡猾伎俩，没有人会把这样的伎俩当真。很明显，在很多角度上，WPP 集团的立场都站在奥格威的对立面，包括关于收购金融控股公司，关于不同理念的公司共存于同一体系之内，以及关于规模能否驱动公司业绩增长。在过去的演讲和面试中，奥格威毫不留情地公开他对兼并和资金管理者的不认同。他告诉《广告时代》，失去公司就像是看着自己的孩子被卖为奴隶。他还补充说，广告公司的客户也不会允许这样的做法：

> 客户绝不喜欢兼并，他们厌恶兼并。他们不希望他们的代理被卖掉。在这一点上，我不会责怪他们。如果我的私人医生说，他已经将我卖给了另一名我从未见过面的医生，而我以后将要向后者咨询保健事宜，我是不会上蹦下跳表示高兴支持的。

在伦敦举办的一次世界广告商联合会的会议上，奥格威差点儿碰见了索瑞尔。当他在一本贸易刊物上看到他的照片与索瑞尔的照片放在一起，作为仅有的广告公司的代表时，他退出了会议。“我不愿意与这种人在同一场合出现。”这是他第一次公开表示，他对索瑞尔在广告界的地位绝不认同。

奥格威承认是他种下了使奥美走到如今这一步的种子。谣言四起时，他在写给董事的信中说：“作为首席执行官，我做过的最糟糕的事就是让公司上市。对此，我唯一的借口是，上市的时候还没有出现恶意收购。但这是为我的错误开脱！”他的这些说法并不完全基于当时的事实。除了成为上市热股，他清楚地认识到，公开招股是合并美瑟－克劳瑟的条件。后来，在1976年，当董事会考虑退市时，他已经明确指出他不同意。覆水难收，以当时的市场行情价，想收也收不起了。

既然战斗已经开始，现在是时候让奥美公司发动攻击了。我们选择《金融时报》来表明立场，以期大西洋两岸的投资者都能及时了解到。当记者打来采访电话时，奥格威已经有所准备。《超级自大狂的超级兼并》一文已表明了他的立场，并发表在伦敦的《泰晤士报》上，同时也出现在奥美1986年的公司年报中。此刻，他重申了这些观点，将矛头直指索瑞尔：

> 我胼手胝足争取客户信任拿到案子，他直接花钱买客户。这种可恶的家伙唯利是图。他没有兴趣做好的广告，而做出优秀的广告恰恰是我始终追寻的。我花了40年的时间打造了奥美广告公司。这个家伙要收购它的妄想令我毛骨悚然。我们要记得耶稣把货币兑换商赶出了教堂。

强烈的措辞在新闻中无处不在，报刊记者只有通过将“可恶的狗屎”变成“可恶的怪人”才能弱化如此强烈的措辞。随后，奥格威更正了报纸这类错误的引用，并坚持使用原本的更形象的措辞。

为了迎击索瑞尔，我们采取了不寻常的措施，公开了WPP集团的兼并提议和一份揭露其“在经营逻辑方面存在严重缺陷”的声明。同时公开的，还有我写给索瑞尔的一封信，说明他的提议是“不准确的、不诚实的”，并给双方的沟通造成了一个完全错误的印象。我们以“敌视我们的客户，敌视我们的员工，敌视我们所代表的一切”为标题做了广告，这是经过深思熟虑的。奥格威建议将索瑞尔和他本人的照片放在一起。在索瑞尔的照片下面引用这样的语句“……麦迪逊大道最卑鄙的人”，在他的照片下方则是“美国广告界最受欢迎的奇才”。然而，这些广告并不是解决问题的办法，它们没有起作用。

在接下来的18天，此事被广泛报道。在我们的防御计划———股票回购、“白衣骑士”、“白衣护卫”[①]和杠杆收购措施——开始的同时，局势开始紧张起来。能想到的办法都试过了。我打电话给垃圾债券大王、金融专家迈克·米尔肯。他问我有没有优先股（他指的是一种可行的防御措施）。我说没有，他说“那太糟了”。WPP集团提供了这么多现金，以致我们要么选择接受被收购，要么被愤怒的股东起诉。一名律师预测“诉讼即将暴发”。奥美的股价已上升到每股54美元。8.62亿美元的资产换来3 200万美元的收益——WPP集团愿意支付额外的品牌溢价。

下一步是通过谈判达成协议。在与索瑞尔会晤之前，就“加入WPP后，状况将是什么样的”这一议题，我准备了65个议题。以与旗下员工的敌对关系而闻名的索瑞尔在会谈中表现得很是豪爽可靠。他许诺，未来除所有权外什么都不会改变——WPP集团将为奥美引入新的财务力量，奥美公司将运营得更好。他将不会干预，也不要求会见客户，除非客户项目方要求见他。我将这些自治保证报告给执行委员会，并定于5月15日召开董事会会议审议评估出价，那正好是在我们的年度股东大会之前。

---

① “白衣骑士”在这里是指以投资的方式帮助某家公司的机构或个人。“白衣护卫”指仅在被收购公司占很少的股份，并且也不存在接管公司的意图的机构或个人（例如沃伦·巴菲特）。

压力重重和情绪激动的18天战斗让参加董事局会议的董事会成员精疲力竭。在竞争性报价的最后一刻，IPG集团（包括麦肯－埃里克斯和其他公司）的主席菲尔·盖尔打来电话，商议如何帮忙挫败WPP集团。我告诉他，现在是比赛的最后时段，但同意看看他的出价。IPG虽然不是我们的理想选择，但至少盖尔熟知广告业，比起WPP集团，它将会是一个更好的合作伙伴。董事会决定在第二天的会议上考虑他的出价。

这次会议在我们公司位于48街东2号楼十楼的会议室举行。那是一座由埃默里·罗斯设计的建于20世纪50年代的平常建筑，我们在那儿办公已有35年之久。随着业务的延伸，我们还有职员在纽约其他10余个写字楼里办公。公司正准备将办公地点迁往位于环球广场的新办事处。48街的办公室已经老旧了，并且空调也不稳定。

房间里有40个人，分成了五组，由投资银行家、律师、奥格威集团的董事以及奥美国际的董事组成。这些人掌管着奥美大部分的收入和利润。而伦敦、法兰克福、巴黎、多伦多和香港的负责人通过简讯追踪会议进展。主管拉丁美洲公司的负责人因滑雪受伤正在接受治疗，因而通过电话连线，在圣保罗的家中参与会议。

下午两点，会议开始了。我将整个情况做了汇报，包括在会议召开前最后一分钟 IPG 公司的出价。此外，我也提到了来自客户的深切关注——整个事件转移了人们的视线重点，客户们看不到收购能带来什么好处——没有任何一个客户采取了实际的行动表明立场，只是说他们在“衡量形势”。

然后，我把发言时间交给了希尔森公司的 J. 汤米尔森 · 希尔。奥美公司的人从来没有接触过希尔这样的人——他梳着光洁整齐的发式，背带上带有饰纹图案，好像影片《华尔街》中的戈登 · 伽可。希尔是华尔街的天才金融专家，他开始评论 IPG 集团的出价，认为虽然 IPG 的出价高于 WPP 集团的出价，但是该股价没有考虑到这两家广告公司客户之间的矛盾可能搞垮奥美公司。他厌恶地用两个手指夹起了盖尔的信，仿佛那是一件肮脏的东西，驳回了这“不靠谱”的出价。

虽然 IPG 的股票报价方案看起来出价更高而不应被拒绝，但其中没有提到有关客户损失的任何假设，不如 WPP 集团清楚明了的现金报价，只要出得看起来够高，我们就无法拒绝。我们不得不说服盖尔退出竞争并与 WPP 保持勉强的和平关系，不然会影响公司的业务发展。会议期间休会了几次，我们与盖尔通了话。继而会议的时间拖延了，我们订了比萨，每个人都在等待 IPG 采取显而易见的行动。

有一次，有人问奥格威，如果能够成为 WPP 集团的主席，他将有怎样的感受。当时在场的人都应该还记得这个场景。

奥格威向董事们反问道：“我应该接受吗？”一直以来，他都被人不断建议，要对接受 WPP 集团的邀请持灵活态度。

负责奥美德国公司的汉斯·朗厄说："你一直反对大规模兼并。如果你接受了，那么我该怎么向年轻一辈解释呢？我会说，这是一种利用你的名号所做的噱头。你谈论兼并巨头就是轻视你自己。"

彼得·华伦是公司在伦敦的一位前辈，他刚被任命为奥美欧洲的主席。他完全同意这种说法，说这样的做法与奥格威自己多年来宣称的所有原则是相悖的。

朱尔斯·范是最早加入奥美集团纽约分部的人之一，他为人正直直率。他问奥格威："你怎么能出卖你自己的本性？"

奥格威看起来苍老疲惫，他没有站起来，坐在椅子上，对在座的人发表讲话。他语速缓慢。

> 他（索瑞尔）熟知金融，而我可以帮助 WPP 集团树立公司形象。我这样做有助于维护我们奥美公司的企业精神和文化。

他希望得到大家的理解：

> 我还有余热可以发挥，而且我还有雄心。我不想退休，我需要一份工作。

他还附带说了一句关于 WPP 集团的另一组成部分（智威汤逊）的话：

> 我一直很喜欢智威汤逊。我缺钱。我没有管理好我的钱。我有一套豪宅和一位年轻的妻子，我需要钱。我有贪欲（停顿），也有一些虚荣心在作祟。

接下来是一句非常好的总结：

> 到我这个年纪，做什么是正确的、做什么是错误的，你们没有权力指导我。至于索瑞尔，也许我可以改变他。

这段话使人听来内疚。朱尔斯 · 范回忆说：“发言非常伤感，但我们必须支持他。这是他的公司，是他一手创建了它。”

晚上 10 点刚过，盖尔撤回了 IPG 的出价。董事会重新在会议室集合，此时的会议室里满是空比萨盒子和令人不安的燥热，后者是老旧的空调系统造成的。我向大家报告了 IPG 撤回出价的消息，重申了 WPP 集团的报价。董事会无异议通过，决定接受。到 11 点半左右，会议已经持续了将近 10 个小时。我打电话给索瑞尔，他一直在附近等待。只用了 20 分钟，他带着布鲁斯 · 瓦瑟斯坦，在后者的协助下取得了此次收购的终极胜利。瓦瑟斯坦是第一波士顿银行的投资银行家，颇有闯劲。

第二天，也就是5月16日，我主持了奥美集团最后的股东会议，宣布公司被收购了，而他们作为股东确实已经做得很好了。最终收购价格为每股54美元，是所有这一切开始之前奥美市场股价的两倍。这相当于给奥格威公司的股东——也包括许多员工——提供了一桶黄金。而在日后的许多年里，对于WPP公司的股东来说，这么高的收购价格使得这场交易成为一场损失惨重的胜利。与表现欠佳的智威汤逊低估了其在东京市中心的资产（可以以更高的价格出售）不同，奥美公司管理严格，没有低估任何资产的价值。这一次，索瑞尔反倒无法快速为偿还巨额贷款找到解决办法了。

在麦格劳－希尔大楼附近的礼堂，我召开了一次由公司125名职员参加的会议，向他们解释最近发生的事情，并介绍了公司新的所有者。奥格威走进会议室，他看上去状态很糟。人们向他走去，想和他交谈，他只挥挥手示意大家离开。一名在场的人说，这种情形就好像是有人想去安慰事故现场里遇难者的家庭成员。我在会议上解释说，律师们不允许我在公开场合提及太多，因为收购还没有完全结束。然后，我简单给大家讲明了现实的财务情况，陈述了WPP公司的“自治”保证，并告诉他们这是索瑞尔亲自承诺下的。接着是会议的提问阶段。

一名提问者问索瑞尔，计划下一步收购哪家公司。索瑞尔回答，他已完成了自己的目标，并没有进一步的收购计划。此时，现场传来了奥美创始人的声音：“和血洗捷克斯洛伐克的刽子手希特勒毫无分别。”

三天后，奥格威接受了担任 WPP 集团主席的邀请。

这是广告界历史上最大规模的收购。比起一家公司的独立地位的丧失，它更是预示着控股公司疯狂收购广告公司和相关公司的时代到来。在很短的时间内，很多独立公司被 WPP 集团、奥姆尼康公司、IPG 集团或其他大型控股公司收购或合并。这是一个奥格威永远不会认可和理解的世界。例外的是，当被问及为什么支付了 8 亿美元时，索瑞尔回答道：“对于任何一个了解品牌价值的人来说，这似乎是一个荒谬的问题。”这个答案很对奥格威的胃口。

具有讽刺意味的是，在 20 世纪 70 年代，约克 · 埃利奥特与 J. 沃尔特 · 汤普森曾经以“TOTO”作为代号，探讨过两家企业的合并事宜。两个公司共享了一部分客户资源，并制订好了经营管理计划——埃利奥特将担任五年的首席执行官，然后由智威汤逊集团年轻的管理者唐 · 约翰斯顿继续担任。智威汤逊董事会对此一致投了赞成票。而在奥美集团，董事会 一致投了反对票。埃利奥特说：“我们非常骄傲。我们认为我们是最好的广告公司。”由于不了解智威汤逊集团在伦敦的出色表现，纽约人对它十分陌生。如果那次的合并得以达成，进而创立世界上最大的广告公司——那么对于 WPP 集团来说，收购这样一家大企业，无论从哪方面来说，成本都太大了。今天的事也就不会发生了。

不出意料，公司被收购之后的过渡阶段是非常难熬的。一些无形但有凝聚力的东西业已丧失，那就是公司文化里一直以来的自豪感和认同感。之前的骄傲不再，许多人无所适从，甚至有的人在股东会议上哭了。新闻界也语带偏袒，《广告时代》的封面文章这样报道："天才向傻子低头了。"这样的评语不可避免地对高层管理人员产生影响。有些人，例如创立了华盛顿公共关系事务所的乔迪·鲍威尔，看到这样的报道后便立刻辞职了。另外一些人，比如欧洲区域理事彼得·华伦和负责美国快递、食品客户服务的布伦丹·赖安，也在几个月后离职了。

奥格威认为，人们热爱并愿意为之牺牲的地方是一方乐土，而索瑞尔认为，放纵的乡村俱乐部才是天堂。盖尔认为索瑞尔没有将广告渗入到自己的身心意识中，说："他是一个计较的投资银行家。"这些声音都没有烦扰到索瑞尔。他的回应是："我喜欢数钱。"不过，就在几天之内，由于沉重的债务和经济衰退，索瑞尔出尔反尔，违反"自治"条款，开始径自会见客户、公司负责人，并拒绝管理他那笨手笨脚的财会职员。奥美在世界各地分支机构的高管陆续离职。在感觉到自己在公司逐渐被架空、失去了领导力之后，我离开奥美，加入了客户美国运通公司，负责该公司的对外沟通事务。索瑞尔接受了我的辞职申请，并任命了菲利·格雷厄姆为我的继任。格雷厄姆是一个强硬、圆滑的英国人，之前负责经营奥美在荷兰、加拿大和美国的分公司。

尽管奥格威的新职务是 WPP 集团的“非执行”主席（索瑞尔仍然是首席执行官），但兼并对他的影响是真实存在的。他的“孩子”被绑架了，他生命的中心不见了。他特别夸张地说，接连好长一段时间，他每天晚上都是淌着眼泪入眠。忽然有一天，这种日子结束了，他步行了很长一段距离，当走回家时，感觉很好。奥格威一直是现实主义者，他接受了所发生的一切，去 WPP 集团工作。

兼并完成的几周后，奥格威因为在广告界的能力和地位，获得了由西格拉姆公司设立的旨在纪念比尔·伯尔尼并鼓励广告业卓越人士的新奖项。西格拉姆公司（奥美公司和恒美公司共同的客户）的主席小埃德加·布朗夫曼，提名奥格威为第一个获此殊荣的人。晚宴上，奥美前任（文案）总编辑戴夫·麦考尔（已成立了自己的广告公司）向大家介绍了自己的这位前任老板。麦考尔说：“他一生都致力于提高标准，职业标准、个人标准，甚至是休闲娱乐的标准。有句苏格兰旧谚，‘生时尽量欢乐，因为你将死去很久’，在很大程度上，这句话概括了我们在奥美的工作状态。”麦考尔最后说：“大卫·奥格威非常有个性，他的公司也非常有个性。并且，他已然改变了整个广告业的性格。”有必要的时候，索瑞尔会施展他的魔力。这段时间里，他至少迷倒了奥格威。这一点在奥格威的获奖感言中表现得十分明显。奥格威大力赞扬了这位新老板，称索瑞尔是他在广告界共事过的人中最聪明的一个。这种大肆赞美进一步伤害了已经遍体鳞伤的所有合作伙伴。后来，他告诉一位采访者，广告业充满了愚蠢和乏味的东西，索瑞尔、哈尔·赖尼（奥美旧金山办事处的反向创意领导者）以及他本人是唯一的例外情况——这样的说法含蓄地诋毁了所有他的其他合作伙伴。

金钱摧毁了他与埃斯蒂·斯托厄尔一度令人羡慕的朋友关系。奥格威曾说过："随着把创意部以外的所有部门交给斯托厄尔管理，我松了一口气。从那时开始，我们公司以更快的速度成长。他是一个很有能力的人。"而如今，斯托厄尔这个"对我们早期成功贡献最大"、使公司得以被大客户接受并亲自迎来了通用食品公司业务的人，被称为是无所事事、没有获得任何新客户的人。

斯托厄尔对此做何反应？作为原则问题，公司当初上市时，斯托厄尔早已辞去总裁一职，但仍保有他在公司的所有股份。多年来，奥格威已经陆续出售了自己的大部分股票，此刻，他被斯托厄尔的方式激怒了，几乎逢人便说："你们知道他赚了多少钱吗？他用他持有的股票赚了成百上千万！"（那些股票价值2 800万美元。）为什么奥格威没有持有公司的股票呢？他说："我一直担心公司会完蛋。"

奥美被收购事件在一定程度上摧毁了奥格威的精神。他开始感到孤独，并与广告界脱离开来。但是，还发生了其他一些事。他在法国的秘书洛娜·威尔逊目睹了他这一时期的衰老，她说："公司是奥格威生命中最重要的东西。创建奥美公司筚路蓝缕、十分艰难，他认为自己亲手缔造了奥美并一直在尽心培育它，但是它已被残酷地带走了。”

尽管在颁奖晚宴上奥格威发表了对索瑞尔的过分赞美，但对他的态度是很矛盾的——既欣赏其智慧和在金融上取得的成功，同时也厌恶其经商逻辑。索瑞尔夺走了一件让他觉得活得有意义的东西，那就是奥美公司。他认为气质会改变，奥美公司曾使得为它工作的人感到自豪，为它的经营理念感到自豪，而现在，他的“孩子”在集市上被一个“会计”买走了。索瑞尔以忍耐克制的态度与这位业界老前辈做生意，用诸多善意的承诺赢得了他，当然也包括一份不错的薪水。

智威汤逊在伦敦的负责人杰里·布尔默，现在是WPP集团的董事，是奥格威很欣赏的人，他们成了密友。两人都曾是撰稿人，奥格威喜欢这一点。但是布尔默知道，他的新朋友已经失去了一些重要的东西，因为他曾帮助奥格威做了一场演讲——是奥格威在这一时期所做的多次“唠叨重复”的演讲之一。公司的一位老员工曾见到过奥格威在担任WPP集团主席后，在伦敦举行的会议上设法解释公司业绩不佳的原因，他认为奥格威被索瑞尔这样利用非常可悲。既然奥格威不齿WPP集团的经营逻辑，那为什么还要接受邀请成为该集团的主席呢？奥格威曾经抱怨：“我不知道马丁·索瑞尔为什么需要我。”有人告诉奥格威，那是因为他是一个值得尊重的人。奥格威问：“我在图什么？”对方回答：“20万美元的年薪。”奥格威问道：“你怎么知道这些的？”对方说："每个人都知道。"

奥格威认为他已经没有别的选择。就像他常常承认的，他没有管理好自己的财富，同时还有很多开销。他希望在自己的有生之年和去世之后，赫塔都能够住在多佛庄园，但住在那里的花费很昂贵。他承受着他认为必须要做的事情，努力守住多佛庄园的大门，不让别人侵犯。另一些人犀利地说，奥格威出卖了他的灵魂，并质疑他是否真诚地为了公司、员工、股东和客户的最高利益，抑或他是为了自己的最高利益。由于他的公司和合作伙伴，他受伤了，同时他还被一个聪明人欺骗了，这个人知道如何蛊惑和奉承他，以及如何挣钱。

事实很快表明，奥格威真的很难做好财务管理，然而公司的财务问题越来越需要一个更强有力的主席来处理和解决。几年后，当离开 WPP 集团时，他感到很轻松。"马丁从来没有征求过我的意见，他什么都不告诉我。他不准我靠近智威汤逊公司，给了我奥美国际以及一家小型附属公司——我甚至从未与它们的人员会面过。我与奥美国际的关系边界并不明晰。我有自己的观点，但它不同于马丁的逻辑。"

在收购结束 6 个月后，也就是 1989 年 11 月，WPP 公司在纽约举办了一场计划了很久的全球管理人员会议，奥格威受邀出席并致辞。由于在场的许多人心中的伤口尚未愈合，所以他站起来讲演时，气氛很压抑。他以一个笑话作为开场，这几乎是他唯一讲过的笑话，也是他在很多场合炫耀过的一个笑话。

我不知道在座的诸位是否去过汤加？我去过。

在座的125位高级管理人员纷纷笑了起来，以示认可。于是，他继续讲下去。

那是一座位于太平洋的岛屿，我和妻子曾在那里漫步。那儿有一个王室，他们家族庞大，家族中的人都很高大，国王和王后都是如此，现任国王也不例外。有一次，他受邀访问伦敦。

欢迎场地被布置得非常壮观。伦敦的传统是，女王要乘坐马车去维多利亚火车站迎接贵宾。英国女工的皇家马车抵达车站，月台上铺着红地毯，首相和总督们被一一介绍给汤加国王。随后，汤加国王坐进美丽的皇家马车，女王就坐在他的旁边。他们离开了车站，前往白金汉宫共进午餐。

那一年，奥格威78岁，高大的身形已然衰老，肚腹也大了许多。他戴着带有角质承力架的老花镜，听力也不如以前，但人们仍能感觉到他是一个充满力量的人，并未老态龙钟。开会那天他穿着运动夹克，没有打领带。开始说话前，他脱掉了皱巴巴的夹克，就像过去在演讲中常做的那样，把它准确地扔到了一旁的椅子上。

> 这是一件值得关注的大事。穿着护胸板、头盔带有羽毛装饰的护卫队护送着汤加国王一路前行。汤加国旗在空中飘扬，人们挥舞着双手、唱歌、欢呼。英国女王坐在这辆漂亮的马车里，身旁是异国贵客。这是一辆敞篷马车，总共有6匹马拉着，我猜这些马的品种是温莎·格雷斯。就在他们一路前往白金汉宫的路上，一匹马放了个屁，以前马没有放过屁。（会议室里大笑起来。）
>
> 女王和汤加国王完全窒息了。（笑声更大了。）
>
> 最后，所幸的是，风把臭味吹走了，女王对汤加国王说："我对此深感抱歉。"（奥格威停顿了一下。）
>
> 国王回答道："不必道歉了，它只是一匹马而已。"

虽然在场的几乎所有人已经听过这个故事好几遍了，却还是发出了阵阵笑声。这个给广告业带来高尚品位的男人接下来说道：

> 也许我将不会再有这样的机会，所以我不只是站在这里讲笑话。我并不是来做演说的，而是想就一些特殊的问题给

你们一些建议，由于这些建议实行起来较为困难，所以你们可以根据自己的情况来定。我将占用大约10分钟时间。这些话是关于人的。

奥格威指着讲台上的一组俄罗斯套娃，并以它们作为切入点开始了接下来的讲演。

在传统上，你们认为在广告业这个等级森严的体系中谁是最重要的？虽然我讨厌这种森严的等级划分，但它存在于所有机构。

这是一个新的主题，在座的每个人都在认真聆听。

我认为，传统上，大家一直普遍认为那些大人物、拔尖的人才是最重要的，这些人是公司的头儿。这是错误的。我的意思是，公司的头儿到处都是。据我所知，许多公司的头儿仅仅是管理人士。如果存在这种森严的等级划分的话，我认为处于最顶端的应该是新业务的开拓者，如果你恰好拥有一位这样的稀有人才的话，那你真是足够幸运了。

在奥格威的排序中，处在第二位的是那些关注国际大客户的人，第三位是“创造性的天才”，最后才是公司的头儿（管理者们）。

当然，偶尔我们也可以看到公司的头儿同时也是新业务的开拓者。

他顽皮地说：

我就是这样的人。
偶尔也存在公司的头儿同时也是创造性的天才的情况。

他笑着说：

我也是这样的人。

我们很熟悉他这样的说话风格，他这种自我意识明显、自尊感强烈的风格得到了大家以笑声示意的喝彩。他开始讲别的人事问题，劝说在座的广告人尽量少聘用拿 MBA 学位的人，而是聘用更多具有不同寻常背景的人。他说：

就像宾夕法尼亚州的烟草种植者，我们应该接受一些来自其他国家的人，特别是一些来自印度和南非的人。我提名他们是因为我获得了既得利益——我是公司在这两个国家分支机构的负责人。来自这些地方的人都是非常了不起的。如果你在客户的办公室里，提起自己拥有一些印度人和南非人作为左膀右臂，他们将产生浓厚的兴趣。这与声明拥有一群该死的工商管理硕士的结果是大相径庭的。

看看我们公司内部，很多人都不再年轻了，当然需要补充的是，大家也不是太老。但是，为什么让我们这些人在依旧年轻时在外四处闲荡，而让乳臭未干的毛孩子前来替代，为什么我们有这个可恶的习惯？

要关心那些已经被聘用的年轻人，劝他们读读我的书吧，他们会感动到放声大哭的！（会议室里再次哄堂大笑。）

（他逐个列举自己的著作）《一个广告人的自白》——大卫·奥格威著！《奥格威谈广告》——大卫·奥格威著！以及《广告大师奥格威：未公诸于世的选集》！

这样的书我一直在写，世界各地的人都在读——除了奥美的雇员！那是因为他们完全拥有了这些无价的信息。如果你读过这些书，就不会这么狂妄无知了。

然后是关于企业文化的话题（“它将我们与所有其他公司区分开来”）——以人道主义的方式对待员工。他讲了一个令员工感到幸福的公司带来的好处。

如果你拥有一家令人愉悦、人性化的公司，你将节省下很多费用，并将吸引最好的员工、最有吸引力的客户。同时，它也会为你的一生增添一段快乐的时光。

接下来是关于赞成削减工资，而不是解雇员工的“新的长篇大论”。

> 我很难过地告诉你们，我认为可以对人做的最残酷的事情，尤其对男人，就是解雇他们，让他们处于没有工作的境地。所以，我永远告诫自己，不要让别人陷入失业的困境。（沉默了一下）
>
> 我讲完了。我想不出其他任何要讲的话了。

从几十个国家和地区的分公司汇集到此地的 125 位顶尖管理人员一齐都站起来为他鼓掌。公司一位资深人士回忆当时的情景时不禁感叹道：“多么出色的演讲啊！大家士气低落，是他帮助我们恢复了精神。”

这不是奥格威的最后一次演讲，也不是他最后一次讲述关于汤加的故事。

WPP 集团很快就因所求过多而开始遭受失败。后来的 4 年中，它的股价一直下跌，不得不重议银行信贷合同。终于渡过难关后，WPP 集团重新开始了收购大业。WPP 集团收购了另外两家重要的广告公司——电扬以及格雷广告公司，另外还有几十家营销服务公司和新媒体公司。收购奥美的计划“完成”就结束兼并是不可能的事情。

1991 年秋，奥格威出席了芝加哥公司成立 15 周年的庆祝酒会。这个分支机构有一个传统，颁发年度最难忘“失误”奖。该奖项被称为“汉克奖”（Hankies），以该分支机构的创始人汉克·伯恩哈德命名。这次，奥格威被授予了汉克奖头等大奖。他的重大失误是什么呢？上市。他接受了这个奖项，获奖致辞非常简短：“没有谁是完美的。”

第十二章

一种名为娱乐的疾病

人们初次听到“创意革命”一词是在20世纪60年代。这个新名词一出现，就在当时的广告界刮起一阵旋风。撰稿人和艺术总监被称为“创意人士”。在很多情况下，“创新”成为“娱乐”的代名词。此时的奥格威没有令外界产生多少深刻的印象，他的真正影响被“创意革命”的出现暂时遮掩了。这种所谓的“革命”注重花哨的娱乐技巧，然而在提高销售方面却没什么成效。在采访和演讲中，他屡次感叹：“一种名为娱乐的疾病正在感染我们的广告业。”

在他看来，这种疾病通过广告人之间互相授予各种年度奖项而大肆蔓延。糟糕的是，那些迎合大众猎奇心理、令人眼花缭乱的电视广告技巧是最受奖项青睐的。奥格威从一开始就怀疑这些蓄着长发的时髦“广告创意人士”，而自娱自乐的颁奖晚宴正好证实了他的怀疑：疯子正在接管精神病院。

他为了应对这一趋势，他的第一个举措便是严禁奥美的员工参加这些竞赛，这引起了公司里年轻人的反对。奖项赋予获奖者以声望，增加了获奖者在就业市场的价值。这和得到奥斯卡金像奖提名意味着获得了更有价值的职场通行证是一样的。终于，在1970年，奥美设立了自己的奖项，它关注的是广告的效果。大卫·奥格威奖最赏识那些能有效改善客户产品销售状况或声誉的广告，获奖者将得到一枚红色勋章和1万美元①的现金。奥格威告诫员工说："我的撰稿人和艺术总监朋友，如果你们想赢得这一奖项，那就把你们的天分变成收银机吧。"从此，"收银机"一词便进入了公司的词典。

蒂华纳小型雪茄的广告是第一则获得该奖项的广告。这是一种不同以往的新型雪茄。由于广告的作用，开始时这种雪茄的销售是非常成功的，但是产品本身不是很好，消费者尝试过后就不再购买了；一年后，小型雪茄悄悄撤出了市场。如果雪茄自身不是成功的原因，那就是这个奖项了。该奖项重点关注的是公司的努力效果，给予最有成效的广告案以奖赏，这给客户留下了深刻的印象。有些人抱怨他们的广告案没有获奖，更糟的是甚至根本就没有被提名。奥美公司自设的奖项并没有完全满足那些仍然想赢得同行关注的创意人士的欲望，而这种关注伴随的仅仅是被大肆宣扬的广告业颁奖晚会。于是，奥格威让步说，公司里的人可以参加业界那些年度颁奖晚会，并为此建议道："如果你想赢得

① 相当于2008年的5万美元。

这些比赛，就要提前打点评审团。”

奥美公司与奥格威的声望都是建立在熠熠生辉的创造性工作之上的。现在，奥格威关注的是自己的广告文案发展的方向是否正确，如果方向错了，即便公司的广告是有效的，但也显得沉闷无趣。1974 年，他在写给公司董事的信中说道：“我们没有创作出足够非凡的广告，只有这样的广告才能够赢得我们所需的新业务，才能满足我们目前一些客户的需要。”他认为，这是公司面临的首要问题，并以“逃离沉闷无聊”为题发出了一系列备忘录，敦促奥美上下效仿有创意的公司，例如《纽约客》和贝尔实验室。

奥美公司制作的广告依然在战略方面考虑太多，这样的广告并不出彩。得出这一结论后，他考虑为“橱窗广告”设立一个新奖项（没有以“橱窗广告”命名，怕引起客户的疑虑）。第一位获奖者来自公司驻曼谷办事处，这则广告是为一种泰国本地啤酒所做的广告，这种狮牌啤酒格外注重商业推广，就像泰餐和泰国的风土人情一样充满当地特色。没人知道“橱窗”这一名称的确切所指，而且在客户的销售量方面，这个奖项也从来没有获得过奥格威的表扬。不过，在这一革新举措下，随着新人的不断加入，奥美公司的创意工作开始迸发出新的火花。

一些事件支持了奥格威对那些所谓创意奖的怀疑。1969 年的一个为康泰克感冒胶囊制作的广告，模仿了1930年的巴斯比·伯克利音乐手法，以女童合唱的形式进行。这个广告席卷了所有奖项。一个创意顾问评价道：“1969年的感冒胶囊广告”不只是该年度的最佳看点，而且称得上是有史以来最好的一个。尽管广告界满是这类赞誉，但康泰克感冒胶囊的销量却在下滑，不久，那家得奖的广告公司被客户解雇了。对此，一位经验丰富的药品广告撰稿人说：“消费者是病人，是痛苦的。你不应该笑，唱歌也不行。你应该许诺产品能够减轻病人的病痛。”

几年后，《美国广告》(*Advertising in America*)一书的作者记述了健胃消食片广告如何落入了和康泰克同样的陷阱，这则“我不相信自己把它全吃了”的商业广告同样受到了大肆吹捧，被授予了无数奖项。“这些广告播放得越多，药片的销量就越高。我们都觉得那些可怜的受害者非常可笑，但是，当我们自己成为可怜的受害者时，我想‘健胃消食片会认为这简直就是一个大笑话，并不会认真考虑我的症状’。我需要的是认真对待我的症状的药物。”

奥格威在分析那些声望很高的奖项时，反复提到了众所周知的以希腊女神命名的克里奥奖(Clios)。他兴奋地报告说：“赢得4次克里奥奖的广告公司实际上已经失去了它的客户。”“一位克里奥奖得主现已停业，另一位获奖者将自己一半的客户拱手送给了别的公司，还有一位克里奥奖获得者拒绝将其获奖作品公布于世。几年前，由克里奥颁奖晚会评选的81个经典电视广告，其中

36 个广告的制作公司要么失去了客户，要么干脆停业。”

尽管其获奖者频频遭遇悲惨结局（或者遭到奥格威的抨击），克里奥奖仍然茁壮成长。2007 年，来自 62 个国家和地区的 19 000 个参赛作品来争夺 110 名评审的投票。娱乐已然成为广告业日益重要的组成部分，尤其在美国橄榄球联赛超级碗赛事期间，这段时间被称为“广告界的万圣节”，成本高昂的啤酒广告和软饮料广告极富娱乐性，专栏作家和电视观众们都认为这些才是“最好”的广告。

1990 年，突感无聊的奥格威写了一篇 19 页的文章，以提高公司的创意标准，警告员工“不要沉湎于‘创意’的流行疾病”。他告诉大家回去关注、研读他的这份“魔力指南”，并停止追求那些所谓的创意奖项。他引述他的哥哥弗朗西斯的话：“不听劝告的人将继续在不相干奖项的光滑表面试图刹车。”奥美公司驻新德里办事处的一位印度广告撰稿人认为，对广告而言，清楚明了比抽象创意更加重要。奥格威满意地说：“她说得太好了，我禁不住亲吻了她的两颊。”

1991 年，美国广告协会（ANA）总裁德威特·海姆邀请奥格威到凤凰城为协会演讲，奥格威的广告逻辑在当时几乎已是无人不知。海姆通过传真向奥格威发了邀请函，他后来回忆道：“我告诉他，我更好的一个建议是，我想让查尔斯·库拉尔特或芭芭拉·沃尔特斯采访他和玛丽·威尔斯·劳伦斯（威尔斯·格林公司的主席）——一位男性领袖和一位女性领袖。”

奥格威回答：“我有 4 个条件，我敢肯定你无法满足。”

海姆说：“说说看。”

奥格威说：

> 我不想接受对广告一无所知的人的采访。
>
> 我为什么要与劳伦斯女士一起站在聚光灯下？我只想继续独自表演。
>
> 我演讲的题目是——“我们为销售制作广告。无他”。别告诉我“无他”不是一个句子。

海姆同意了：“这些当然可以满足。”他接着问道：“第四个条件是什么？”

奥格威说：“哦，我忘记是什么了。”随即，他问海姆：“客户都疯了吗？是谁批准这些垃圾广告的？”

奥格威从纽约乘火车，途经芝加哥到达凤凰城。他抱怨自己太老了，拿着一个沉重的手提箱外出旅行太费事了，而支气管炎引发的咳嗽加重了他的疲劳。作为奥美前任主席，我也被邀请参加这次会议。在他下榻的酒店房间里，奥格威躺在床上与我漫谈。

奥格威说："我确定无疑是个糟糕的投资者。一年内我在摩根大通的账户赔了23%。我把遗嘱都写好了。我不知道我的儿子有多少钱，不知道能给他留下多少。我需要足够的钱让赫塔能够继续住在多佛庄园。她一开始并不喜欢那儿，但现在她喜欢上它了。"

他振作精神，与奥美的另外两名前任总裁约克·埃利奥特和比尔·菲利普斯会面。在享受了一顿丰盛的午餐后，他晚上恢复了精力，咳嗽也减轻了，并第一个到达鸡尾酒会。第二天早上，他仍很有幽默感，还会见了《华尔街日报》年轻靓丽的广告专栏作家乔安妮·李普曼——这一在亚利桑那州户外进行的会谈是下午正式采访的预演。他已经80岁高龄了，越发坦率、冷漠。对于他抨击的对象来说，这将会有所不同。他告诉李普曼：

> 现在的广告比以往任何时候都更糟糕——高调、晦涩、没有起到促销的作用。客户为此要共同承担责任，因为客户公司有些年轻的白痴大幅削减广告预算，这使得广告公司没法雇用优秀的管理人员。这是非常愚蠢的。

李普曼被他迷住了，将他形容为"传奇广告人和现代广告之父"。这次采访给这位通常持怀疑态度的记者留下了深刻的印象——"这是一个记者的梦想。我的人生完整了"。

轮到奥格威演讲了。由美国广告协会董事会主席、宝洁公司的罗斯·莱维介绍后，奥格威站起身来，脱掉外衣，丢在了一旁的椅子上，坐在已经为他设置好的矮咖啡桌后面。在发表将销售作为目标来制作广告的“改革运动”的言论前，他故作姿态地说道：

> 如果你们昨天已经听过吉姆·乔丹的演讲，今天就不需要再听了。因为吉姆说的正是我要说的，只不过他说得更好。

乔丹所在的广告公司的全名是乔丹–凯斯–麦格拉思，以其致力于促进销售的广告文案而著称，作品结构很朴实，在一些人看来，其风格未免有些老套。乔丹在前一天的演讲中卖力地推销其广告哲学：“ 1991 年，广告公司振作起来了，广告得到了更多的重视，这就像我所知道的其他公司一样。公司负责人认为仅仅把促销产品作为广告的目标太微不足道了。如果他们的工作被视为是时尚、前沿、有趣或具有娱乐性质的，那么他们的公司将获得更多的业务。”他敦促业内人士回到广告的基本原则上来，并致力于打造品牌——遵照奥格威提出的法则。

奥格威宣布：“我得出的结论是，吉姆的演讲是我一生中听到过的关于广告的讲演中最有价值的。”这一声明令他与乔丹成了一生的朋友，也给其他人留下了深刻的印象。现在，他的改革运动准备好启程了。他告诉在座的听众，这次改革运动有一个口号——“我们为销售制作广告。无他”。他不会跳向任何一个驶往其他目的地的时尚花车。他说：

> 打倒那些没有向消费者承诺任何好处的广告，打倒创意性的卖弄，这些所谓的创意性的广告都聪明过头了。
>
> 如果你将广告预算花在娱乐消费者上，你就是一个彻头彻尾的傻瓜。主妇们不会因为制造商昨天晚上在电视上说的一个笑话而购买那个牌子的洗涤剂。她们购买它，是因为它的广告上承诺了好处。如果我能说服这些愚蠢的广告人放弃追求无谓的奖项，我死也瞑目了。

撰稿人和艺术总监并不是唯一的攻击目标，奥格威也警告广告经理说，他们过分地追求"时尚"广告了。

除非这一流行病被遏止，否则它可能会毁掉广告业。因为行为调查[1]报告将使制造公司的负责人相信广告对销售没有效果。

演讲结束了，他伸出双手，掌心向上，做出微微向上的姿势，再一次提示观众起立鼓掌。

一些创意人士同意奥格威的主张，特别是那些奖项的评委

① 行为调查，指一种测试商店里购物者行为的测试服务。

们，他们一直听了奥格威好几个小时的批评。另一些人则感到愤怒："这绝对是一种怨恨。""我们理应接受一个住在被称为'豆腐'的城堡里的人的批评吗（原话）？"最主要的抱怨是，80 岁的创始人已经退出主流太长时间了，以至于有这种苛刻的批评；他离开以后，广告业就已经发生了变化。大多数人确实很尊敬这位老人，但却不同意他的主张。

广告界的一位朋友告诉奥格威，现在是停止责骂的时候了，他说："没人可以否定你对当前广告业的判断，但你最近的训斥是消极和丝毫不留情面的。如果这样继续下去，你可能会被当作暴躁、乖戾的老头而遭到抛弃。"广告业需要的是"一个使其恢复到促进销售的传道者。我们需要的不是一个暴躁的大卫，而是一个足智多谋的摩西"。奥格威承认自己是一个谩骂者，答应不再消极，但他却无法做到这一点。"我担心的是自己现在太老了，不能停止消极。这是遭受挫折的后遗症。"

一年一度的戛纳电影节，也是广告界的盛大集会，会发布最负盛名的广告奖项。在 1991 年的戛纳电影节开幕之前，法国《费加罗报》援引了奥格威的评论，称这些奖项如何扭曲了广告业务。奥美公司巴黎分部赢得了那一年度的头等大奖，这部获奖的商业广告描绘了一个女人和一头狮子为一瓶佩里尔矿泉水而战斗。奥格威对这个奖项的反应使大家感到惊讶，他比任何人都更兴奋。虽然奥格威承认获奖者违反了除了他的一个准则以外的所有准则，尽管如此，他依然认为这是"我们曾经做过的最好的一则广告——一种简单、强烈的理念”。这就是最终准则。

批评奥格威的人坚持认为，如果过于关注广告带来的销售业绩，那么这类广告会导致乏味，奥格威坚持认为这一批评是错误的。“我曾为每位客户创作的每一则广告都是着眼于促销，它们并不沉闷。事实上，它们太不沉闷了，以至于我成了一个创意明星。（我在英国的姐妹们为此大笑不止。）”

1991 年晚些时候，在比尔·伯恩巴克优秀广告奖晚宴上，奥格威宣称伯恩巴克是一个被误解的人。“比尔是虚假广告的头儿。冒牌者崇拜他，但他没有崇拜他们。”

次年 6 月，奥格威召唤奥美公司在世界各地的 10 多个顶级创意董事和客户服务经理到他的住处。在那里，奥格威告诉他们，从对奖项的爱好中抽身出来，回归到对广告的基本理念的追求上去。他将他的广告哲学连续宣讲了 5 个小时。一位创意总监说，这是一个很好的会议，它实际表达了广告界对“唯一坚持创意优先的人”的一种尊敬。后来，奥格威用一句话总结了他的革命的失败：“纽约的创意总监离开多佛聚会后就去出席了戛纳影展。”

事实上，他不仅仅是个喜欢谩骂的人。由于广告业倾向于他感到可悲的方向，他开始重新建立广告业的两块基石——调研和直接营销。他并没有像当年在盖洛普的时候那样亲身参与准备研究问卷，或撰写直接营销信件。更多的时候，他是一个传道者，一位先知。

20 世纪 60 年代初，奥格威成立了一家直接邮寄广告公司，并一直默默支持着它，几十年后，人们才认识到它的潜力。开办至今，奥美直邮已经成长为世界上最大的直销公司。作为教父，奥格威赋予了它信誉。当他出现在公司的会议上时，公司其他高层员工也纷纷赶来。他是在批评，也是在鼓励。他经常说："这是谁写的产品介绍？太乏味了，我都快睡着了。"他将公司驻巴黎办事处，而不是母公司，称为"我的精神家园"。

他在一份备忘录中顺带评述道："在直销中，你是为了销售而制作广告，而不是为了其他什么目的。那意味着你的工作是有责任的。"奥美直邮知道这一点，并将它作为自己的座右铭。"我们为了销售制作广告，而不是为了其他什么目的"成为奥格威最后的战斗口号，同时也是奥美公司的战斗口号。1986 年，奥格威未能出席直销名人堂的会议（当时他在印度），但寄出了一盘录像带，告诉直接邮寄广告的制作者们，他们将要成为广告世界的继承人。奥格威说：

> 你们这些直接营销者知道什么样的广告有效，什么样的无效。你知道它能挣钱。一般的广告人不知道这些。
>
> 你们知道，电视节目边缘时段促销广告的销量超过黄金时段。

你们知道，在平面广告中，长篇文案带来的销售超过短篇文案。

你们知道，与产品以及产品的好处紧密相关的广告标题和文案带来的销量超过矫揉造作的标题和诗意的文案。

你们知道如何使用广告去赢利。

由于品牌广告客户和他们的广告公司无法衡量广告的效果，因而他们确实不如你们知道的多。他们在“创意”的祭坛前长跪不起，“创意”实际上意味着独创，而独创是广告词典中最危险的单词。

他们认为，30 秒广告比两分钟广告更具成本效益。你们知道，他们错了。

奥格威还举了其他一系列“充分了解”与“自以为是”间较量的例子。

你们为什么不将他们从愚蠢中解救出来？

奥格威式的救赎是将分散的直接营销部门合并到总公司。此外，他坚持认为，在被允许创作广告之前，每个人都应该在直接营销部门实习一段时间。（数年后，奥美公司在纽约的广告部和直接营销部合并，接受统一领导，但广告撰稿人并没有形成实习的风气。）

奥格威告诉他的听众，他曾参加达特尼尔直邮广告的函授课程，那是他的“初恋”。建立奥美初期，奥格威称赞个人邮件是新的业务领域，帮助他的公司得以发展，称“这是我的秘密武器”。

> 40 年来，我一直在旷野中呐喊，试图让我的广告业同胞们认真考虑一下直销模式。今天，如果我的初恋已经成为广告业的最爱，那么，它将面对繁荣的未来。

奥格威说，从事“线下广告”营销[①]的人们怎么能在乐观的预测面前而不动心？在未来的几十年中，直邮广告领域被拓宽了，有了电视直销和报纸直销，现在又顺利地开始互联网营销了。互联网营销将成为成长最快的广告媒介。

长期以来，奥格威一直宣扬所有广告撰稿人都应当研究直销业务的圣经——约翰·卡珀斯的著作《经过检验的广告方法》。奥格威为这本书的第四版写了序，并常常引用卡珀斯列举的一个例子，这个例子也是他最喜爱的：“我看到一则广告带来的销量是另一则广告的 19.5 倍。”他说，卡珀斯的书曾教会自己很多广告文案的撰写方法。他只是照字面含义去理解它。“过去的经验使我相信，在直邮广告中起作用的因素同样在所有广告中都有效。”

1990 年，卡珀斯去世，奥格威被邀请致悼词。在奔赴葬礼的出租车上，他说他也没有仔细考虑该说些什么，脑子里有的只是

① 非广告功能，如促销或公关。

几十年来的钦佩。在赞颂卡珀斯为“我所知道的最高尚的人”之后，奥格威说，卡珀斯的书是最好的，以至于自己曾厚颜无耻地剽窃过他的著作。奥格威说：“要偷就偷最棒的人写的东西！”

“你是怎么知道的？”是奥格威的经典问题。关于广告的一段讨论就是这样展开的。

奥格威问道：“你为什么不把产品名称加在广告标题中？”

广告撰稿人回答道：“我们省去它，才能吸引更多的人去阅读全文。”

奥格威又问：“你是怎么知道的？”

广告撰稿人从来都不知道，他们只是在猜想。因此，奥格威转向其他确定性因素调研，去寻找正确的答案。盖洛普调研方法在这个爱追根究底的男人身上留下了持久的影响。他从未忘记自己在成为一名著名广告人之前，是一名研究者。

奥格威努力使广告实践更加专业化，他开始调研、寻找未被发现的广告知识，但是随着教条式规定的蓬勃发展，他的调研速度被放慢了。奥格威说：“与猪追求松露[1]一样，我们追求知识

① 松露生长在地面下，不易被发觉，但它会散发出一种性信息素，它的气味能够被母猪敏锐地察觉到，所以很长一段时间，人们会利用母猪来寻找松露。——编者注

的过程也是自发的。”调研已经根植于他的创意哲学：“三思而后行”的做法最终贯彻了两个方面——深入观察，然后大胆创新。他指出，调研是他建立奥美公司的另一秘诀。

正如直接邮寄广告一样，市场调研团体也缺乏自信。研究人员感到很少有人认可他们的工作，即使这种工作往往是至关重要的。好像除了他们，大家都无所事事。1994年，为了纠正这种错误，并让大家认可奥格威的理念，广告研究基金会设立了大卫·奥格威研究奖，以奖励那些“有效利用调研工具的成功广告”。奥格威增加了一个条件：“除非产生了促进销售的良好作用，否则我不想颁奖。”

虽然不愿前往第一届颁奖典礼，但奥格威看到了攻击创意奖的新机会，他寄出了录像带。在录像带中，他说：

> 如今大家都知道，创意部门和广告公司都被电视上的这些评委和专家控制着，所以它们的目标是赢得奖项。不论创意部门和广告公司的广告是否促进了产品的销售，它们都没有歉意，它们只想娱乐大众，然后获奖。即便能够帮助调研人员，它们也不愿意做任何与调研有关的工作。这些创意“娱人”对广告业造成了骇人听闻的破坏。

奥格威接着谈到他钟爱的一个计划。他说，许多客户希望把一部分钱花在长期研发上，但没有任何广告公司做这些事。奥格威不是在谈论个人的广告计划，而是针对事物本质的一些基础性研究，就像传说中贝尔实验室为美国电话电报公司所做的一切。奥格威说：

> 在创作广告的过程中，我们该如何恢复调研方法的应用？我希望以我的名字设立的奖项会有所帮助，但这是不够的。我还有另一个想法。6年前，我说服我的合作伙伴成立了奥格威研究中心。该中心做了很好的基础性工作，并没有涉及具体的品牌。它被认为是一个良好的开端，但最近的经济衰退迫使我们放弃了它。你们这些人为什么不聚到一起，再次启动这个中心呢？这次将研究限于创意问题。要做到这一点，你需要一帮精神科医生来治疗这些创意狂人，你将不得不拿着大棒，逼迫他们做你让他们做的事。

1984年成立于旧金山的奥格威研究中心基本上只有一名工作人员，那就是亚历克斯·比尔，一个受人尊敬的志愿者研究员。在建立自己的研究中心之前，他曾在奥美等几个公司工作过。在比尔的领导下，该中心代理了几项广告影响因素研究——对广告产生的生理反应（例如脑电波）与对广告的说服能力有偏爱的人之间的相关性，确定广告是否对投资回报率做出了可以衡量的贡献。这些报告在该行业很有影响，例如扬雅广告公司正在印证奥格威中心的研究成果。20世纪90年代初，该中心被巨额债务缠身的 WPP 集团收购。后来由于被指出与收益没有明确的相关性，研究中心被关闭。

广告研究基金会设立的奥格威研究奖则幸免于难，并渐渐繁荣起来。10 年后，在微软公司的资助下，广告研究基金会出版了《向优胜者学习：广告研究基金会奥格威研究奖的获得者如何利用市场调研创作成功的广告》一书，宣传这个以奥格威的名字命名的奖项。

到 20 世纪五六十年代，广告中软性的另一面已被学者们确认并加以研究，特别是人类学家、社会学家劳埃德·华纳，以及弗洛伊德派心理学家、“动机研究”之父欧内斯特·迪希特。亚历克斯·比尔认为，伯内特、伯恩巴克和奥格威发起的运动，通过对客户需求的深入探究，真正呼应了华纳和迪希特在研究方面的结论。“他们通过与人的内心谈话，认识到人们不购买某些品牌是出于理性的原因。”

比尔钦佩奥格威对于调研和以他命名的研究中心的献身精神，但也被他青睐的研究，比如“允诺测试”（Promising Testing），与他创作的广告之间的差距感到困惑。“允诺测试”要求消费者对产品优点的简单描述进行排序，广告被假定是建立在赢得承诺的基础之上的。但是，奥格威创作的广告并没有做到这一点。比尔说：“奥格威制作的广告是凸显品牌个性的杰出典范。但听了大卫演讲后，你又会认为实用才是广告的驱动力。”

为什么母亲们愿意支付更多的钱用维耶勒织物打扮自己的孩

子？那可是一种奢侈的英国羊毛和棉的混纺产品。其制造公司是奥美早期的客户。她们原本完全可以让孩子穿杜邦公司出品的奥纶做的衣服，那不仅便宜，而且质地同样柔软、暖和。对于这个问题，奥格威回答说："她们这样选择有两个原因。首先，那是羔羊毛，羔羊毛非常能挑起女人的情绪。其次，她们是势利的。"由此来看，奥格威并非在任何情况下都认为理智压过情绪。

但是，他开始进行进一步的研究。他特别理解创作的过程中无意识状态的重要性，认为大多数商人过于依赖理性地寻找新的想法，同时也相信"没有比无知的无意识更危险的了"。事实是必须的。当创作自己的广告时，他就沉浸在自己的研究中，然后步行很长一段距离，或打开一瓶酒，来打开与他的无意识的"无线联系"。

最重要的是，奥格威有强烈的求知欲，想去了解更多的未知领域。奥格威说，他曾问乔治五世国王的外科医生胡格·里格比爵士，是什么让他成为一个伟大的外科医生的。爵士回答说："外科医生在手的灵巧程度方面都差不多，但与普通医生相比，伟大的外科医生的不同是他们知道的更多。"奥格威从而推理出广告业的一个教训，那是与一个广告文案撰稿人的讨论，这个人说他已经不再阅读任何广告方面的书籍了，他更偏好于依靠自己的直觉。奥格威说："假如说今晚你的胆囊要被摘除。你是选择读过一些解剖学书籍的外科医生，他知道你胆囊的位置，还是选择依赖于直觉的外科医生？"

当奥美公司收购了联合利华国际研发部门后，他参加其年度会议时着了迷。在听完广告研究专家的讲话后，他俯身用大声的耳语对比尔说："把这个人对广告的所有知识都找出来。"

奥美被收购后，奥格威接受了他的新工作，成为 WPP 集团的"非执行"主席。这在很大程度只是一个象征性质的职位，而经营公司则是首席执行官索瑞尔的工作。奥格威的工作是主持董事会会议，以及作为 WPP 公司在金融界的代表。这些职务都是些乏味的配角，而且这些工作也不是他的强项。但是，这至少给了他一个角色。

索瑞尔代表了公司的形象。尽管索瑞尔拥有着实厉害的财务技能，但他仍然为自己挖了一个大坑。1991 年，《纽约时报》以"WPP 集团严阵以待"（Wagons Are Circled at WPP Group）为标题，报告该公司面临财务危机，预测索瑞尔可能被迫辞去首席执行官一职。《经济学人》杂志指出，这一年是令索瑞尔和 WPP 集团"耻辱的一年"。由于高级管理人员不断外流，股票价格降至 5 年来的最低点，股东们十分担心。《广告时代》杂志报道，WPP 集团规定智威汤逊公司需要紧缩资金。"索瑞尔先生作为一个金融天才的好名声在他购买奥美集团时开始下滑。"索瑞尔事后承认，他为了兼并奥美花了太多钱。约克·埃利奥特不同意他的说法："他们只是借债太多。实际上，所有用来兼并的钱都是借的。这是20世纪80年代公司的财务习惯。”

奥格威作为主席，签署了1991年WPP集团的年度报告。报告指出，WPP集团的收入在下降，幸亏工作人员表现良好，否则情况会更糟糕。奥格威说：“我们对这些员工十分感激。我钦佩他们的勇气。”在公开场合，奥格威是挺马丁·索瑞尔的，他告诉《广告周刊》：“这些日子，我们在找一个人为这一切承担责任，这个人就是马丁。但我认为目前实施马丁的财务纪律还是相当不错的。”他承认马丁·索瑞尔的错误，但没有参加辞退索瑞尔的会谈，说：

> 我不希望索瑞尔辞职，希望他能够继续主持WPP集团。他辞职是件可怕的事，他不想变成一个惹麻烦的老头儿。我告诉他，那样的老头儿可能成为令人讨厌的人。我和他，以及另外两名董事一起去酒店的房间，我们在那儿待了一整天。尽管表面上似乎不感兴趣，但他是一个有好奇心的人。6个月后，他做了我们要求的一切。我们告诉他，我们必须召开董事会会议。现在，我们有太多令人烦心的事情要做，每个月都有事要做。我们让他着手负责赔偿委员会的事，我只是对工资的事感到震惊。

控制工资是WPP集团选择让自己从20世纪80年代债务狂

欢中恢复的方式之一。另一个方式是裁员。索瑞尔承认对客户的影响："一个负债累累的公司是容易遭到批评的，其费用将不是用于制作好的广告，而是要偿还银行贷款。"WPP 集团并不是遭遇这种困境的第一家公司，就像《广告周刊》所说：

> 20 世纪 80 年代初，广告公司的运作十分相似。它们的运行方式基本上是相同的，有两个共同的重要特点：几乎没有任何债务，良好的现金流。与此同时，一些精明的金融人才（马丁·索瑞尔也许是一个缩影）纷纷开始用现金流拓展业务。

奥格威没有像自己预期的那样做好 WPP 集团的主席。据他说，他的存在比花瓶好不了多少，"连滑稽都谈不上"。他抱怨他那微薄的工资，抱怨自己在 WPP 集团、在奥美那微弱的影响力。他对自己作为处于泥潭的公司的董事长深感不安。

1992 年，WPP 集团再次与银行谈判，以避免被清算，这是同一年中 WPP 集团的第二次再融资了。英国媒体报告说，" WPP 再次祈求不要被清算"，还提到了索瑞尔的"厚脸皮"。

最后，在这年 8 月，负债沉重的公司有将近一半抵押给银行，这一救援计划被公司股东批准了。奥格威参加了会议。会议上，银行家坚持要求奥格威辞去主席职务。他假装一只耳朵聋了，用手拢起另一只耳朵问道："主席？你是说主席吧？"他同意下台，担任荣誉主席和顾问。会议结束后，他走过去与所有银行家握手，而其他的董事只是站在那里。一位与会者说："这就是级别不同的体现。"他对这些有钱人的浅薄十分生气，但在私底下承认，变动是有必要的。他曾告诉董事会，WPP 集团是一家金融控股公司，必须由一位金融人士担任主席。"我对金融的了解几乎为零。"奥格威通过游说留在了董事会；他的朋友告诉他，他变得虚荣、贪婪了。要么就这样留在董事会，要么返回奥美公司做创意总监。奥格威说："如果完全与商业隔绝的话，我会痛苦而死。我对其他事情没有兴趣。"他想知道，一个 81 岁的男人是否仍然擅长做广告方面的事情："或者到了 81 岁你就不中用了，这就是事实？他们有人说：看在上帝的分儿上，让我们摆脱这个怪老头吧。我不得不变得非常直率。这儿仍然有非常多我想要做的事情，而且我做广告没几年。我还没做够呢。"

奥格威在 WPP 集团的职位从一开始就是不被接受的，现在也失去了。尽管他对广告表现出很高的兴趣，但由于对旅行的厌恶，再加上高龄，他渐渐也被踢出了局。此时，他将注意力转回到奥美。奥格威说："对我来说，回到对奥美百分之百的忠诚，这是令人愉快的。"但随即他又开始抱怨"纽约办事处的一些乡巴佬"把以我的名字命名的奖项增加了 13 个字：以杰出的方式做有效果的广告。奥格威说，他对 1992 年的入围广告做了一个判断，发现不可能有“杰出”的成分。

他希望留在美国继续接触和研究广告，同时大部分时间在法国生活的想法显然是不现实的。他从来没有接触过美国的流行文化，差距和年龄进一步阻碍了他对最新广告趋势发展的把握。

奥格威于 1968 年开始将他的广告创作理念制度化，并完成了一本 19 页的小册子。在序言中，他写道：“我的理念是广告不仅仅表达个人观点。”这表明他的书是具有教育意义的。他说，“它们几乎都植根于事实”，这些事实来自其他人的智力、经验和研究成果，并由盖洛普－罗宾逊调查公司予以了证实。

在奥格威的书中，电视广告那一部分内容备受关注，原因是它详尽地阐述了理性分析技术，比如实证和问题解决模式，从而降低了感性的影响。作为从纸质媒体时代过来的人，他要比其他人花费更多时间去理解电视广告和背景音乐在唤起观众情绪方面的力量。之前，他深信音乐本身对销售没有产生任何作用：“你能想象当你走进西尔斯百货时，销售人员突然出现并唱起歌曲吗？”当他的这个观点被他所尊敬的人反驳时，他只是站起身来，离开了房间。

整个 20 世纪六七十年代，许多“创意广告”公司的平庸人士认为奥美公司的广告是平庸的、缺乏灵感的。他们承认奥格威的看法有效地吸引了客户，但是他的“规则”败坏了创新的名声。韦尔斯·丽诗·格林公司的创始人玛丽·韦尔斯·劳伦斯承认奥格威是个天才，但她也认为他从未把握20世纪六七十年代美国文化的变化。

英国的广告业也正在发生类似美国广告业的变化。20世纪50年代中后期，伦敦的一切都在发生变化。波普艺术[①]以及类似滚石乐队那样的摇滚乐队爆炸性地出现了。玛丽·匡特和维达·沙宣想尽一切办法，为的是使这些新时尚能够让年轻人负担得起。在这场视觉驱动的革命中，摄影师和艺术总监是领头人。前伦敦创意总监唐·埃莱特指出，奥格威在广告词的创作方面无疑是才华横溢的，但他的“视觉词汇”很是有限。“他的词汇仅仅扩展了如何使这些词语可读，或可读性更强。”埃莱特认为，虽然奥格威创建了一些可视性词汇，但他从不理解艺术指导作为沟通手段的重要性。

20世纪八九十年代，由于奥格威不再像从前那样频繁参与公司事务，奥美的创意方向开始发生转变，公司里一些最好的广告作品出自那些距离他最远的办事处——亚太地区、伦敦，以及哈尔·赖利在旧金山的办公室——虽然这些作品与他始终宣扬的理念存在差异，却是他十分欣赏的。

当斯卡里－麦凯布－斯洛夫公司同意将自己出售给奥美时，双方尽可能确保彼此都明确地了解，奥美永远都不涉足该公司的具体事务。斯卡里－麦凯布－斯洛夫公司的联合创始人兼创意总

---

① 波普艺术是流行艺术（popular art）的简称，又称新写实主义。——译者注

监埃德·麦凯布说，“我们不希望成为大卫的一部分”，“如果他出现在我们的办事处或附近，我们真的认为这将损害我们的创意声誉”。后来，当麦凯布见到奥格威时，他本以为奥格威会像比尔·伯恩巴克那样有点冷酷和冷漠。但事实恰恰相反，他发现奥格威是一个“富有魅力、诙谐有趣、聪明而又脚踏实地的人”。

麦凯布是创意团体中相当典型的代表人物，他认为奥格威并不是世界上最伟大的广告文案撰稿人，“但在其他方面，他绝对是一个天才”。

奥格威还特别希望成为一个演讲者，尽管他只是在重复以前的内容。比如，1992 年他为欧洲商学院就如何创作成功的广告做了演讲，1993 年他在伦敦以“帽子里的蜜蜂”为题发表了同样的演讲。《经理人引语手册》（*The Executive Book of Quotations*, 1993）一书以最大篇幅收录了奥格威的广告作品，其中包括一首歌曲，奥格威认为这要归功于奶牛场的一位无名农夫，歌词是这样的：

> 听装牛奶是这里最好的牛奶。
> 我手里拿着一听牛奶坐在这里，
> 不用去挤奶，不用去喂牛。
> 你仅仅需要在这该死的牛奶罐上打个洞。

与此同时，WPP 集团和萨奇兄弟公司这两大控股公司的财富急剧下滑。萨奇公司曾一度成长为世界上最大的广告集团，但目前正经历内部财务危机。在收购了 37 家公司之后，萨奇兄弟公司已经花了很多钱，但仍在继续收购，下一个收购目标是享有盛誉的米特兰银行。此时，萨奇的股票已失去了 98% 的市值。1994 年，莫里斯 · 萨奇被愤怒的股东赶下了台，他的兄弟查尔斯 · 萨奇也随即辞职。后来，他们两人又建立了所谓的新萨奇公司。

另一方面，WPP 集团开始慢慢恢复元气。到 1996 年，WPP 的股票尽管远远低于它的历史最高水平，但在广告界依然是业绩最好的。伦敦《每日电讯报》把索瑞尔描述为“弄塌房子又重建房子的建筑师”。正是购买奥美这一举措“使他富有了，而让股东穷困了”。但 WPP 集团的好转却是实实在在的，行业分析师开始猜测索瑞尔将进行另一次收购。

对奥格威本人来说，20 世纪 90 年代，尽管到处发表演讲，而且在印度分公司担任了职务，但几乎全都是在走下坡路。WPP 集团开始复苏，而他却日渐衰老。虽然心情还算不错，但他过得并不是很好。尽管体重有所增加，可他的身体似乎很虚弱。有时，颤抖使得他的头不可控制地晃动，似乎在说“不”。他说：“我没法控制自己。这似乎是一种疾病。”记忆力的迅速衰退让他记不起人们的名字，他通常这样打招呼：“这位匈牙利老兄”，或者

“这位留着胡子的忧郁人士”，或者“这位理发师”。一位在纽约斯坦诺普酒店见过他的公司员工，看见他与赫塔在一起喝台克利鸡尾酒。奥格威喝完自己的，接着又喝了赫塔的半杯，然后又喝了一杯。这种举动不像以前的他了。

奥格威似乎有一丝失去权力后的怅然。他给一个同事写信说：“我不知道太多别的事情，只知道自己老了。我真的感觉到我老了。”当奥美董事局来多佛举行 1994 年年会时，他的状态似乎还不错，他告诉来宾一些新鲜事，也告诉他们一些众人皆知的事情。虽然他的思维似乎还算活跃，但他知道自己已经没有从前那么敏捷了。他还告诉那位同事：“我已经感觉到岁月不饶人了，不仅是身体上，还有头脑。我已经不再亲自开车了，也记不起那些刚才还坐在我身边一起吃晚餐的女人的名字了。”

即使是在炎热的天气里（用他的话说是“热得就像地狱里的铰链”），他也在花园里工作。由于忘记了玫瑰耐旱的特性，他给 200 株新种植的玫瑰大肆浇水。除了继子女们，他也十分喜欢他们的同伴、孙子孙女，以及朋友的孩子，有时在地板上与他们玩游戏，有时又把他们看作成年人。现在，他格外溺爱他的孙子，他的第一个孙子。奥格威说：“虽然他不是我的亲孙子，但他是我生活里的乐趣。他认为我的名字是‘你好’。我完全在他的控制之下。我听从他的命令。”

他依然为了钱而烦恼。他写信给奥美公司的一位朋友说：“我的难题是，我太穷了。奥美每年才支付我 30 万美元。我必须拿出勇气来要求更多的钱。因为我活不了多久了，这点钱对公司来说算不了什么，但我怕马丁会否决它。”最后，他鼓起勇气，让索瑞尔调整给他的养老金，并强调了他白手起家将奥美建设成为美国第三大广告公司，并且他拥有29位自己的客户的事实（他说“这可能是世界纪录”）。

到1995年，他开始认清现实。“在为广告奋斗了46年后，我现在真的是出局了，真正退休了，这对我来说不是很容易。”他不停地询问来访者一些人的情况，以及纽约发生的事情。有人这么形容奥格威，“探究，探究，探究”。在6月的多佛庄园，他84岁生日到来的时候，奥格威被亲属、子女、孙辈和曾经的同事们包围着，他凝视着生日蛋糕说道：“如果有人要唱那首讨厌的歌曲，我会离开这里。”

85岁生日时，公司为他制作了一盘20分钟的录像带。在录像带里，出现了很多过去的和现任的公司高层人员，有些人甚至他都不认识，大家一一表达了他对于公司的重要性。《奥格威谈广告》一文在施密森尼晚宴上被宣读，他本人获得了“广告历史核心奖”，然而却没能出席颁奖仪式。他发出一份电报称，讲述者称他是最有名的广告人的那个片段是他最喜欢的。“如果这是真的，我不再怀疑它，我会告诉你为什么我是最有名的广告人。这是因为比起那些比我年纪大的人和比我做得更好的人，我活的时间更长一些。”

奥格威指出，在过去的几年中，奥美公司被“5个朋友”管理，他们被称为“5位首席主席”。后来，这个管理模式被打破了。经历了3年的不断被干涉和残酷的财务压力，格雷厄姆·菲利普斯辞职了。他说，作为首席执行官，他不能为董事会增加财务预算。WPP集团对“自治”的承诺在已商定的预算面前一文不值。

菲利普斯的职务被一个“局外人”接替了，这在公司历史上还是第一次。1992年，索瑞尔从芝加哥一家中等规模的公司——泰胜－莱尔德，招募了夏洛特·比尔斯。比尔斯是一个善于表达的、有魅力的女人，也是美国广告协会的领导人物。因为获得了这份新工作，她更有名气了。奥格威与她谈判了7个小时，什么都谈妥了，并对她留下了深刻的印象。奥格威写道，“她是我辞职以来最好的主席”，并愉快地解散了他的4位继任主席朋友。但比尔斯从来没有经营过像奥美那样的国际机构。更重要的是，索瑞尔违反了奥格威的原则：“确保每个办事处由一名本公司的成员主事，而不是一个陌生人。”

这段“蜜月期”并没有持续多久。比尔斯不仅没有回复奥格威的备忘录，更无视他的具体请求。她关闭了公司里受尊重的舆论刊物《视点》杂志，毁掉了奥格威提出的“我们为了销售制作广告，而不是为了其他什么目的”的口号，也并未给出任何解释。尽管她对于奥格威一手建立的奥美文化说了一些应酬的话，但她从来就没有真正领会它。奥格威要求她制止人们谈论“新”奥美和诋毁“老”奥美。他写信给以前的同事说：“如果一个公司从外面雇用首席执行官，那么企业文化以及其他几乎一切都会发生重大变化，这是不可避免的。这些变化是很难消化的。我仍然相信‘魔力幻灯片’的作用，但是新的管理者对这些事情不感兴趣。我们的公司发生了比我预想的来得还要快的变化。”这些悲痛变成了他对比尔斯的直接攻击：“两年来，她的品牌管理理念并没有为公司带来任何新客户……她废除了我认为对奥美有价值的一切。”4 年后，比尔斯辞职了。

索瑞尔这一次做出了较好的决策，提拔谢莉·拉萨鲁斯担任奥美公司主席。这是一位在奥美工作了 25 年的老将（奥格威的另一位“朋友”），拉萨鲁斯在美国运通的地位以及在纽约直接营销部的领导能力已经证明了自己，她是帮助奥美公司在 1996 年赢得 IBM 公司 5 亿美元广告费用的主力，这一金额庞大的新业务是其他任何广告公司都不曾得到的。她在奥美文化中成长，并了解奥格威对于公司的重要性。

在接任奥美公司主席之前，拉萨鲁斯前往法国，在多佛庄园停留了 3 天，与奥格威会面交谈。奥格威没有谈论创意工作，没有谈论客户，他唯一的意见是要给予公司的员工更多的关注，强调多花些时间关心他们，给予他们更多的机会，多奖励他们。

几年前，就在拉萨鲁斯接管奥美的纽约办事处后没多久，公司失去了一部分重要的美国运通的广告，奥格威在家中打电话给拉萨鲁斯，询问她究竟发生了什么。她开始进行全面的财务分析，指出有多少人可能会被裁掉，他们将如何被安置。奥格威仅仅是听着。当她的独白结束之后，他说道："很好。我真的不在意。我打电话是想知道你们的情况。客户会来，也会走，又会回来，我们会获得新的客户。这真的没有什么关系。作为一家公司，真正能够影响我们的唯一重要的事情是缺乏激情和敬业。如果不是这件事影响美国运通转走了它的业务，我们就能够继续生存下去。这没有什么大不了的。"几年后，美国运通确实又回来了。

1997 年，《血液、大脑与啤酒》再版了。它有了一篇新的自序——"大卫·奥格威：一部自传"。这版没有前一版卖得好，但它确实包含了一些关于销售广告的片段："我一直不停地为'为销售而制作广告'的观点摇旗呐喊，并毫不留情地斥责了那些认为广告是娱乐的人。我一如既往地认为，当广告人需要的是产品销售的结果时，广告业也就如我所期望的了。"

早期，奥美公司曾在纽约现代艺术博物馆举行全体员工年会。1998 年，大家又回到了那里，庆祝奥美成立 50 周年，在雕塑园举办了由 1 500 名员工、校友和友人参加的庆祝舞会。穿着靓丽红色礼服的拉萨鲁斯向大家介绍了赫塔·奥格威——公司的创始人奥格威年事已高，不能长途跋涉而来。庆祝活动上聚集了奥格威公司驻世界各地几百家办事处的负责人。《广告时代》特地出版了一期 28 页的增刊，展示了充满历史感的经典奥美广告和公司获奖证书。

虽然拉萨鲁斯努力让奥格威参与公司事务，但他仍然迷恋过去，没有认识到世界已然前进了。他已经上了年纪，忘记了很多人的名字，并不断重复自己说的话。他承认，他有些慌乱，他的记忆力是“不可救药”了，他很容易累。他是沮丧的、衰老的。多佛庄园潮湿的房间对他的慢性支气管炎没有好处，而且他也依然戒不掉抽烟。赫塔关闭了在巴黎的公寓——她无法再去那里，因为他不能长时间地离开她。

长寿让奥格威着了迷。他抱怨“针对老人的阴谋”，并收集了那些八九十岁时仍然活得很有价值的人的故事。比如，康拉德·阿登纳——“他在 87 岁时才放弃了德国总理的职务。你自己好好考虑考虑吧”；标准石油公司的开创者约翰·洛克菲勒——世界上最富有的人之一，活到了 96 岁——“如果他 60 岁就退休了，恐怕没人知道他”；他的客户海伦娜·鲁宾斯坦，工作到了 90 岁——“去世时，她仍然是其分布在世界各地的公司的主要推动者”。

奥格威仅仅把长寿看作能工作更长时间的一个机会。“如果你工作到 85 岁或更大的岁数，那么实际上你就有两段职业生涯：你正常的职业生涯将持续 40 多年，直到你 65 岁；此外，你还有为期 20 年的第二段职业生涯。只要你活得比竞争对手的时间长，你就有可能取得更大的成就。当你最终在 85 岁的年纪退休时，你就会出名了。”他谈到了自己 17 岁时到伦敦申请广告公司工作的情形，说道：“感谢上帝，他们拒绝了我。否则我永远不会得到教训，我学会了两件事……你得有一个极高的标准，然后努力去做你永远比任何人都做得好的事情，否则永远不要再做此事。第二件事是工作到死。哦，不是到死，是工作一生！”

当意识变得糊涂时，他反复观看两部电影：《目击者》讲述的是来自兰开斯特的一个年轻的门诺教派男孩目睹了一宗谋杀案，影片中有类似门诺教谷仓的虚构场景，这使他深陷在对兰开斯特的回忆中；《音乐之声》，一部 20 世纪 30 年代末的健康的罗杰斯和汉默斯坦音乐剧，讲述修女茱莉·安德鲁斯在萨尔茨堡的冯·特拉普家族担任女家庭教师的故事，这与他的哥哥弗朗西斯曾不断地抱怨孩子和修女的经历相似。是着迷于美妙的音乐，抑或是被奥地利乡村风情所吸引？当然，这是个反对对人的过分控制的故事。也许他只是喜欢茱莉·安德鲁斯。此外，他总是对天主教着迷。

他的儿子费尔菲尔德几乎每周都从美国飞过来陪伴他。在过去几年，他们的关系还是有问题的。奥格威在费尔菲尔德 16 岁时与他母亲离婚了，并离开了他。那时奥格威正在创建自己的公司，父子俩的关系里始终带有一丝不愠不火的味道，后来他们和解了，关系也就亲密起来。现在，在奥格威最后的日子里，比起他作为一名父亲的表现来说，费尔菲尔德称得上是个好儿子。

1997 年，奥格威患上了老年痴呆症，记忆力完全不行了，只认得少数几个人。由于毕生都在吸烟，他的哮喘此时格外严重，已转向肺气肿，他只能依靠氧气瓶的帮助来进行呼吸。驼背和骨质疏松症使他每天大部分时间都待在床上或躺椅上闲散度日，仿佛一只华丽的、无所适从的动物，再不能思考——不知道自己是谁、身在何处。赫塔体谅地说：“我们走进他的生命，但他是属于奥美公司的。”就像失去了英国的李尔王——“一个可怜的老人，充满了悲痛”，他已经失去了生命的中心。那年，他 86 岁。

第十三章

非同寻常的刺果

1999年7月21日，大卫·奥格威逝世，享年88岁。赫塔说，这是一种神恩。因为在生命的最后阶段，他几乎不能呼吸了。由于肺气肿，奥格威不可以吸烟，但是当赫塔离开房间时，他就偷偷地吸烟。老年痴呆症剥夺了他的思想。

奥格威的逝世成为世界各地的头条新闻。在美国，他第一次出了名，被尊为“广告趋势的引领者”和“软销售之父”。在他的祖国，他并不是那么出名，尽管英国报纸加冕他为“广告先生”。在苏格兰，他是“广告教父”。甚至在巴西，虽然他从未访问过那里，但依然被称作“最后的先驱”。他生前很喜欢印度，在那里，他是有预见能力的“广告古鲁”。澳大利亚称他为“最后的伟人”。他晚年生活的法国呼吁大家向“现代广告之父”致敬。

公司负责人杰里·德拉·费米纳说：“他将是最后一个因为逝世而被刊登在《纽约时报》头版的广告人。这就是伟人的待遇，别人只能在其他版面。”

李奥·贝纳公司为他在业内刊物上设置了整版广告。

大卫·奥格威 1911——

伟大的品牌永远不朽

李奥·贝纳

葬礼在多佛庄园举行，场面令人痛苦。棺木里躺着穿着麦肯齐格子呢的奥格威，家族中几个强壮的年轻人将它抬在肩膀上走向花园，跟随其后的两个风笛手吹奏着挽歌《黑岛》。年轻人将棺木置于梓树下，那是奥格威过去喜欢的地方。

这天天气很好。遍野的向日葵竞相盛开，衬托出多佛庄园的美丽。前几年，奥格威就他的葬礼如何进行写下了书面指示。没有哀悼，没有黑色，没有悲伤，没有盛大的场面，也没有任何宗教标志。因此，当他的两个朋友在送葬的路上突然看到一个 3 英尺（约 0.9 米）高、由两个树枝组成的乡村十字架时，其中一个朋友说：“这与他的遗嘱相符吗？”另一位回答：“哦，人是可以改变主意的。”“什么时候改变主意的？”“今天早上。”赫塔 30 年来一直按照奥格威的方式做事，很显然，这次她决定用自己的方式安排葬礼。

村里的牧师主持了基督教葬礼仪式，亲人、朋友、一些当地人——市长、邮政局长、工人、穿黑色宽松西装的园丁，共约 40

人参加了仪式。哭得最伤心的人是拉米，他是奥格威在多佛庄园的第一个园丁。仪式结束后，灵柩被再次抬出了花园，这时风笛手吹起欢快的乐曲。按照奥格威的要求，遗体被火化了，骨灰埋葬在多佛庄园。奥格威生前曾告诉秘书，最好把他只放在一个纸箱里埋葬。秘书告诉大家，奥格威希望自己的葬礼是简单和有利于环境的，这样，他就可以融入地球了。

奥格威的创意哲学对今天有什么意义呢？他很难将它与年轻观众或他不能理解的产品调和，特别是科技。对当今的某些广告，他会赞扬其在传达信息方面具有独创性。但是，他会对那些自我放纵、晦涩、浪费客户的金钱，以及忽视广告的目的是销售产品的做法感到痛心。

技术尤其会让他觉得不适。他不用打字机，甚至也不用圆珠笔，只用刚刚削尖的铅笔。在奥美创建初期，电视仍是一个新鲜事物，在工作人员之间流转的备忘录会告知某个客户的商业广告即将播出。第一则多芬广告播出的那天，奥格威风风火火地来到新闻部说，他太激动了，以至于没法让自己开始工作。一位工作人员来到奥格威的办公室，将频道一（无节目）调到频道二（哥伦比亚广播公司），这时出现了一幅图像，奥格威感激地说："公司有一个电视专家真好。"

与伯恩巴克不同，奥格威是一个始终与印刷刊物打交道的人，从未真正接触过电视。当因佩派雷奇农用车的创意受到好评时，他承认自己从来没写过一部好的电视广告。有一次，他让人将一台电影剪辑机安放在自己的办公室里，严格来说，这只是为了作秀。他几乎从不看电视，然而却在一则备忘录中写道："这已经引起了我的注意，那就是我们一些制作电视广告的创意人士自己还没有一台电视机，可能是因为他们自己的家中没有适当的地方摆放。我就从来没有这个问题——我把我的电视机放在酒窖里。"他与杂志和报纸上那些走视觉路线的海报风格的广告也格格不入，在他的逻辑中，艺术总监绝不是广告撰稿人。

由于感觉到奥格威的逻辑与当今时代不符，许多创意人士很快就放弃了他的理念。事实上，这种不符已经存在十几年了——他对于那些被人们称为"奥格威'规则'"的东西有一种近乎顽固的坚持（他很快就不再使用"规则"这个词）。奇怪的是，他们几乎总是仅举一例：不要把文字布置弄颠倒了（白色字母在黑色或其他深色的背景上）。一位到访过多佛庄园的创意总监说，他做过一个噩梦，梦中出现了一个被揉皱的形象，用一根瘦骨嶙峋的手指头指着他说："你！你把文字布置弄颠倒了！"就是这么古怪，避免文字布置弄颠倒可能是一 个规则，如果你想让人们读你所写的内容，这个规则就有意义。那些最具创意的人将奥格威的规则理解为在何种情况下效果最好的一种指导。

和伯恩巴克一样，奥格威也是特立独行的人，是一位先驱，但他并没有走在20世纪六七十年代创新革命的前沿。如果有什么的话，那就是他曾设法更直观、更感性、更幽默地制作广告，这些广告更富娱乐性。由于接受新事物的速度缓慢，他没有把握住美国文化的变迁，也没有把握住信息传播必须适应的方式。

那么，他给我们留下了什么？

奥格威发起了多场广告宣传运动，这些运动在当时都具有革命意义，提高了美国广告的质量和品位，这样的广告总是让客户的产品在市场角逐中胜券在握。然而长期以来显而易见的是，比尔·伯恩巴克对于今天什么是好广告的标准有着更大影响，吸引了更多追随者，特别是撰稿人、艺术总监，这是奥格威没有做到的。

奥格威的遗产超越了印刷广告或电视广告的层面。杰里米·布尔默写道："就像美国总统山的巨大头像那样，这才是我们所敬畏的奥格威的形象。他的伟大不在于局部的细节。"

也许，他最为不朽的贡献是与品牌形象相关的理念，这个概念现在在营销类的讨论中是必然被提及的，其影响甚至超越了广告的范畴，到达了政治领域。这一概念并不是他发明的，但早在1955年，他在讲话和文章中就开始大力倡导："每则广告必须有助于宣传一个复杂的符号，这个符号就是品牌形象。"

他使得广告实践更加专业化。广告研究基金会设立的以奥格威的名字命名的年度奖项，证明了他在重视利用消费者研究指导广告发展方面的重要性。他授权他的公司建立"一个集大成的知识库"，认为"我们追求知识的方式应当像猪追寻松露那样"。他倡导，广告业应该要求像支付医生或律师的费用那样，基于工作表现支付报酬，而不是基于客户广告费的佣金。

直销广告的结果能够加以测量，奥格威因此坚定地信奉这种广告方式，超越了与他同时代的人。“我们是为销售产品制作广告，而不为其他什么。”他始终遵循这个原则，并作为一位“综合”广告人入选直销广告名人堂。

在整个职业生涯中，奥格威致力于强调广告的目的是帮助客户卖掉其产品、服务或理念，而不是追求奖项或对创意能力的认可。“让广告为客户带来滚滚财源。”

美联社记者认为，奥格威留给世界最大的遗产可能是他制作广告的方式——认为消费者是很有智慧的：“消费者不是白痴，他们就像是你的妻子，别对他们撒谎，别挑战他们的智商。”他反对破坏自然景观的户外广告牌，这是他另一个唤醒业界同胞良知的游说。在“用户至上主义者”这个说法出现以前，他就已经是一个用户至上主义者了。

在广告中，他显示了对礼貌的尊重，在处理与客户和员工的关系时也是如此，往往把他们看作是合作伙伴。他钦佩那些彬彬有礼的人，这样的人在为人处世时表现出对人的尊重。这些高尚的心声影响了许多人选择广告作为他们的职业。

他为一个全球品牌奠定了基础。他最初对于制作多芬广告的主张——特含 1/4 乳霜成分，能让肌肤更加美丽——已经强大到足以使这一理念扩展到沐浴液以外的其他个人护理产品领域，扩大了对美的定义，使多芬成为这一领域的世界级领导者。

奥美公司是他最显而易见的遗产。尽管拥有创意天才的美誉，奥格威与众不同的特点还是作为一个领导者。他阐述并贯彻的管理原则也同样适用于其他类型的企业。他倾注职业生涯的全部，创建了奥美这样一家卓越的国际化公司，其价值观念如此深入人心，这与其他同样有着个人魅力的创始人所创立的公司截然不同。在奥格威退休后，奥美继续繁荣发展，并在经历恶意收购之后存活下来，直到今天依然是备受尊敬的企业。时至今日，奥格威的名字仍然留在公司的大门上。

进入新千年，业界刊物开始为业内各项“之最”排名。《广告时代》评出了代表20世纪的100个广告作品，其中有3个来自奥美公司——为麦斯威尔公司做的广告“滴滴香浓，意犹未尽”，为美国运通卡做的广告“你认识我吗？”以及奥格威的作品“哈撒韦衬衫，男人的选择”。恒美公司入选了8个，其中包括《广告时代》此次评选的第一名——大众汽车的广告。（“100强”中有几部广告很失败，特别是五十铃公司说谎的推销员，还有伯特与哈里·皮耶尔公司的皮耶尔啤酒的广告。）比尔·伯恩巴克当选广告史上唯一最具影响力的广告创意力量。奥格威位列第四，仅次于（这很奇怪）马里恩·哈珀和李奥·贝纳。

詹姆斯·特威切尔的《二十部震惊世界的广告》认为，《穿哈撒韦衬衫的男人：大卫·奥格威及其品牌哲学》这篇文章改变了人们消化嘈杂世界信息的方式。《广告周刊》询问广告专业人士和学生受到哪些在世或去世人的鼓舞而从事广告业，结果表明奥格威正是其中之一。《福布斯》杂志的出版人写道，奥格威“作为20世纪最具伟大广告思想的人，获得了我的投票”。

《一个广告人的自白》于2004年在英国重新出版，1年后在美国重新出版，这距离初次出版已有42年之久。即使是反对偶像崇拜的杰里·德拉·费米纳，也称它为“广告‘入门’书的权威”。德拉·费米纳回忆了当年奥格威责骂广告业的年轻新贵和“接管精神病院的疯子”时的情形时，几乎引用了奥格威的原话。德拉·费米纳说：“他的讲话切中要害，慷慨激昂，以至于我忍不住站起身来带头鼓掌，后来才意识到他是在说我。”

经济学家米尔顿·弗里德曼曾经反省，自己的观念在实践中到底是成功还是失败了。按照这一方式判断，奥格威的理念在电视广告中是失败的，此外，他也没有把握住平面视觉广告的新趋势。然而，他在直接销售领域是赢家，直接销售堪称是互联网营销的精神之父。他因为提出了多个不朽的理念而成为赢家，其中包括品牌形象、消费者调研、尊重消费者、公司补偿、全球品牌、建立企业文化以及促销导向型广告。

在当今这个数字时代，奥格威所理解的广告还会长期存在下去吗？面对令人眼花缭乱的娱乐节目和海量信息，大众变得弱小了。新生事物随处可见：有线电视和卫星电视、可以在任意时间观看的数字录像、24小时不间断播放的美国电视新闻网新闻，以及博客、音乐播放软件、不间断的网络信息和在线视频游戏……

不难想象，互联网广告会在世界范围的广告业占据优势。2008年，中国互联网用户已达2.53亿人，超越了美国，而这只占中国总人口的19%。互联网在世界各地蓬勃发展，尤其是在发展中国家展现发展潜力，网络广告也将蓬勃发展。中国在线广告每年的增幅已达60%~70%。

然而，仅凭这些数字得出的堂皇结论就匆忙行事，无疑是不明智的。每当新的广告媒介出现，它的终结也会被预测，因为无论什么形式的广告，最终都注定会被替代。当电视出现时，它是无线电的终结；但无线电并没有消失——它只是改变了形式。如今有比以往更多的电视台、更多样化的节目，谁会想到，有一天我们可能会向经由卫星传递的无线电付费呢？分类广告一度是报纸的一大收入来源，而今基本上已经随着互联网的兴起而消失了。大城市的报社要么合并要么倒闭，与此同时，面向特定社群和特殊团体的报纸却成长起来了。

广告业已经失去了大笔收入，因为客户的广告费从佣金转为了费用，这要感谢奥格威。如果他当初能够预见到他的大胆行动的这一后果，人们想知道他的热情是不是还那么高。有了成本意识的客户现在指示他们的采购部门分析支付给“卖主”的价格，并经常发现广告公司在这份费用名单中居于首位。与此同时，公开上市的公司或控股公司尝试压低费用以使股东满意，而对于广告公司来说，这意味着薪金和收益的减少。

面对这样的环境，广告人不得不更加努力，更加多产。他们的电子邮箱快被挤爆了，黑莓手机从不离手。但是，与任何一位年轻律师或银行家，甚至你的医生聊上几句，你都会发现同样的境况。越来越忙碌并不是广告业特有的现象，正如未来学家阿尔文·托夫勒在 1970 年对未来冲击的预测那样，所有商业领域的步伐和速度都在加快。和所有行业一样，广告业正在经历重大变化，这可能是最激动人心的时刻——技术正在创造接触消费者和测量成本收益的新机会。

广告传播的是观念，观念在广告业成长得最好。有创造力的人想要与其他有创造力的人一起工作，他们希望周围的人具有更大的创造力。他们喜欢介入各种各样的产品领域，而不是一个狭隘的层面。这正是广告公司所需要的。

奥格威再不会有机会发现这么多新的景观，但他欣赏那些能够测量结果的工具的发展，例如直接营销。他严厉地批评了市场上的商家只看重自己支付给广告公司多少钱，而不是自己通过投资好的观点赚了多少钱。

20 世纪 90 年代中期，WPP 集团逐步从破产边缘复苏，索瑞尔称这是一次“濒死”体验。《经济学人》报道说，索瑞尔不仅活了下来，而且“通过谈判达成了一项高额赔偿计划，挽救了几乎被他毁灭的公司”。他继续开始收购游戏，以 47 亿美元收购了扬雅广告公司，这次收购成为广告史上最大的收购案。在收购了智威汤逊、奥美、扬雅后不久，WPP 建立了精信环球公司（Grey Global），索瑞尔勉强能够被外界称为是建立世界上最大营销服务集团的人。

考虑到创意企业需要平衡创造力和规则，《金融时报》引述 20 世纪 30 年代《纽约客》的编辑哈罗德·罗斯的话：“我需要的是一个可以坐在中央办公桌后面的人，他可以让这个地方像商业办公室一样运作，关注发生的一切，找到人们所在的位置。”该报得出结论，奥格威需要的人却是一个“可憎的小浑蛋”。马丁·索瑞尔讨厌这个绰号，而 2000 年到来之际，他还是获得了英国女王伊丽莎白二世授予的爵位。奥格威一生都渴望得到这个荣誉，但最终也没有得到它。没能被封爵是奥格威生前的两大遗憾之一，另一个遗憾是做出了让公司上市的决定。

他没能被封爵的原因将永远不得而知：可能是由他与菲利普亲王在世界野生动物基金会时期的关系所导致的；也许是他曾经的工作对于英国安全的敏感性，不过，他在英国安全协调处时期的前任老板斯蒂芬森却被授予“威廉爵士”的头衔；也许是他不符合一些标准，例如在赞助英国慈善机构方面（他倒是赞助了许多在美国的慈善机构），很显然，他促进了英国产品在美国的销售——健力士黑啤、舒味思饮料、劳斯莱斯汽车——数不胜数；也不是因为“到英国来”活动，这个活动使数以百万计的美国游客跨过大西洋前往英国旅游。他不得不满足于第二等级的荣誉——大英帝国司令勋章（Commander of British Empire）。但这毕竟不是封爵，他将永远不能被称为“大卫爵士”，这是他余生的遗憾。不过，奥格威也很高兴大英帝国司令勋章能使他在英国驻维也纳大使馆得到优待，通常情况下在那儿更换护照需要 4 天时间，“我获得了大英帝国司令勋章”，他表明自己的身份后，两个小时内就办好了护照更换手续。

奥格威的朋友、奥美公司继任主席约克·埃利奥特于 2005 年逝世，奥格威称他为“我的主心骨”。令人印象深刻的是，约克不仅受到公司里高级客户的尊重，他的公众演讲也独有特点，对于公众服务具有献身精神。还有，他收集了 3 000 本关于圣诞节的图书，这些书中有很多是第一次出版，包括狄更斯的《圣诞颂歌》。扬雅广告公司的前负责人埃德·奈伊，把埃利奥特称为“广告界的诗人”。约克·埃利奥特在奥格威之后也进入了广告名人堂。

奥格威特别喜欢的一个人是哈尔·赖尼，这是一位坏脾气的广告人，创办了奥美公司驻旧金山办事处，于 2008 年逝世。赖尼创造了辉煌的广告活动，包括：E. & J. 盖洛以及巴特莱斯 – 詹姆斯冷酒器的广告；通过 1984 年那则洋溢着乐观气氛的广告“美国再次迎来了黎明”，帮助罗纳德·里根再次当选总统；此外，他还为福特土星汽车的发布会做了成功的宣传。奥格威说，赖尼不受他的教条的约束，并为此解释说，如果广告业都是像哈尔·赖尼这样的创意天才，这些教条也就没有存在的必要了。当赖尼被问及，为什么像他这样不喜欢受到约束的人却加入了像奥美这样的大企业，赖尼回答说“我想这全是因为那些闪光的纸”，他指的是奥美关于广告业细节的那些内容深刻的出版物。这显示出了公司非同一般的实力，成为公司的一分子是他引以为豪的事情。

2007 年，美国电视剧《广告狂人》开拍，场景设定在 20 世纪 60 年代的麦迪逊大道，主体是一家虚构的公司，名为斯特林·库珀。剧情中过分描绘了那个时代吸烟、饮酒和泡妞的风气。此剧一经播出，大大激发了时尚设计和百货公司橱窗展示的灵感，同时也遭到来自《广告时代》的嘲弄。不久，这部电视剧被引进到英国，BBC 四套特别从历史的角度为它制作了一期特辑——《大卫·奥格威：狂人的原型》。奥格威可能会讨厌这个标题，但肯定会喜欢自己依然这么被关注。

在奥格威去世的那一年，他一手创立的公司决定只使用“奥格威”作为公司的名称，依旧使用“奥美”这个名字，并以创始

人的签名作为其标志。奥格威本人就是奥美公司的品牌。

奥格威喜欢说，优秀的广告是“非同寻常的刺果”，是一些不寻常到足以抓住读者或观众心灵的东西，正如野外归来时粘在裤腿上的刺果。刺果在这里是一个隐喻，它可能是平面印刷广告中的可视部分，例如哈撒韦衬衫广告里的眼罩，传达了贵族气派以及穿哈撒韦衬衫的男人有吸引力这样一种信息；或一个词，例如“羞怯”，它恰如其分地捕捉到了宾利买家的特点，这个牌子的车不会像劳斯莱斯那么显眼，而两者其实是同一家公司旗下的姊妹品牌；或者在电视商业广告中一个着实令人回味的形象，例如驾着马车运送佩勃雷奇农场出品的面包的人。

奥格威自己就是一个非同寻常的刺果，或者说在很多方面，他都是刺果：一个自封的不太像苏格兰人的苏格兰人，却并不是很喜欢苏格兰，也从未花时间在苏格兰住过；一个只要待在奥美公司伦敦办事处就感到浑身不自在的英国人；一个用自己的方式征服了美国广告界的英国人，但在英国，他觉得自己从未收获应有的赞誉或承认；一个退休后生活在法国的外国人，他说他爱法国，但他不是法国人。在赫塔看来，他是“最美国的英国人”“最英国的美国人”。

他是一个充满矛盾的人：一位注重在自己的公司里培养精英班底的天才；一个待人宽容，对待广告理论却无比“狭隘”的人；一个对天主教堂建筑结构着迷的无神论者，尤其钦佩教皇约翰·保罗二世，甚至在公司的备忘录里也频频使用教堂用语，并引用《圣经》里的话；一个陶醉在“现代广告教皇”名号下的人。

他也许在穿着上是华丽的，在举止上是古怪的，提出的新想法是激进的，但在行为和态度方面是保守的。他常说：“开阔你的视野，不断开拓创新，与不朽的人物竞争。”作为一位有着高尚品位的典范，他也时常表现得像个被惯坏的孩子，并经常在餐馆里大说关于放屁的笑话。

他提倡善行和“有礼貌”的重要性，但在形容一个人的性格或外貌时，他的语言很是犀利，比如“在粗俗人体内的尤赖亚·希普[①]的灵魂”。他是一个能够激发人们的忠诚并利用这种忠诚的领导者。他可能会很喜欢或不再喜欢他的执行主管，而在公开场合吹捧一个新来的人是跟他唯一相称的继任者。

他是传播理性消费信息的倡导者，创造了哈撒韦眼罩；他同样理解感性的力量，鼓励公司的广告撰稿人在向母亲们促销维耶勒织物时运用“势利”的吸引力。他认真对待他的事业目标，但又爱开玩笑，并认为如果员工们都非常有趣的话，创意企业才会拥有最好的运行。

他是一个迷恋金钱的男人，却对规定自己的报酬很是谨慎，并为公司退休员工建立了利润分享信托——那时他的公司仍然

---

① 尤赖亚·希普（Uriah Heep），狄更斯小说《大卫·科波菲尔》中的一个反面角色。——编者注

很小，利润还不足以使他富裕。他是个慷慨的老板，会带领一组员工到曼哈顿最好的餐馆吃午餐，但不允许大家在饭前饮酒。

他终生抽烟，当他的健康问题众所周知时，他拒绝与烟草公司合作，但还是继续抽烟，并不理会他的哥哥死于肺癌这个事实。

1986 年，距离去世 13 年前，奥格威写了一份题为《我的死亡》的备忘录，规定自己的追悼会将只在一定条件下被允许。他写道：

> 我不想举行葬礼仪式，除非它在以下音乐形式中举行，不过这将是昂贵的：
>
> 《哈利路亚大合唱》[①]：专业合唱团、大型管弦乐团伴奏。
>
> 《统治不列塔尼亚》[②]：全部三小节。
>
> 前来参加葬礼的观众要离开席位，跳一支欢快的吉格舞。

---

① 《哈利路亚大合唱》，选自亨德尔（Georg Friedrich Handel）的清唱剧《弥赛亚》（Messiah），是在《弥赛亚》32 首大合唱中最能代表基督教的大合唱，据说英王下令每年只在春天演奏一次。——编者注

② 《统治不列塔尼亚》（Rule Britannia）是英国皇家海军的军歌。——编者注

奥格威逝世两个月后，人们为他在林肯中心的艾弗里·费希尔厅举行了热闹的纪念仪式。音乐是就像是被预设好了似的，由大型管弦乐团与合唱团出演，结尾是传统的布兰布尔·布什快步舞。从四面八方赶来的人们济济一堂：家人、客户、广告界的名人、现在和曾经的奥美员工（其中许多人离开奥美公司已差不多有二三十年了），以及一些朋友。奥格威在生命的最后写下这样的话，比起竞赛，友谊更为重要——“因此，我清点了我的朋友清单”。他列举了几百个人的名字。他认为他的生命被分为一系列的房间，“20 个不同的房间，4 个国家，7 份工作”。每个房间里都有他的朋友，当他离开某个房间进入其他房间时，老朋友依然是朋友。

在这次仪式之前，从世界各地赶来的奥美广告公司董事集体用午餐，并交流了“大卫”的故事。其中汉斯·朗厄讲了一个最为经典的，他是奥美驻德国公司的常务董事，还是个年轻人的时候他就担当此任了。当被要求前往法兰克福工作时，奥格威表示同意，并获得了一间与朗厄相邻的办公室。几天后朗厄注意到，自己的雪茄接二连三地从放在办公桌后面的盒子里消失，于是他就在盒子里留下一张字条：“大卫，如果你想要雪茄就告诉我，我会给你一些。”第二天，当他打开盒子时发现，昨天写的字条不见了，一张新字条放在里面：“汉斯，这不是我干的。”

有些人觉得奥格威可能做了一些比广告更为重要的事。奥格威的姐妹们因为他从事商业工作而奚落他，因为她们都活跃在艺术领域，在她们看来，他一直以来就像一名推销员。当被问及为什么在有可能做好其他事的情况下，却选择了广告，他回答道："你完全错了，广告是我唯一能够做得很好的事情。"

当他和他的公司取得伟大的成就时，他被问到，这些成就归功于什么。他回答道，归功于三件事："第一，我非常努力地工作；第二，我在商业方面有些才能；第三，我非常幸运。"

在爱丁堡有记者曾询问奥格威，他希望自己的墓志铭是什么。他引用了德赖登对贺拉斯的诗歌的一段翻译：

快乐的人享受孤独的快乐，
他可以说今天是属于他自己的；
他可以安然地说，
明天或许很糟，但我活过了今天。

然后，他改变了主意，回到苏格兰人的说法："生时尽量欢乐，因为你将死去很久。"

奥格威对于幸福的评价可能会有所不同。他在牛津大学读书时期的一位美国朋友说："作为一个移民，他做得相当好了，你不觉得吗？"没有人会不同意这种回答。

后　记

广告大师奥格威：未公诸于世的选集

1986 年，时值奥格威 75 岁生日之际，他被赠予了一本私下印制的书——《广告大师奥格威：未公诸于世的选集》，一本由四处搜集而来的备忘录、信件、演讲和文章组成的集合。他说这是他收到的最好的生日礼物。

本书作为奥格威的传记，进一步挖掘了他未公之于世的事迹（只有一个例外），关于他的独特作风，关于各种复杂和鲜为人知的事实、历史类比、模糊的暗示、令人惊讶的安排，以及他的魅力和鲁莽。

给一家电视节目制作公司的备忘录

1953年12月17日

我这一生都被猴子深深吸引。

黑猩猩是我的最爱。

我乐意参加它们在伦敦动物园的每日茶会。这是一项正式的聚会。黑猩猩们端庄的举止让人印象深刻——除了有的时候一些成年黑猩猩将装满汤的盘子顶在自己的头上，而这才是我想看到的。我在想，你是否能在电视广告里看见黑猩猩，它们抽烟，喜欢面包和黄油。

爱德华·怀特黑德司令曾担任美国舒味思饮料公司的总裁，同时也是舒味思广告的模特——工会条例规定，为此要向他支付酬金。1954年6月18日，奥格威写了两封信给怀特黑德。

亲爱的杰基尔博士：

我已致信美国舒味思饮料公司的总裁海德先生[1]，内附模特肖像使用

[1] 在此份备忘录中，奥格威称爱德华·怀特黑德司令为“海德先生”（Mr. Hyde）。——编者注

授权的附本。

这封信是关于您做模特的报酬的。

按平面印刷广告计算，每小时25美元；按电台广告计算，每小时15美元。那么，对最近您在美国期间所做的工作总共应支付1 567.70美元。

您作为模特获取的报酬对广告公司来说，是一件很微妙又极易引起争论的事。

亲爱的海德先生：

对于您是美国舒味思饮料公司总裁这一官方身份，我必须提请您注意一件事，除非它能被立即予以处理，否则会将您的公司置于危险之中。

我们的舒味思广告模特，一个有着两个头衔的叫怀特黑德（或杰基尔）的家伙，拒绝在模特许可文件上签字，除非其中的条款规定他能看到每一则广告都有他出镜。

这是种最不寻常的情况，但我也必须承认，他是个最不寻常的模特。在我有生以来的经历中，我从来没有见过哪个广告公司与一个模特确定广告的内容——甚至像乔治·瓦格尔男爵那样出名的都没有。

您是否能试着说服该模特签署该份许可并放弃这项条款，因为这将给好广告获准的进程和舒味思的运作建立不可逾越的障碍。

给《纽约客》一位编辑的备忘录

1955 年 8 月 18 日

我们想成为在广告中首先使用五行打油诗的公司。我不确定哪位客户（现在或将来）最有可能因为这一想法而受益，但我猜会是舒味思。

现在，正如你我都清楚的，大多数读来不错的五行打油诗已经变得与传统有别了。而我想知道的是，《纽约客》对它的要求有多严格？

你们有时会刊登一些略带色情的漫画，但是却没人对此抗议，因为这些漫画是如此诙谐幽默——还因为你们的读者群都已成熟。

您是否能对广告也运用这样的标准呢？

我从没有想过为色情而使用色情手法。我不喜欢春侍家纺（Spring Maid）的广告，因为它既肮脏又缺乏幽默感。

我附上了十段打油诗。它们很经典，而且代表了我们的广告中所使用的不恰当手法的深度。

现奉上三段以做回顾。

我喝茶的时候公爵夫人坐在一旁，
正如我担心的那样，

她的肚子咕噜作响，
这本来再明显不过的事，
可人人都认为是我的肚子有问题！

有位从马德拉斯来的年轻女士，
她有着硕大的屁股，
既不圆也不粉，
正如你可能想到的那样，
这位女士是灰色的，有长长的耳朵，而且吃草。

有位情人是个老处女，
用黄铜做她的衬裤，
当我问："磨得不难受吗？"
她答："不，我很安全。"

给员工的备忘录

1958 年 12 月 15 日（从那以后几乎每年都要再寄出）

圣诞贺卡

写这张便条是考虑到那些在上个圣诞节才刚刚加入奥格威－班森－美瑟公司的员工。

有一件事要让你们知道，那就是，在奥美，我们已经废止了互相赠送圣诞贺卡的传统。

互送贺卡这个事情，我觉得非常荒唐。我们大约有200人在这里工作，如果每个人都向他人赠送贺卡，加起来就会是40 000张—要花掉至少10 000美元。

我们很少有人能承担得起花在这些大量邮寄上的时间和金钱，因此，我们不妨说——"圣诞快乐"——当面，而不是邮寄卡片。

给伦道夫·丘吉尔的信，英格兰

1961年7月25日

谢谢您的电报。在一场槌球比赛的中场，厨师将它装在盘子里交给了我。

给美国 W. 阿特利·伯比种子公司总裁大卫·伯比的信

1971 年 7 月 1 日

我的公司，奥格威－美瑟，是您的公司的候选广告代理机构。

如果被选中的话，我会极其高兴。因为我也是一名园艺家，我成为英国皇家园艺学会的终身会员已经 39 年了。

我和妻子刚刚从英格兰拜访了一些园艺家回来，西辛赫斯特和萨维尔花园的紫玫瑰真是灿烂得让人无法用言语描述。

我们在法国度过了夏天，在这里有 95 种不同的玫瑰——大约 700 株。今天的明星是“美人鱼”——总共 6 株，正生机勃勃地爬上一座 15 世纪的石墙，盛开鲜艳的花朵。

我希望您能来这里拜访我们——不管您是否选择奥美！

伯比最终选择了奥美。奥格威拜访了大卫·伯比，并于 1972 年 6 月 7 日再次写信，就该公司喜欢将多个产品的介绍塞进一页纸的做法进行了评论。

海伦娜·鲁宾斯坦是我服务了 16 年的客户——从她 77 岁到 93 岁。她常要求我在每则广告中都放进很多个产品。我总是告诉她不能这样做。

后来有一天，我对她说："夫人，我想到了一个办法。"

我将12种不同的面霜放进同一则广告中，非常成功。这个办法我们使用了很多年。下次见面的时候我会展示给您看。您是对的！

在我的花园里，生机盎然的玫瑰已爬上了中世纪的石墙，罗素羽扇豆花开得正艳。园丁刚刚将5000株草本植物从玻璃温室里移栽完毕。

我喜欢待在福德胡克（农场）的日子。

又及：您主持您公司的工作已经有57年了，这一定是一个纪录。我总是不由自主地想起这一点。

给经理们的备忘录

1971年12月21日

主人之声

我想你们应该是已经把我的"魔力幻灯片"副本存档了。现在你们可以买到一套了，还加上一盒由我朗读的立体声盒式磁带。

试想一下，如果摩西把律法石版带下西奈山的时候录一盘磁带的话，那该多么有用啊。

给经理们的备忘录

1972 年 7 月 27 日

战争期间，无论何时丘吉尔的内阁成员对他发火，他都会写这样的信给他们：

“我们正站在历史的舞台上，让我们将怒火留给共同的敌人吧。”

虽然上述内容与原话有所出入，但我们有时仍应该对彼此说说这样的话。

给经理们的备忘录

1973 年 1 月 17 日

兼职

我们鼓励兼职，特别是对广告撰稿人。

兼职拓宽兼职者的经历，

使其更有责任感，

增加其收入——却不增加我们的成本。

我从盖洛普博士那儿学到这一窍门，他付给我们的薪水少得可怜，但鼓励我们从事兼职。

罗瑟·里斯夫经常这样做。我也是。有一年我做了很多兼职，太多了，以至于比在公司工作得还多。这使我更为睿智。

任何反对兼职的人都是诡辩者。

只有两条规则：小伙子们所做的兼职必须不能对本公司形成竞争，而且也不能在上班时间被抓到做这些工作。

给一位公司前任主席的备忘录

1975年3月30日

*1932*年，杰拉德·兰伯特重组了吉列公司，他想将公司搬到别的地方。在来到智威汤逊广告公司后，他为那儿的办公室的富丽堂皇而感到震惊，决定不租那里。

很多年后他对我说："如果你要开办公司，不要租那种看起来很豪华，有很多公司都在其中办公的楼。租个旧仓库，不要用古董和厚地毯作装饰，试试放上一些老旧的高桌，让你的公司看起来像一家报社的编辑部。这将会给潜在的客户留下深刻印象。这样会有一种努力工作的氛围，所有佣金都用来服务于人，而不是使办公室富丽堂皇。

此后很多年，我让谢尔比（奥美的首席财务官）尝试了很多次，但是没有得到任何结果，我很高兴你也不会这样。

另一种使你的公司看起来与众不同的方法是将它设在郊外，一个令人愉快的小镇旁边，像普林斯顿。这样做争议也很明显，但他们从来没有说服过我。这是我后悔没有做的事情之一。

下辈子，我要做个独裁者。

给经理们的备忘录

1975年8月20日

通才节约成本

30年来，所有公司的结构模式或多或少都一样。工资和租金的急剧上涨让我们不得不适应一种与以往不同的方式——使用较少的人手来维持运营。

当年我在麦琪酒店工作时，每位厨师都是专家，厨房被分成了不同的部门——酱汁部、鱼类部、蔬菜部、汤羹部、糕饼部等，而且每个部门都有3个级别。

这种古老的分工模式出产了世间无与伦比的美食，但它太耗费人力了，只有在给厨师支付低工资的条件下才是可行的。

如今，法国厨师的工资相对较高，结果，没有酒店或餐厅能负担得起这种古老的分工模式，那些专设的部门消失了。

专才们变成了通才，他们队伍的规模从而显著地减小了。

当我在纽约的奥美公司工作时，每个人都是专才，公司也被分成了几个部门——文案、客户管理、媒介、客户调研，诸如此类。每个部门至少有3个等级。

这种模式很费人力。我在想，公司能负担这种结构多久？能不能迫使专才变成通才，从而减少人员？一个人可以同时写稿、处理账目、负责媒体策划和研究。这该是一个多么精简的运作机构啊。

早先，我就常常同时制订计划、处理账目、监督研究并写稿。

几年以后，纽约公司渐渐发展出了客户管理的3个级别和撰稿人的3个级别，于是我们亏损了；然后我们将广告交到一个人手中，这时就开始赢利了。

给经理们的备忘录

1975年10月6日

查理·凯尔斯塔特担任西尔斯·罗巴克公司的主席时，选择奥美作为该公司的广告代理机构。我与他密切合作过，对他十分钦佩。上星期他去世了，享年78岁。

查理有一次说道："首先需要小心照料的是顾客，其次是员工，再次是股东。但是如果你将前两条都做好了，也就不需要为股东费心了。"

这一点也可以被运用在奥美，它对于我来说，一直就像是马文·波尔[1]的训诫一样。

给麦肯锡一位前管理合伙人的信

1978年2月25日

您将我的"管理原则"送给了您的搭档。嗯，这就使它们得以充分流传了。这些是我在读过马文的"管理意志"后写下的，他也十分友好地修改了我的手稿。

麦肯锡万岁！

① 波尔在著名咨询公司麦肯锡担任过很长时间的领导者。

给经理们的备忘录

1975 年 11 月 10 日

晋升

当你面临着要选择一些人从事较高职位的问题时，若得知拥有最高权力的独裁者路易十四也发现这很困难，可能会让你觉得舒服些。

“Toutes les fois que je donne une place vacante, je fais cent m’econtents et un ingrate.”

这句话可被翻译为：“每次当我进行一项任命，都会令 100 个人不高兴，让 1 个人忘恩负义。”

给经理们的备忘录

1978 年 5 月 5 日

演示

在最近对公司的巡查中，我看到了许多广告案的演示。我一直在怀疑，他们是否像忍受我一样忍受着新的潜在客户。

话虽如此，我们的演示者们仍然在犯一些相同的错误。

（1）他们播放的幻灯片上满是文字，同时意思又南辕北辙，结果完全使人迷惑。

（2）幻灯片使用的是自命不凡的行话。（我已就此在别处写了备忘录。）

（3）每一部幻灯片的最后一张，标题都是“成果”，它无一例外地宣称，我们的广告促进了销售量的上升。在看过几部这样的幻灯片之后，一个人的信用就被透支了，新的潜在客户会想：“如果这些爱开玩笑的人不向他们的客户努力承担任何信用的话，我是不会让他们做我的广告代理的。”

5年计划中说道，培训我们的客户代表要比培训我们的创意人员更值得。我对此深表怀疑。

给经理们的备忘录
（在他填补了奥美驻德国公司总经理这一职位空缺时）

1979年3月31日

穿梭者

当你走访戴姆勒·奔驰工厂时，会看见三两成群的人们站在那儿无所事事，有时候去工厂外面抽根烟。

这些人被称为穿梭者。他们的工作就是无论何时，当某条流水线上的人生病了，或是不得不去厕所时，立刻填补空缺。一个穿梭者必须能完成各种各样的工作。

在德国公司的最后7个月里，我也成了一名穿梭者，在填补空缺的基础上，代替了迪特尔在“流水线”上的位置。

这是一个不错的方法，当你们不再在“流水线”上的时候，来让我，以及你们这些亲爱的读者们发挥价值。

给创意总监们

1979年7月1日

你是最伟大的吗？

1. 你制作过在你们国家最引人注目的广告吗？

2. 它得到你们公司内部和外界的普遍认可了吗？

3. 你能否至少用4种广告展示新的商业前景，并使它们激动人心？

4. 你停止超负荷运营了吗？

5. 你不再吹嘘销量了吗？

6. 所有广告在视觉上从一开始就引人入胜吗？

7. 向成年人销售商品的广告中是否已不再使用卡通人物了？

8. 向加入你们公司的员工展示至少6种优秀幻灯片了吗？

9. 如果新员工不懂英语，你是否会将所有幻灯片翻译成他们熟悉的语言？

10. 每则商业广告中是否已将客户品牌名称重复了若干次？

11. 在电视广告中是否已经停止利用名人现身说法？

12. 是否有其他广告公司的热门创意人员名单，准备将来哪天能负担起就雇用这些人？

13. 你所有的广告都贯彻了所有人一致同意的观点吗？

14. 广告中是否承诺了一个好处，并已经得到证实？

15. 是否在每个商业广告中都至少两次提到这一承诺？

16. 过去6个月里至少有3个“金点子”吗？

17. 总是能让某一产品成为同类产品中的“英雄”？

18. 这一年拿到的创意奖项是否会比其他广告机构都要多？

19. 是否使用问题解决式、幽默式、相关人物式，或生活片段式广告？

20. 是否回避生活方式类的商业广告？

21. 你的员工在夜晚和周末也能高兴地工作吗？

22. 你是否擅长在广告中加入时事新闻？

23. 你是否经常示范产品的使用方法？

24. 你所做的家用产品广告是否具有无法抗拒的魅力？

25. 广告中最后是否总要展示产品的包装？

26. 是否停止使用视觉上的陈旧设计，诸如日落的场景和围坐在餐桌旁的快乐家庭？是否实现了视觉上的惊喜？

27. 印刷广告的插图是否含有故事情节上的吸引力？

28. 是否将视图改成了编辑版面？

29. 是否偶尔会使用视觉上的对比？

30. 是否所有广告的标题中都包含了产品的品牌及承诺？

31. 是否所有插图都是照片？

32. 广告文字段落会不会左右参差不齐？

33. 每行广告文字使用的单词（英文）是否不超过 40 个？

34. 广告文字的字号是否不小于 10 号，不大于 12 号？

35. 是否在感觉一切都无可挑剔之前就将广告发布于杂志或报纸？

36. 是否已不再将广告正文设置成无衬线字体①？

37. 是否已经停止打老婆②？

如果对以上所有这些问题的回答都是"是"，你就是这个世界上最伟大的创意总监了。

---

① 一种阅读时较费力的字体。——译者注

② 这里指愚弄客户。——编者注

给《写作这件事》（*Writing That Work*）的合著者

1979年9月24日

如何写作

如果你正在寻找一个在其他方面都很好的人所写的糟糕的稿子，这里有一例供你查看：

“具体而言，消费者的态度和使用习惯是在主要市场入口的广告产品定位的背景下分析的。”

一句话中包括了9个名词，这位作者接着写：

“产品定位来自当今在咖啡品牌广告中使用的详尽评估。”

不用说，他使用的是符号而不是数字，就像MDM、TDM、SOV、MMDM一样—如果你懂这些代号就没有问题；我可不懂。

如果遇到这样的人，上帝才知道该怎么办。

又及：不论他写的什么，这是一篇有价值的报道，通用食品公司为此很是感谢。

1980年3月26日

英语

在一个有关促销的新幻灯片草案展示里，我看到了“运载快车”……

在同一个草案的后面，作者又大谈特谈“救世主”。

你以为谁是救世主？耶稣基督，你以为？

没关系。救世主就是在超市兑换优惠券的人。

他在他的运载快车里看到了救世主。

给执行委员会的备忘录

1980年2月28日

收购

正如你们在我的“创意理事会”讲话中听到的那样，我对财务一窍不通。

但我刚读了罗伊·汤姆逊的传记。他是个澳大利亚人，在60岁左右的时候仍然去到英国挣大钱。

他的窍门是，总是去借他能借到的每一分钱，买下报社并经营，使其比在以前的所有者拥有时更加赢利。

这是种很典型的致富方法。当然，很多玩这个游戏的人都破产了，它危险得可怕。

我在怀疑，我们及我们的股东是否应该冒这个险；如果我们这样做了，可能会变得很富有。

我本质上不喜欢收购，也不是像罗伊·汤姆逊那样的赌徒——这就是我既不十分富有也没有破产的原因。

然而，作为收购者的你们或许应该将眼光更多放在未来的收益上，而不是放在过去的收益上。否则，别人的出价就会总是比你高。

又及：我希望你们避免收购。至于财富的增长，我总是认为收购是种不牢靠的方法。好公司是从来不会出售的。

给一位前主席的备忘录

1981年10月11日

“经过考验的益友，要用钢箍把他们紧紧抓住。”

——莎士比亚

这句话应该是每个人在管理中的座右铭。

钢箍越多越好。如果一个很有价值的员工在管理中只忠于一人，若那人调任或离开，他或许也不会留在我们中间。

我尽全力用钢箍抓住我们最好的创意人员，使其与我们的精神同在……

在讨论过向奥美员工发出到法国多佛庄园的隆重邀请后，给董事会的备忘录

1985年9月18日

越来越多的讨厌鬼

参观多佛庄园如今在我们201个办公室的9 000名员工中是一个很流行的活动。

太流行了。

两天以前，当一组纽约创意人员在巴黎完成他们的摄影任务后，自说自话地想要留在多佛，对此，我勇于说了“不”。

这些来访者常常都是些可恶的讨厌鬼。我们必须招待他们，只要我们还有鱼可以炸给他们吃。我与他们没法交谈。当我们和法国邻居开派对时，要帮助这些一句法语也不会说的客户执行助理融入氛围实在是太困难了。

我的妻子作为家庭主妇，做饭、洗衣服、做各种安排，肩上的担子也越加沉重，。

我希望自己能知道该怎样摆脱这些，同时又不让别人感到不快。无论你们能给我任何帮助，我都会非常欢迎。

给某培训计划中一位新进成员的信

1977年9月22日

有一次，我问乔治国王的外科医生，什么能成就一位好的外科医生。他回答："一位好的外科医生比其他外科医生知道得更多。"

广告人也是一样：好的广告人对广告知道得更多。

奥美公司比其他公司知道得更多，这似乎是毋庸置疑的，而且我们不辞辛苦地将所知道的知识分享给在这工作的人们。因此，除去其他事情，这一极好的培训计划旨在针对你即将从事的工作。

因此，包括我们著名的"魔力幻灯片"，浓缩了我们所知道的题材广泛的内容。

但我们拥有的最珍贵财富可能就是奥美的"风气"—在世界各地的奥美办公室里都张贴着的精神指南。它包括：

忠诚：对顾客和我们彼此。

彻底：正如反对肤浅那样。

专业：对我们所做的每件事保持高标准。

得体：礼貌。

对人格的强调：在选择人员从事关键工作时。

为奥美骄傲：用对我们自身缺点持之以恒的不满来保持进步。

你会在我的《管理原则》中找到更多关于这一主题的内容。

致 谢

在这本书提到的事情之外，我和大卫·奥格威还有一个共同点——我们都与乔·拉弗尔森合作过。有人这样形容乔的贡献，他使大卫·奥格威的书“比大卫更大卫”。乔和我一起做过广告策划、出版代理，也一起写过书。这次，他（和他的妻子美琳凯）帮助我们用历史的视角洞悉奥美人，并且对我写的每个字都进行了仔细的斟酌。我很庆幸他能再次与我合作。

在乔看到这部手稿之前，我的妻子艾伦亦给予了一些读后意见。她参与并热爱我的奥美生涯，对我的所有写作和工作都予以支持和鼓励。在这次写作过程中，她运用市场研究的经验，在不厌其烦地听我讲述有关奥美逸事的同时，对手稿提出诸多修改意见。她应该得到比其他作家的家人更多的赞扬。我们的儿子尼尔，有着一般律师少有的优秀写作和编辑能力，对手稿中的多处内容也进行了改进。

每个作家身边都应该有一个乔治·费边这样的人。作为我的伙伴和公司的前客户，他同时是一个坚韧的啦啦队长与见多识广的旁观者，在热情审阅我的稿件的同时还提出了独特的见解。

还有许多人也在成书过程中给予了我帮助。

爱丁堡的托尼·雷德在研究奥格威的苏格兰血统方面得出了令人惊喜的成果。简·坎贝尔·盖拉特在她那本奥美英国分公司的刊物《有时》(*Now & Then*)一书中推荐了这本书，她那本书呈现了关于奥美历史的大量信息。

皮特·华伦和吉米·班森将我引见给了奥格威的哥哥弗朗西斯，并向我介绍了奥美在英国的历史。约翰·怀莱曼在四轮马车中向我谈论了他对于奥美历史的见解，并帮我寻访奥格威在英格兰的出生地。不论什么时候，当我需要一些材料时，维姬·瑟曼就是我在伦敦的传话筒。弗朗西斯·泰格也在巴黎做了相同的工作。

我非常幸运能与阿力克莎·林西合作，她是费蒂斯中学的档案保管员，不久前她去世了。她和其他人在这所出色的学校里教育了我——丹恩·博蒙特、保罗·奇瑟姆，从前的校长卡梅伦·可卡拉尼、罗伯特·菲利浦、乔治·普林斯顿，以前的学生迈克尔·道森、大卫·约翰斯顿和约翰·卡梅伦。

朱迪思·科瑟斯，牛津大学基督教会学院的档案保管员，将这所高耸的机构的风俗习惯和记录都翻译给我。同时我也很庆幸能够找到罗纳德·希尔顿，奥格威的同班同学，他提出了一些对先他而去的同时代人很透彻的看法。

格里·雷茨特，奥格威首次进入阿米什乡村时交谈过的人。米克·兰克安排了我在汉密尔顿俱乐部和兰开斯特的谈话，才得以使这些趣闻逸事和照片面世。索尔兹伯里的历史学家琼·劳伦斯为本书配以奥格威认真从事研究和他创办第二个农场时的照片（由华伦·斯莱麦克拍摄）。安·斯勒梅克·瑞丽在兰开斯特认识了奥格威，她为本书提供了生动有趣的故事。

情报学专家兼作家比尔·史蒂文森和汤姆·盖尔帮助我认识了神秘的英国安全协调处。

100多个知道奥格威或曾与奥格威一起工作过的人同意接受详细访谈。我在参考资料部分列出了他们的姓名。因为奥格威写的东西非常多，发表的演讲也很多，使我们了解到关于奥格威的很多事情，因此，很难相信这些受访者能够给我们提供更多的信息。但他们确实给我提供了我们之前不知道的信息。我希望本书准确地反映出了他们的评论。

除了访谈以外，国会图书馆中有关奥格威的馆藏文件也是我们获取最新资料的另一主要途径。在我先后4次的“两日出行”中，手稿阅读室的工作人员总是能立即提供给我87个奥格威资料文件夹中的任何一个。在图书馆的图片复本服务处，邦尼·科尔斯和蔼又高效地处理那些我们需要的关键图片。

由于我没能访问一些图书馆，一些研究人员便给我提供了令我感佩的帮助。斯泰西·厄尔德曼在威斯康星州的州历史学会的罗瑟·里夫斯收藏中发现了我需要的东西。林·伊顿在杜克的“约翰·W. 哈特曼销售、广告、市场研究历史中心”关于大卫的文件里发现了大量有价值的信息。温迪·莎伊从史密森广告历史研究中心帮我找来了巴特·卡明所写的文章。

马莎·艾波似乎对于广告的事情无所不知，她帮我调用了美国广告机构联合会图书馆的资料。简·雷德和她在纽约的大学俱乐部的同事帮我找到了一些书和答案。李奥·贝纳和奥格威曾有一段成熟和令人钦佩的交情，卡罗·哈拉马始终热情欢迎我们到李奥·贝纳公司去访问。埃莉诺·玛斯科罗尼为我们送来了奥美公司的重要照片和许可文件。

许多人都诚恳地向我们提供他们曾与奥格威共事时的细节，其中有李·巴特莱特、比尔·宾兹、尼克·伊万斯、理查德·弗勒、比尔·菲利浦斯、格兰汉斯·菲利浦斯、乔·拉弗尔森、约翰·斯雷顿等。

乔克·艾力特和乔治·林西不仅是奥格威的合作伙伴，也是他的朋友。他们的遗孀艾莉和玛丽为我顺利进行一些重要的访谈提供了保障，还推荐了其他一些受访者，（在奥美公司主席谢莉·拉萨鲁斯的协助下）帮助整理了有关奥美家庭的逸事。

奥格威的长期合作伙伴比尔·菲利普斯，也是我的老板和25年来的网球搭档，还有富有智慧又十分忠诚的朱丽丝·范给予了一些最为明智的评论。

没有人比赫塔更了解奥格威了，她邀请我去多佛庄园进行了为期两天的访问，为我提供了一些很独特的观点。

朱丽安 · 巴赫是我最早的两本书的代理人，像许多文学机构的编辑一样，对本书深信不疑。她退休之后，吉姆 · 莱温尼熟练地接管了她的工作，和帕格雷 · 马克米兰一起成为我的新代理人。除了她对这本书的信心，我的编辑艾莉 · 斯图尔特起了书名并且鼓励我不要局限于资料，而是注意讲述一些有趣的故事。而她那位令人愉快的助手玛丽 · 奥斯特拜使一切都能够有条不紊地进行。

我以前的同事，斯蒂文 · 哈蒂和帕里 · 莫克里，为我提供了图片方面的帮助。帕里与安妮 · 雷伯威兹为美国运通做的广告活动使她得以拜访多佛庄园，本书英文版封面图片所用的照片就是她在那里拍摄的。

1963 年，大卫 · P. 克莱恩的眼光超越了我寒微的资历，雇用我在奥美工作，从此改变了我的命运。

作者研究与访谈

奥格威是位多产的作者，其文字的庞杂程度几乎超出常人想象。他写书、备忘录、信、便条、演讲稿和报告。当退休去法国后，他把他的文件捐赠给了国会图书馆，共有 3 万多项，大多数出他亲手写成。他并没有因为退休就停止写作，在退休后继续写作了 25 年。我看过了图书馆保存的 87 箱文件中的每一个，又从其他渠道搜集了一些资料，回顾了我自己收集的 2 000 多份文件，并通过其他相关的书籍、电影和磁带进行了调查。

除了文字资料之外，我走访了他的出生地萨里郡和爱丁堡的费蒂斯学校、牛津的基督教会学院、兰开斯特县和宾夕法尼亚州的农场及他在纽约和法国的家。

我的第一手资料的主要来源是那 100 多次面谈，它们被贝蒂·亨特完美地转录下来了。 这些受访者对于我的访谈都无一例外非常慷慨地贡献了他们的时间，见解也都很深刻。他们与奥格威的联系都被分类列了出来，许多人也都是他的朋友。

费蒂斯学校——米歇尔·道森

牛津基督教会学院——罗纳德·希尔顿，玛戈·威尔基

盖洛普公司——亚历克·盖洛普，小乔治·盖洛普

英国安全协调处——威廉·斯蒂芬森

兰开斯特县——安妮·费希尔，格里·莱丝兹，约翰和米歇尔·兰克

美国奥美公司

亚历克·贝尔，比尔，盖尔拉·宾森，保罗·比克林，道·波梅斯勒，休·巴克，朱利安·克洛皮特，海伦·迪凯，弗兰·德弗罗克斯，朱莉丝·范，查理·弗雷德里克斯，基因·格雷森，查克·格雷格连，史蒂夫·海登，吉姆·海金，贾德森·爱力什，安倍·琼斯，伊恩·基翁，莱娃·科达，谢莉·拉萨鲁斯，简·马斯，彼得·玛勒，布鲁斯·麦考尔，杰里·麦吉，埃德蒙·莫里斯，谢尔比·佩治，比尔·菲利普斯，格雷汉姆·菲利普斯，杰里·皮克霍尔兹，加里·普莱斯，维尔里奇–阮钦，乔尔和美琳凯·拉弗尔森，伊莱恩·赖斯，布伦丹·瑞安，南希·舒茨，迪克·斯克洛，格罗瑞安·希蒂南姆，特德·肖，布鲁斯·斯陶德曼，李·舒纳，麦克·特纳，埃米尔·瓦尔森，杰克·沃克，埃莉·沃特勒斯，比尔·威德

英国奥美公司

克莱夫·阿尔德莱德，唐·阿尔莱特，伯纳德·巴奈特，吉米·班森，德雷顿·伯德，尼克·埃文斯，理查德·福勒，约翰·内特尔顿，阿尔奇·皮彻尔，哈里·雷德，安东尼·坦南特爵士，约翰和吉尔·特来尼曼，希拉·怀维利亚，迈克·沃尔什，彼得和苏珊·沃伦，约翰·威廉姆斯

奥美国际

迈克尔·波尔（澳大利亚），路易斯·巴撒特（西班牙），尼尔·芬奇（新加坡），托尼·霍顿（加拿大），兰詹·卡普尔（印度），巴里·欧文（新加坡），罗宾·扑特和鲍伯·莱特福德（南非），约翰·斯雷顿（加拿大），弗朗科斯和西蒙·泰格（法国），罗杰·温特（泰国），洛娜·威尔逊（巴黎）

客户

托尼·亚当斯（金宝汤），菲尔·卡罗尔（壳牌），简·克拉克（美国运通主席霍华德·克拉克的遗孀），埃德加·卡尔曼（Culbro），郭士纳（美国运通，IBM公司），路易斯·旦·哈托格和博斯帝·斯欧特（荷航），杰克·基南（通用食品），鲍勃·劳特博恩（国际纸业），安东尼·坦南特（健力士黑啤），还有世界野生动物基金，哈罗德·博雅（博雅），戴高乐·黑斯，大卫·米切尔和马克·斯图尔特（麦肯锡）

广告和媒体

大卫·阿伯特和迈克尔·巴尔克（阿伯特–米德–威格士），坎布·亚当斯（李奥·贝纳），李·巴特利特（科尔–韦伯），贝尔纳德·巴奈特（竞争），杰米·布尔摩（智威汤逊），沃尔特·克朗凯特（哥伦比亚广播公司），勃赤·德雷克（美国广告公司联合会），温斯顿·弗莱彻（广告标准财政委员会），娄·哈里斯（路易斯·哈里斯公司），里奥·卡尔梅森（肯扬–埃克哈德特），基尼·库梅尔（IPG），鲍勃·库柏曼（恒美），迪克·洛德（理查德·洛德广告公司），马丁·梅耶（作家），埃德·麦凯布（斯卡利–麦凯布–斯楼威丝），埃德·奈伊（扬雅），弗雷德·帕尔特（帕尔特–凯尼格洛伊丝），基思和罗斯李·莱恩哈德（恒美），兰迪·罗森伯格（《广告时代》），弗兰克·斯坦顿（哥伦比亚广播公司）

朋友和家人

路易斯·奥金克洛斯，路易斯·拜格利，爱丽·埃利奥特，玛丽·林德赛，赫塔·奥格威

如果我不小心漏掉了任何人，我相信这份清单的长度是一个合理的借口。最重要的是，我希望我已经准确地反映出了他们的意见。